湖南省
地理国情监测实践与探索

周　翔　等著

中国环境出版集团·北京

图书在版编目（CIP）数据

湖南省地理国情监测实践与探索/周翔等著. —北京：中国环境出版集团，2023.8

ISBN 978-7-5111-5587-0

Ⅰ. ①湖… Ⅱ. ①周… Ⅲ. ①地理—监测—湖南 Ⅳ. ①K926.4

中国国家版本馆 CIP 数据核字（2023）第 157897 号

出 版 人 武德凯
责任编辑 孔 锦
封面设计 岳 帅

出版发行 中国环境出版集团
（100062 北京市东城区广渠门内大街 16 号）
网 址：http://www.cesp.com.cn
电子邮箱：bjgl@cesp.com.cn
联系电话：010-67112765（编辑管理部）
发行热线：010-67125803，010-67113405（传真）
印 刷 北京中科印刷有限公司
经 销 各地新华书店
版 次 2023 年 8 月第 1 版
印 次 2023 年 8 月第 1 次印刷
开 本 787×1092 1/16
印 张 13.25
字 数 300 千字
定 价 109.00 元

著作委员会

COPYRIGHT COMMITTEE

主　任：周　翔

副主任：胡杏花　彭　磊　马丰丰

著　者：王　敏　周柯妙　李远翻　罗艳青

万义良　邹金慧

前言
PREFACE

地理国情是空间化、可视化的国情信息，是地表自然和人文地理要素的空间分布、特征及其相互关系，是重要的基本国情。地理国情监测是了解国情、把握国势、制定国策的重要支撑，也是推进国家治理体系和治理能力现代化的有力工具。做好地理国情监测、掌握地理国情内在规律，可为制定和实施发展战略与规划、优化国土空间开发格局、推进自然生态系统和环境保护、合理配置各类资源、做好防灾减灾和应急保障服务等提供重要保障，对服务生态文明建设、推动经济社会可持续发展具有重要意义。

2013—2015 年，根据国务院统一部署，湖南省开展了第一次地理国情普查，首次全面摸清了全省地表自然和人文地理要素的现状和空间分布情况，完成了省级数据库建设和基本统计分析，积累了丰富的成果。结合党委和政府重大战略决策需要和部门管理需求，湖南省早在 2012 年开展了粮食种植面积监测，2014 年按照“边普查、边监测、边应用”的原则启动了洞庭湖生态经济区地理国情监测，2015 年开展了长株潭城市扩张与用地变化、湖南省主体功能区实施情况等专题性地理国情监测。2016 年，湖南省进入常态化地理国情监测阶段，基础性地理国情监测实现年度更新，专题性地理国情监测进一步蓬勃开展，湖南省围绕洞庭湖演化、粮食估产、长株潭绿心保护、矿山复绿、自然资源资产离任审计、扶贫开发等方面开展了一系列专题性地理国情监测，为全省经济社会发展和生态文明建设提供了有力的服务保障，也逐步形成了“全省统筹、省市联动”的监测格局。同时，在深刻理解和把握经济社会发展新态势、新需求的基础上，利用地理国情普查和监测成果，开展了一系列分析评价研究，反映了地表自然资源分布与利用、基本公共服务分布、城镇发展、地表生态格局、区域经济潜能等地理国情现状，为科学管理决策提供可靠依据。2018 年，党中央、国务院启动新一轮机构改革，地理国情监测已成为自然资源调查监测的重要组成部分。为适应新时代发展要求，准确把握新时代地理国情监测工作的职责使命，围绕“严守资源安全底线，优化国土空间格局，促进绿色低碳发展，维护资源资产权益”的自然资源工作定位，站在人与自然和谐共生的角度，瞄准高质量发展主动服务，聚焦国家重大战略实施、重大区域格局调整、城镇发展、乡村振兴等需要，深入挖掘监测数据的内在价值和应用潜力，奋力在加强自然资源管理、服务经济社会发展和生态文明建设中展现更大作为。

本书是在系统梳理湖南省地理国情普查和监测工作内容、技术方法和成果应用服务的基础上编撰而成。书中系统阐述了地理国情监测的内容、方法及关键技术，重点展示了数据库建设、统计分析等成果，以及典型专题性地理国情监测成果和成效，探讨了地理国情监测发展相关重点问题。

全书共 8 章：第 1 章阐述地理国情监测的内涵、需求、发展现状及趋势；第 2 章和第 3 章阐述地理国情监测数据采集与处理、数据建库及更新；第 4 章和第 5 章阐述地理国情监测基本统计、对比分析，对湖南省综合统计分析方法和成果进行介绍；第 6 章和第 7 章阐述专题性地理国情监测内容与方法，对湖南省专题性地理国情监测典型案例进行介绍；第 8 章对地理国情监测发展进行展望和探讨。

在本书撰写过程中，得到了相关专家学者的无私帮助和专业指导，极大地提升了本书的质量和深度。在此，向中国测绘科学研究院董春、翟亮、栗斌研究员，中南大学邹滨教授，湖南师范大学秦建新教授，中南林业科技大学林辉教授等专家学者表示最诚挚的感谢。本书使用数据包括湖南省地理国情普查和监测数据，主要来源于湖南省各级各类地理国情成果公报。

受著者水平和数据资料的限制，书中难免存在疏漏或不足之处，敬请读者批评指正。

著　者

2023 年 3 月

目录
CONTENTS

第1章

绪论

1.1 地理国情监测内涵

1.1.1 地理国情监测的概念

（1）地理国情（national geographic conditions）

国情是指一个国家的社会经济发展状况、自然地理环境、文化历史传统以及国际关系等各个方面情况的总和，是国家制定发展战略和发展政策的依据，也是国家执行发展战略和发展政策的客观基础。地理国情是指地表自然和人文地理要素的空间分布、特征及其相互关系，是空间化、可视化的国情信息，是基本国情的重要组成部分。从狭义上讲，地理国情是从地理的角度分析、研究和描述国情，即地理中含有国情，是具有国情特征的重要地理信息（如国土面积、地形地貌等）。从广义上讲，地理国情是用地理空间表达国情信息，是国情的空间可视化（如人口数据与空间分布的结合、经济数据与地理位置的表达等）。

（2）地理国情监测（national geographic conditions monitoring）

地理国情监测是指综合利用全球导航卫星系统（GNSS）、航空航天遥感（RS）、地理信息系统（GIS）等现代测绘地理信息技术，以及各时期测绘成果档案，对自然、人文等地理要素进行动态和定量化、空间化的监测。它涉及统计分析及其变化量、变化频率、分布特征、地域差异、变化趋势等，形成涵盖资源分布与利用、生态环境评估、区域规划、城镇化发展、经济布局、社会公共服务等诸多方面的地理国情监测产品。这些产品向政府部门、社会、公众等提供科学、权威、准确的地理国情信息服务，为国家战略规划、政府管理决策、生态环境保护、突发事件应对、社会公众服务等提供科学支撑和有力保障。

地理国情监测是从地理空间的角度客观、综合展示国情国力，关注点是空间位置、空间分布和空间关系。与传统资源调查监测相比，地理国情监测的不同之处主要在两个方面：一是地理国情监测的技术支撑主要是现代测绘地理信息技术，体现为地理国情监测基于全球导航卫星系统、航空航天遥感、地理信息系统等开展调查和监测，使用地理信息技术和地图语言进行成果表达。所有重要的地理国情监测要素建立在“一张蓝图”上，避免各类调查数据之间产生“冲突”，确保各地理要素边界在空间位置上的唯一性，有利于从宏观、整体角度监测、评价自然资源、生态环境变化的真实情况；二是地理国情监测的主要任务是研究各类自然地理要素和人文地理要素的空间位置、空间关系及其变化规律，以及各类经济社会开发活动的空间位置、空间分布及其变化规律。

1.1.2 地理国情监测目的和意义

地理国情是重要的基本国情，是制定和实施国家发展战略与规划，优化国土空间开发格局的重要依据。地理国情是推进自然生态系统和环境保护，合理配置各类资源，实现绿色发展的重要支撑；也是做好防灾减灾和应急保障服务，开展相关领域调查、普查的重要数据基础。开展地理国情监测，对于履行新时期新职责新使命、更好地服务经济社会发展和生态文明建设，具有重要的意义。

2011 年，时任国务院副总理的李克强同志在考察中国测绘创新基地时指出：“未来 20 年依然是我国工业化城镇化加快发展的时期，也是地表自然、人文地理快速变化的时期，怎样实现我国的现代化、科学地推进工业化，地理国情监测至关重要。”为全面掌握我国地理国情现状，满足经济社会发展和生态文明建设需要，国务院于 2013—2015 年组织开展了第一次全国地理国情普查。这次普查首次取得了我国全覆盖、无缝隙、高精度的地理国情普查成果，系统掌握了全国“山水林田湖草沙”等地表自然资源要素和人工设施的现状及其空间分布情况，全面摸清了全国地理国情家底，为了解国情、把握国势、制定国策提供了基础数据支撑。

为加快普查成果应用，强化地理国情监测，尽快实现地理国情信息对政府、企业和公众的服务，在开展地理国情普查的同时，各级测绘地理信息部门组织开展了重点地区大气颗粒物污染源空间分布、经济圈城市空间布局、生态保护区管理、国家级新区建设、重要湖泊生态经济区等一系列地理国情监测工作，进行了有益的探索，为事业转型升级拓展了广阔的空间。

2017 年，第二次修订的《中华人民共和国测绘法》确立了地理国情监测的法定地位，将测绘事业为生态保护服务作为立法宗旨，并要求各级人民政府应当采取有效措施，发挥地理国情监测成果在政府决策、经济社会发展和社会公众服务中的作用。

2018 年，国务院组建自然资源部，统一行使全民所有自然资源资产所有者职责，统一行使所有国土空间管制和生态保护修复职责，为国家生态文明建设提供重要体制保障。

近年来，地理国情作为生态文明建设的物质基础和基本要素，在服务经济社会发展和生态文明建设时承载着更大的作用，地理国情监测已成为服务国家改革发展大局的重要模式和品牌。

1.1.3　地理国情监测分类

根据监测内容和范围，地理国情监测分为基础性地理国情监测和专题性地理国情监测。

（1）基础性地理国情监测

基础性地理国情监测是指以第一次全国地理国情普查成果，尤其是地表覆盖和重要地理国情要素普查成果作为本底，通过年度监测手段，结合自然和人文地理要素的自然变化规律和周期，以及社会经济发展需求，制定监测内容，细化采集指标，以期达到及时、准确反映全国各种自然和人文地理要素的动态变化及其特点和规律的目的。

基础性地理国情监测主要采用高分辨率航空航天遥感影像，通过变化发现、信息提取、实地调查与核查、内业编辑等技术手段，实现地理国情变化信息的快速、准确获取。按照多种地理统计单元，对地理国情变化信息进行统计与分析，形成基础性地理国情监测成果。

基础性地理国情监测内容包括地表覆盖变化和重要地理国情要素变化。监测全国耕地、园地、林地、草地、水域、荒漠与裸露地表、房屋建筑（区）、道路、构筑物、人工堆掘地等地表覆盖类型的位置、范围、面积、类型等变化信息实现全覆盖和无缝隙地监测。同时，以实体要素方式采集道路、构筑物、人工堆掘地、水域和地理单元等地理国情要素，监测其变化类型、长度、面积及空间分布变化等信息。

基础性地理国情监测以年为单位进行，条件允许的地区可以每半年或每季度更新。根据人口、经济、保护与开发建设等因素的差异，可实施分区监测，如对省会城市的城区、国家级新区、京津冀地区、长三角地区、珠三角地区等进行重点监测。

（2）专题性地理国情监测

针对政府和社会公众关注的焦点、热点和难点问题，紧密结合各地生态文明建设和经济社会发展的重点领域，开展专题性地理国情监测。充分利用地理国情普查和基础性地理国情监测成果，结合存档的基础地理信息成果以及航空航天遥感影像数据，开展具有区域性、热点性和典型性的地理国情信息监测。通过提供快速、规模化的地理国情监测与分析服务，形成科学客观、内容丰富、形式多样的专题性地理国情监测报告、图件（集）、数据等成果。专题性地理国情监测正在实现从静态到动态、从被动向主动、从幕后到台前、从测绘数据生产到综合地理国情信息决策服务的转变。这些转变将显著提高地理国情监测对社会经济发展的贡献率，并为事业发展开辟新格局。

专题性地理国情监测根据监测对象与内容可以分为自然资源管理监测、空间规划与实施监测、资源保护与节约利用监测、生态环境保护与修复监测、城镇化发展监测和灾害性地理国情信息监测等。

（3）基础性地理国情监测与专题性地理国情监测之间的关系

常态化地理国情监测由基础性地理国情监测和专题性地理国情监测共同组成。基础性地理国情监测的目标是对地理国情普查成果进行持续更新，其主要监测内容包括地表覆盖和地理国情要素。专题性地理国情监测则是利用普查成果、监测成果、基础测绘成果和遥感影像，专注于国土空间开发、自然生态、国家重大战略实施等领域的专题监测。根据具体需求，专题性国情监测还会开展统计、分析、评估和预测等工作。

专题性地理国情监测在基础性地理国情监测的基础上进行的，两者所采用的技术方法、流程和产生成果类别基本相同，但两者也存在一些不同之处：一是两者的监测内容和范围、周期不同，基础性地理国情监测是全域监测、全要素监测，监测内容和指标基本固定，周期一般为 1 年；专题性地理国情监测是部分区域监测，监测某一类或几类要素，不同项目的监测内容和指标、周期均不同。二是两者成果应用不同，基础性地理国情监测主要为掌握国家的地理国情基础数据，其成果主要作为其他资源调查和分析的公共基底；专题性地理国情监测则针对特定领域解决实际问题，侧重于统计、分析、评估和预测，直接服务于决策辅助。

1.1.4 地理国情监测成果体系

地理国情监测成果分为基础性地理国情监测成果和专题性地理国情监测成果。基础性地理国情监测成果包括地形地貌、植被覆盖、水域、荒漠与裸露地等自然地理要素成果，以及铁路与道路、居民地与设施、地理单元等人文地理要素成果，还包括由此形成的统计分析报告和公报等。专题性地理国情监测成果包括以专题数据库、图件图集、研究性报告、蓝皮书等为载体的多样化地理国情监测成果。

①数据库。主要包括基础性地理国情数据库和专题性地理国情数据库，统称地理国情信息数据库。基础性地理国情数据库依据统一的规范和标准，集成、存储和管理形成地形地貌、植被覆盖、水域、荒漠与裸露地等自然地理要素成果和铁路与道路、居民地与设施、地理单元等人文地理要素成果，反映基础地理国情信息的空间分布和演化过程。专题性地理国情数据库主要是综合表达专题对象的自然特点和社会属性，除了影像与矢量数据，还包括相关的视频、图片等，如主体功能区规划实施监测数据库、地表形变监测数据库及灾害应急监测数据库等。

②图件图集。通过完成地理国情普查和重要地理信息监测工作，形成数字化、多维度、高精度的地理国情“一张图”。根据内容和区域的不同，主要有基本图、专题图、区域系列图、时序图、预测分析图等。根据载体的不同，又可分为地图集（册）、挂图、电

子地图、三维地图等。

③统计分析报告。根据不同要素的监测周期，进行统计分析，发布相关报告（如基本统计分析报告、地理国情监测公报、主体功能区规划实施年报、粮食主产区监测月报等）。

④研究性报告。构建分析研究模型，从宏观层面反映地理要素变化时空规律和对未来发展的分析预测，以及其他专题信息、区域监测信息情况（如地理国情监测蓝皮书、各类研究性专报等）。

⑤应用服务平台。包括地理国情数据管理系统、基本统计和综合统计分析平台、专题性地理国情信息服务平台等信息化应用服务平台。通过信息化平台，集成管理各类数据库成果，进行空间表达、统计分析，结合动画、语音、图片等形式发布地理国情监测成果，提供各类地理国情监测信息服务。

1.2 地理国情监测需求

近年来，通过地理国情普查和监测的积累，获取了大量基础性、专题性地理国情数据，从地理空间角度对我国地理国情概况有了较为全面的认识。随着应用领域不断拓展和深化，已形成了一系列宏观性、整体性、综合性较强的地理国情信息，为国家重大战略和重点工程实施、自然资源利用与保护、国土空间规划编制、生态环境保护等方面工作提供了重要的参考依据。随着地理国情监测的常态化开展，各级政府及主管部门对地理国情监测业务需求更加多样化、要求也日益严格，地理国情监测需要与其他专题信息进行有效融合，同时，地理国情监测成果的形式和服务方式也在逐渐向定制化方向发展。

1.2.1 国家战略需求

（1）服务生态文明建设需求

建设生态文明是中华民族永续发展的千年大计。习近平总书记关于“坚持人与自然和谐共生”的重要论述，进一步丰富了习近平生态文明思想的深刻内涵，明确提出站在人与自然和谐共生的高度谋划经济社会发展的总体目标。地理国情信息是生态文明建设的物质基础和基本要素，要紧紧围绕生态文明建设重大部署，在生态环境保护、资源节约集约利用和建立生态文明制度体系等方面开展地理国情监测示范，及时、准确、全面地掌握自然资源和生态环境的动态，深入揭示经济社会发展与资源、生态、环境等的内在关系、演变规律和发展趋势，推动形成人与自然和谐发展现代化建设新格局。

（2）服务国家重大战略和重大工程建设需求

地理国情监测是国家重大战略和重大工程建设的具体要求。近年来，党和国家提出并持续推进“一带一路”倡议、京津冀协同发展、长江经济带高质量发展、雄安新区建设等重大战略和部署，迫切需要组织开展跨区域、多省联动的专题性地理国情监测，按需采集重点区域专题地理国情信息，融合经济社会发展相关数据，监测评价战略实施对周边环境、生态等的影响，提出科学判断和建议，辅助科学决策。如长江经济带建设明确要求“坚持生态优先、绿色发展”“共抓大保护，不搞大开发”，有必要通过专题性地理国情监测对长江沿线重大生态功能保护区、重要湿地、重点湖泊和水系进行监测和评价，采取针对性措施，不断提高长江流域生态系统的自我修复能力。

（3）服务自然资源管理需求

地理国情信息是全面了解自然资源状况、遏制自然资源资产流失、应对当前生态危机的重要手段。2018 年，党和国家机构改革组建了自然资源部，履行统一行使全民所有自然资源资产所有者职责，统一行使所有国土空间用途管制和生态保护修复（简称“两统一”）职责。而掌握自然资源变化情况和规律、评估自然资源承载力、建立健全自然资源资产产权制度和用途管制制度、细化与实施主体功能区规划、建立国土空间开发保护制度、建立国家公园体制等系列自然资源管理工作迫切需要全面深入开展地理国情监测，以及时发现决策执行中偏离决策目标的行为，保障决策有效落实，为空间规划体系建立与实施监督等提供事实依据，促进自然资源高质量开发利用和保护监管。地理国情监测将迎来机制创新、体系创新和转型升级的大好机遇，并将继续在服务自然资源管理中发挥更大的作用。

1.2.2 地方需求

（1）服务地方发展需求

准确掌握地理国情，对于政府科学决策至关重要。特别是经济发展与资源、环境的约束之间的矛盾日益突出，要改变经济发展方式，保证经济可持续发展，地理国情监测要突出地域特色、有所侧重，如西部监测侧重于生态环境保护，中部监测侧重于区域发展规划实施，东部监测侧重于国土空间开发和城镇发展格局变化，监测成果要直接为本地区经济社会发展、生态文明建设提供最贴切的地理国情信息服务，深入分析地方经济、社会、资源、环境各方面要素的相互关系，为地方可持续发展决策提供科学依据。

针对政府和社会公众关注的焦点、热点和难点问题，根据地方重大战略、重大项目、重点工程需求，重点围绕国土空间开发、资源保护、生态环境承载力、生态保护红线划定、自然资源资产离任审计等生态文明、资源环境相关内容开展地理国情监测；市（县）级重点围绕城市建设与管理、“两违”（违法用地、违法建设）执法、开发园区建设、脱贫攻坚、乡村振兴战略、资源环境、特色产业等内容，根据地区实际需要开展地理国情监测。

（2）服务城市管理需求

城市是经济社会发展最活跃、变化最快速、信息最丰富、资本最集中的区域，也是对地理国情信息需求最旺盛的区域。2017年，中央城市工作会议指出：贯彻创新、协调、绿色、开放、共享的发展理念……转变城市发展方式，完善城市治理体系，提高城市治理能力……建设和谐宜居、富有活力、各具特色的现代化城市，提高新型城镇化水平。科学规划城市空间布局、划定生态保护红线、加强地下地上设施，推进海绵城市建设，公共服务均等化、加强城市管理、开展智慧惠民应用等都与地理国情信息息息相关。

服务城市管理需求，重点围绕城市规划、城市治理、公共服务、特色风貌等方面开展城市地理国情监测，为城市规划、城市治理、民生保障、土地集约利用等提供了重要的数据支撑。创新城市规划建设管理模式、丰富城市治理手段，努力为建设绿色、智慧、宜居的新型城市作出贡献。

1.2.3 地理国情监测的原则与目标

（1）基本原则

①需求牵引、服务大局。紧紧围绕党和国家中心工作，准确把握国家安全、生态保护、应急抢险等领域的新趋势和新特征，针对国家重大决策部署、重大战略实施和重点工作推进，主动了解政府决策需要和部门管理需求，加强沟通协调和业务对接，找准服务大局的切入点和着力点。

②统筹协调、全面推进。着眼全局做好顶层设计，强化国家与地方地理国情监测的统筹协调，健全体制机制，完善业务体系，加强计划管理，统一技术规范。同时，要根据各地区的实际情况，加强分类指导，鼓励大胆实践，突出区域特点，体现应用成效，不断提升地理国情监测工作水平。

③改革创新、优质高效。大力推进地理国情监测关键技术和装备的自主创新，加强产品体系和服务模式创新，打造专业技术队伍，客观准确、优质高效地开展地理国情监测。

④协作共享、融合发展。加快建立部门间的业务协作机制、各级政府间的分工协作机制、军地间的融合发展机制、企事业单位的共同参与机制，促进成果共享应用和协同发展。

（2）监测目标

健全地理国情监测体制机制，完善地理国情监测业务体系，逐步实现地理国情监测工作法治化、制度化、规范化。以基础性和专题性地理国情监测为重点，对陆地国土范围内地理国情信息的变化情况开展监测，进行地理国情综合评价，提供普遍适用的公共产品和个性化定制产品，在服务国家重大战略和重大工程、生态文明建设、国土空间开发、社会治理、民生保障、国家安全等方面不断取得新成效。

1.3 地理国情监测发展现状与趋势

1.3.1 国外地理国情监测发展现状

近年来，许多国家和组织开展了与地理国情监测类似或相近的项目与工程，实施了一些重大战略规划和行动计划，以解决本国或本地区资源、环境、能源、社会等领域的问题。

（1）美国

2002 年，美国地质勘探局（USGS）启动了地理信息分析和动态监测计划，利用数字地形图、卫星影像及其他遥感数据，结合计算机建模和野外调查等技术手段，研究地表覆盖变化与生态环境、气候变化、疾病传播、经济发展等的相互作用关系，对地理与其他自然、经济变化的相互作用规律开展了深入探讨。经过 10 年的努力，美国地理国情监测实现了美国乃至全球自然和人文地理要素信息的动态获取、综合分析、实时发布、监控评估和趋势预测，成为世界地理国情监测领域的成功范例。

美国国家生态观测站网络（NEON），是美国国家科学基金会（NSF）于 2000 年提出的一个全国性网络平台，主要针对美国国家层面所面临的重大环境问题，在区域至大陆尺度上开展全面、综合的观测和研究，深入认识环境变化实质，预测环境变化趋势，保障美国的生物和生态安全。

（2）欧盟

2003 年，欧盟启动了全球环境与安全监测计划，其目标是综合利用卫星、航空和地面观测站获得的信息，形成业务化的对地观测能力，提供陆地监测、海洋监测、应急管理、大气监测和安全监测等地理空间信息服务，为政策制定者制定国家、欧洲乃至国际环境事务（包括气候变化）相关法规政策和监督这些政策实施提供依据。陆地监测服务涵盖诸多领域（如土地利用和土地覆盖变化、土壤固封、水体质量和可用性、空间规划、森林环境和全球粮食安全等）；海洋环境监测服务提供关于海洋安全、海洋资源、海洋和海岸环境、气候和季节性预测等信息；大气监测服务涉及温室气体、影响空气的反射气体、臭氧层和太阳紫外线辐射以及气溶胶等；应急管理服务涉及洪水、森林火灾、滑坡、地震、火山喷发、人道主义危机等；安全监测服务主要为边境监视、海上监视、欧盟对外行动等领域制定相关的政策提供支持。

2008 年，欧洲航天局和世界粮食计划署在一次国际会议上共同展示了新绘制的全球土壤覆盖图。该地图根据最新拍摄的卫星图片绘制而成，是世界首个分辨率为 300 m 的免费产品。图中展示了 22 种不同的土地覆盖类型，包括农田、沼泽、人工地表、水体、永久积雪和冰冻地等。为使用户最大限度地受益，该图的图例与联合国土地覆盖分类系统兼容。欧盟委员会联合研究中心（JRC）、联合国粮食及农业组织（FAO）和美国饥饿早期预警系统网络（FEWS NET）努力创新和加强其粮食安全监测系统，并且开发了更加有效的早期预警工具。

（3）日本

日本是一个自然灾害频发的国家，影响国民经济、社会生活的自然灾害主要包括地震、海啸、台风、洪水、火山喷发、暴雨等。由日本官方测绘机构——国土地理院（GSI）负责减灾管理工作。GSI 针对日本的自然灾害监测进行了大量的工作：①利用分布在日本各地的 GPS 控制点，对地壳实时移动进行持续观测；②精确测量沿着高速公路设置的1.7万多个标志的高程，通过分析这些高程数据，能够获得毫米精度的地壳垂直形变；③在地震或火山等灾害高发区，建立稠密的移动观测站网络；④利用合成孔径雷达影像对地壳形变进行观测，从而完成对地震的监测与预报工作。

亚太地区环境革新战略项目环境综合监测子项目是日本2001年启动的一个环境方面的重大研究项目，旨在建立和发展一个综合性的环境监测系统，对亚太地区的环境破坏、环境退化和生态脆弱区进行长期有效的监测。

（4）英国

英国的全球干旱监测网是一个实时监测全球旱情严重程度的网站，提供了当前全球范围的水文旱灾情况，网站每月更新，数据空间分辨率为 100 km。用户通过交互界面可选择旱情评估的时间范围（1～36 个月），显示用户定义区域内受旱灾影响的人数，以及选择是否显示城市名称、河流和湖泊等。网站发布的产品可以预警潜在的食物、水和健康问题。

除了上述国家和地区，加拿大、澳大利亚等国也依靠协同、持续的对地观测系统，开展了相关的专项或全面的地理国情监测。从发达国家（地区）的经验可以看出，地理国情监测已在人口、经济、地表覆盖变化、生态环境等领域得到了广泛的应用，地理国情信息已由静态数据监测发展到动态变化数据实时监测，工作重点已由基础地理信息的采集、更新、服务逐步转向地理国情信息的获取、监测与分析。发达国家（地区）的监测工作具有国家高度重视、监测装备先进、监测内容丰富、产品服务形式多样等特点。

1.3.2 我国地理国情监测发展现状

中华人民共和国成立后，国土、林业和水利等部门陆续开展了多次全国范围的自然资源普查与监测，如国土部门开展了第一次和第二次全国国土调查，林业部门多次开展森林资源清查，水利部门开展了第一次全国水利普查。这些项目虽然没有被冠之以地理国情监测的名称，但其实质上属于地理国情监测的范畴。

2010 年 12 月，时任国务院副总理李克强同志对测绘工作作出重要批示，要求“深入贯彻落实科学发展观，加强基础测绘和地理国情监测”，首次从国家的高度明确提出加强地理国情监测工作，正式吹响了我国全面开展地理国情监测的号角。2013 年，国务院部署了 1949 年以来第一次全国地理国情普查工作，全面、真实地绘制我国“地情图”，形成反映自然资源、生态环境和人文要素空间分布及相互关系的地理国情普查系列成果。同时，坚持“边普查、边监测、边应用”，围绕生态文明建设重大部署，在国土空间开发、生态环境保护、资源节约集约利用、城市空间发展变化、区域总体发展规划和建立生态文明制度体系等方面开展地理国情监测示范，取得了一批重要监测成果，为生态文明建设提供了技术支撑、空间基础、监督检查等保障服务。如在国家层面，取得了京津冀地区 7 年重点大气颗粒物污染源空间分布、首都经济圈 20 年城市空间格局、海南省“多规合一”信息化平台建设、国家级新区建设变化、沿海滩涂变化、南水北调中线工程水源地环境动态监测、三峡地区地质环境变化、抚顺矿山地面沉降等监测成果。在省级层面，浙江省基于地理国情监测在金华市磐安县和宁波市奉化区开展了领导干部自然资源资产离任审计试点，极大地提高了审计工作效率和精准程度。湖南省洞庭湖生态经济区、甘肃省丝绸之路经济带生态安全屏障、河北省麦收秸秆焚烧等地理国情监测成果得到了各地政府的充分肯定，浙江、山西、四川、黑龙江等省级行政区开展地理国情监测保障市（县）“多规合一”试点，重庆市依托地理国情信息构建了重庆市综合市情系统，新疆、西藏、云南、内蒙古等省级行政区利用地理国情成果推进生态文明建设、资源管理、维稳、应急等工作。

地理国情监测体制机制建设方面也取得了重要进展，推动了地理国情监测进法律、进规划。2016 年，《中华人民共和国国民经济和社会发展第十三个五年规划纲要》提出开展地理国情常态化监测。2017 年，第二次修订的《中华人民共和国测绘法》明确要求开展地理国情监测。地理国情监测部门、政府间业务协作机制建设取得了重要进展。国家发展和改革委员会与国家测绘地理信息局（2018 年不再保留）在地理国情监测服务区域协调发展总体战略、市（县）经济社会发展规划编制方面开展合作。住房和城乡建设部积极推进地理国情信息在重点城市黑臭水体整治、新型城镇化建设中的应用。农业农村部、财政部、自然资源部联合开展农村土地确权登记。中央组织部、审计署、国家统计局明确将利用地理国情监测为编制自然资源资产负债表、领导干部自然资源资产离任审计试点提供保障。

1.3.3 地理国情监测发展态势分析

2018 年，国务院机构改革，我国地理国情监测迎来了机制创新、体系创新和转型升级的良好机遇：一是改革有利于理顺地理国情监测与各项有关调查之间的关系；二是地理国情监测与登记确权、资源开发利用和监管以及有关规划编制与管理直接“挂钩”，提升了监测成果的权威性和社会利用价值，从而也提升了地理国情监测工作的地位；三是有利于地理国情监测成果在相关行业的广泛应用，并促进了成果与各部门监测成果和统计数据的融合。

经过近 10 年的发展，地理国情监测逐步实现法治化、制度化、规范化，全国各地已将地理国情监测推向常态化。新形势将促使地理国情监测转型升级条件进一步成熟，要抓住机遇，积极应对挑战。

（1）大局站位，加大创新

要改进、完善顶层设计和监测方案，使地理国情监测更好地服务于自然资源的调查、登记确权、开发利用监管。大格局需要有更宽的视野，要站得更高，跳出原有行业思路局限，从国家整体利益去思考问题，在内容、技术和成果应用等方面有更多的创新，积极推进机制创新、体系创新。

（2）进一步加强基础性研究工作

在新形势下，加强地理国情监测的工作性质、建设目标、业务边界、管理模式和投入机制等相关基础研究，特别是要研究地理国情监测在国家自然资源调查、登记确权、开发利用监管工作中的作用、地位，以及与其他有关工作的关系。

（3）要充分发挥测绘地理信息专业技术优势

测绘地理信息技术、地理国情监测数据在自然资源管理中不可或缺，而且应用面更广、作用更大，要充分发挥测绘地理信息科技专长优势，引领统一技术标准制定、数据整合与建库、自然资源调查确权成果的可视化、自然资源时空数据平台建设等有关各项业务工作。

（4）加强人才交流和知识拓展

地理国情监测工作与自然资源调查确权工作、资源管理、规划管理等工作的结合将更为紧密，要通过人才交流和知识拓展等途径，优化地理国情监测队伍人才结构和知识结构，拓宽知识面，包括学习自然资源管理所需要的基础知识，加强对地理学、地貌学、经济地理学、人文地理学、计量地理学的知识掌握和研究等。

1.4　小结

常态化地理国情监测是对传统测绘地理信息事业的深刻变革，将实现从静态向动态、从被动向主动、从后台到前台、从测绘数据生产到地理国情信息为国家决策服务的转变，实现从测绘地理信息管理与服务职能向地理国情监测管理与服务职能拓展。党和国家机构改革组建自然资源部，地理国情监测迎来了机制创新、体系创新和转型升级的良好机遇，也面临新的挑战。地理国情监测要进一步根据自然资源部门职责，面向自然资源的调查、确权登记、监管，以及国土空间规划编制及实施的需求，从顶层设计、监测内容、产品形式、服务模式构建、体制机制健全、人才培养等方面进一步加强研究和实践探索。

第 2 章

地理国情监测数据采集与处理

地理国情监测数据采集与处理是地理国情监测工作的重要环节，是开展地理国情监测分析、推进专题应用的前提。“天空地”一体化的多源遥感影像是地理国情监测的主要数据源，遥感影像的时相与精度、影像数据处理、地理国情信息分类提取及变化检测、监测成果质量控制等是地理国情监测数据采集与处理的关键内容。本章简要总结了地理国情监测遥感影像数据的来源与要求，介绍了地表形态数据、地表覆盖数据、重要地理国情要素数据的采集与处理方法，并从提高成果准确性、可靠性的角度，阐述了对地理国情监测数据的变化检测和质量控制。

2.1 监测遥感影像数据来源与要求

2.1.1 数据影像源与使用原则

（1）影像数据源精度要求

地理国情监测工作在起步阶段，由于受高分辨率影像保障能力的客观条件限制，难以实现符合时相要求、分辨率优于 1 m 的航空航天遥感影像的全国覆盖。国家采用分区保障的策略，根据人口、经济、开发建设与生态保护等因素，将全国分为 4 类区域，按照不同的策略，开展影像保障，突出重点开展地理国情监测。但随着卫星遥感的不断发展，可用卫星源越来越多，对于分辨率优于 1 m 的航空航天遥感影像数据不再实施分区保障，逐步拓展到全国全覆盖保障。

（2）常用的影像数据源

自 2016 年起，地理国情监测开始进入常态化，“天空地”一体化的多源遥感影像为其提供了重要的保障。其中遥感影像数据源以国产卫星为主，补充采购商业影像，有需求的地方可以采用航空飞行获取影像。2016—2019 年湖南省地理国情监测使用的主要卫星遥感影像数据源如表 2-1 所示。

表 2-1　2016—2019 年湖南省地理国情监测使用的主要卫星遥感影像数据源

年份	分辨率区间/m	主要卫星遥感影像数据源
2019	1～2.5	GF1、ZY3、GE1
	优于 1	BJ2、GF2、GF6、GJ1、KM2、KM3、SJ9、WV2、WV3、PL0、PLB
2018	1～2.5	GF1、ZY3、SP6/7
	优于 1	BJ2、GF2、GJ1、KM3、WV 系列、PL
2017	1～2.5	ZY3、GF1、GE1
	优于 1	BJ2、GF2、GJ1、PL0、WV2/3
2016	1～2.5	GF1、SP6/7、TH 系列、ZY3
	优于 1	BJ2

此外，补充采购的国外商业卫星 SPOT 系列、IKONOS、QuickBird、WorldView 系列、GeoEye、Pleiades 等传感器获取的影像也在地理国情监测中发挥了重要作用。

随着遥感技术的发展，对地表监测可提供的高分辨率影像数据源越来越丰富。如 2018—2019 年我国成功发射了 GF5、GF6 和 GF7，为地理国情监测提供了有效保障。

（3）影像使用原则

按照监测对影像分辨率的要求，优先收集国产卫星影像，在国产卫星影像难以覆盖或满足要求的区域，需要统筹利用基础航空摄影资料，或采用时间和空间分辨率相当的国外商业卫星资料补充。

在使用影像资料时，应选择有效信息量更大、更有利于信息提取的影像。一般情况下，优先选用空间分辨率和光谱分辨率更高、时相更接近植被生长季节、现势性更新的影像。

2.1.2　监测数据获取要求

（1）客观性

以最新的航空航天遥感影像为数据源，结合外业实地调查获得数据，体现了数据获得过程的客观性；此外，地理国情监测坚持按照“所见即所得”的原则进行数据采集，保证了数据成果的客观性。

（2）准确性

真实和准确的地理国情监测成果，能客观反映社会经济指标的分布状况及其空间关系，揭示空间规律。因此，地理国情监测数据获取需要集成多种信息，综合利用多种方法，为全面掌握国情提供准确的地理国情监测数据。

（3）高时效性

地理国情监测需要及时反映国家的地理情况，必须采用各种快速响应的对地观测手段，提高地理国情监测数据获取的时效性，从而有效检验国家政策措施的实施效果。

（4）高可靠性

自然资源部门要履行全民所有自然资源资产所有者职责，以及所有国土空间用途管制和生态保护修复职责，承担的生态文明建设责任更加重大，“两统一”职责的履行离不开更高可靠性的地理国情监测信息，需要具有更高可靠性的数据为其提供支撑保障。

2.2　监测数据采集与处理

2.2.1　技术流程

以覆盖监测区的多源航空航天遥感影像数据为主要数据源，收集利用各类行业专题数据，采用遥感影像解译、变化检测、质量控制等方法，内外业结合，实现地理国情监测数据的采集与处理（图 2-1）。

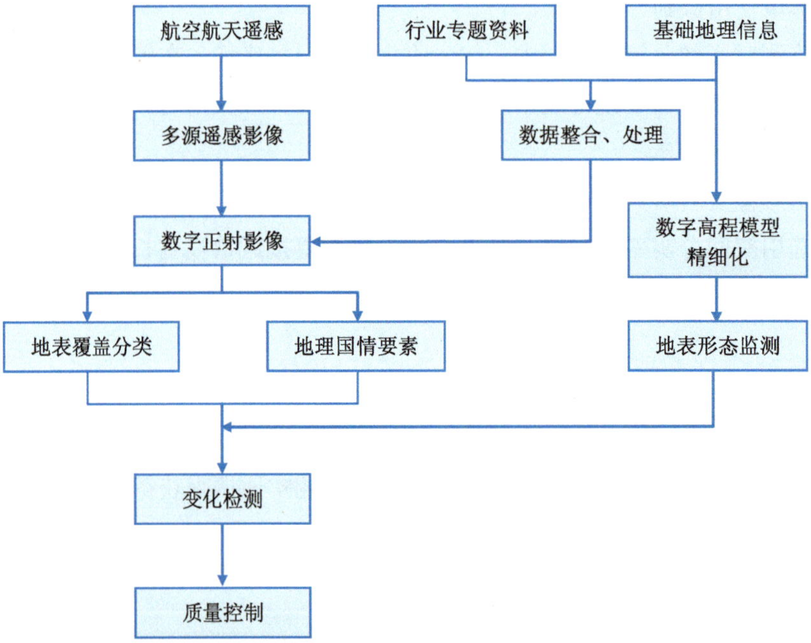

图 2-1　监测数据采集与处理技术流程

2.2.2　地表形态数据采集与处理

（1）地表形态数据采集与处理

地表形态数据反映了地表的地形及地势特征，也间接反映了地貌形态，表现形式为数字高程模型（DEM），是地理国情普查和监测中基础数据成果的重要组成部分。由数字高程模型派生形成的坡度、坡向等数据是地形地貌统计分析的基础。地理国情普查阶段 DEM 的生产主要根据数字线划地图（DLG）数据、激光雷达（LiDAR）数据以及已有 DEM 数据 3 种不同的数据源进行。DLG 数据主要包括 1∶10 000 DLG 数据成果、1∶50 000 DLG 数据成果；LiDAR 数据主要指精度优于 1∶10 000 DLG 的 LiDAR 点云数据；DEM 数据主要包括现有 1∶10 000 DEM 数据以及精度更高的 DEM 数据。不同类型的基础数据源，采用相应的作业方法生产 DEM（图 2-2）。

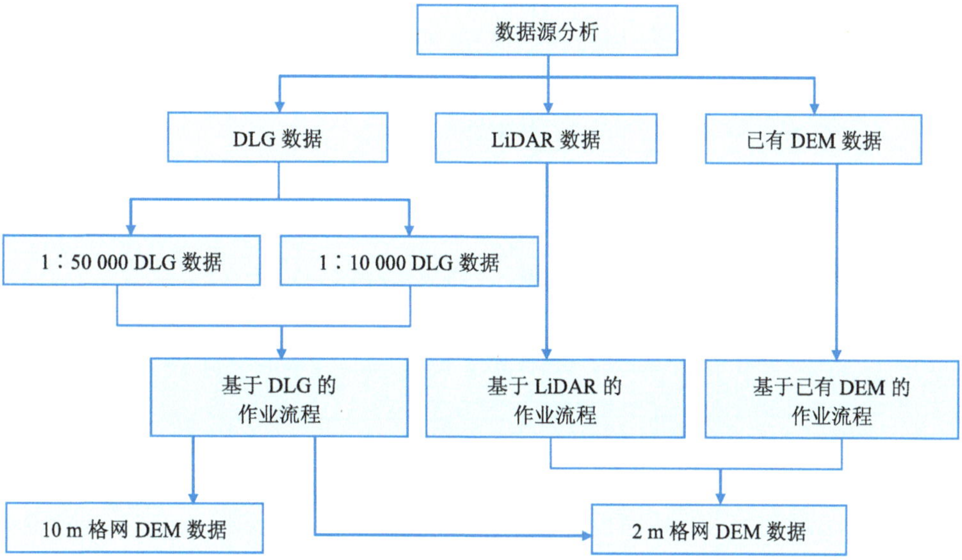

图 2-2　地表形态数据采集与处理技术流程

2 m 格网 DEM 数据主要以 1∶10 000 DLG 为资料源进行生产；对于已有的数据精度优于 1∶10 000 DLG 的 LiDAR 数据或 DEM 数据，可优先将其作为资料源进行生产；对于坡度小于 45°且占图幅面积 80%以上的，如有 5 m 格网 DEM 覆盖，原则上也可直接对其重采样进行生产。而 10 m 格网 DEM 数据主要利用 1∶50 000 DLG 为资料源进行生产。

（2）地表形态变化数据采集与处理

现阶段，基于合成孔径雷达差分干涉测量技术（differential InSAR）研究地表形变，已经取得了较好的结果。经过一系列的技术改进，相关学者提出了时序 InSAR（muiti temporal InSAR）技术，如永久散射体方法（PS）和短基线集方法（SBAS）等，并在高速公路、铁路沿线、城市地铁工程区形变监测等方面得到了较好的验证。相比 PS-InSAR 技术，SBAS 技术降低了对 SAR 影像数量的要求（一般大于 7 景），采用短基线干涉组合进行测量，能够有效地减弱由时空基线过长引起的失相干问题；同时由于满足短基线条件的所有干涉图都参与了解算，而且引入奇异值分解方法（SVD），可以获得观测时间序列的最小范数解，提高了结果的稳定性和可靠性。因此，可采用 SBAS-InSAR 技术进行地表形态变化监测，形成适用的监测模式。SBAS-InSAR 技术监测地表形态变化的技术流程如图 2-3 所示。

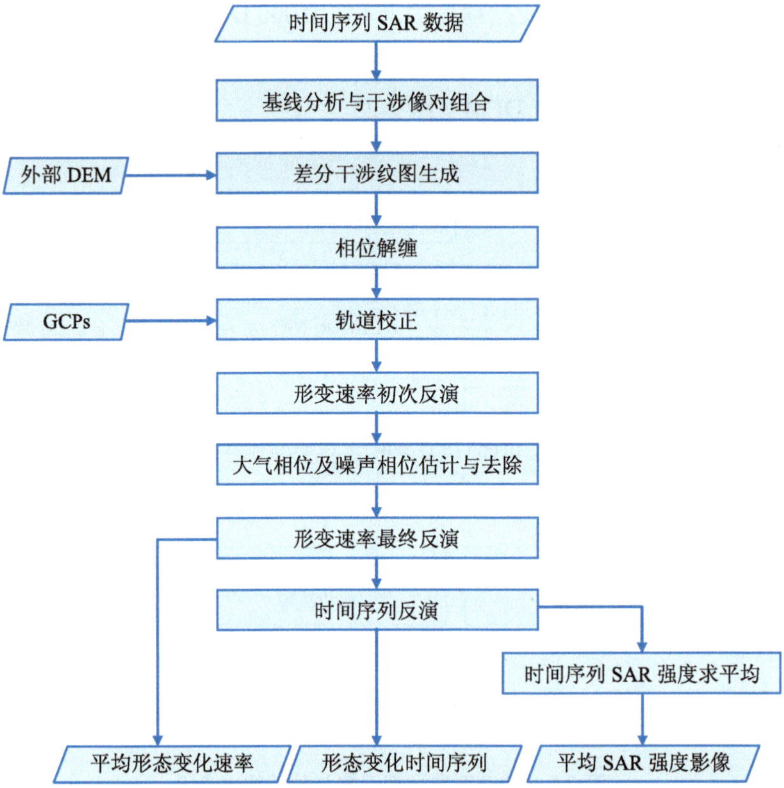

图 2-3 地表形态变化监测技术流程（SBAS-InSAR 算法）

目前，众多学者将 SBAS-InSAR 技术应用于城市地表沉降、矿区沉陷等监测，结果与实测结果非常相符。如邱志伟、詹景祥等对南京、深圳等地区的地表形态变化监测，实测数据证实 SBAS 技术具备监测地表微小形态变化的能力，可在未来城市形态变化监测及灾害风险评估中起到关键作用。

2.2.3　地表覆盖数据采集与处理

地表覆盖分类信息反映地表自然营造物和人工建造物，包括种植土地、林草覆盖、房屋建筑区、铁路与道路、构筑物、人工堆掘地、荒漠与裸露地、水域等自然属性或状况。地表覆盖数据采集将上一年度的地表覆盖数据作为监测本底，基于多源遥感影像数据，识别变化区域，采用遥感影像解译、变化信息提取、外业调查等技术与方法，充分利用已经收集的解译样本数据辅助内业解译，采集变化信息，结合多行业专题数据，对地表覆盖数据进行采集更新。

地表覆盖数据采集与处理主要采用遥感影像解译分类方法，可分为目视解译分类、计算机自动分类和人机结合分类。

（1）目视解译分类

目视解译的一般方法包括直判法、对比法、邻比法、动态对比法和逻辑推理法。实际运用时可根据需要灵活选择、交错使用。

目视解译的一般流程包括资料准备、初步解译、实地核验、详细解译和数据整理 5 个阶段。目视解译前应收集监测区域的各种资料（如历史资料、统计资料、各种地图及专题图等），也包括实况测定资料和其他辅助资料等，增强对任务区域地理环境的了解和对相关地物类型的认识，充分利用已有的内容辅助开展信息提取。目视解译时，应充分了解所用影像的来源、性质和质量，包括传感器、分辨率、成像时间、波段及其特性等，根据解译地物的需要选择时相和波段，确定多波段合成方案。地理国情监测的卫星影像数据包括全色和多波段两种，其中多波段数据基本以蓝、绿、红和红外或近红外 4 个波段为主。不同类型地物对不同波段电磁波的反射和吸收存在差异，表现出特有的光谱曲线，如蓝波段短波端对应清洁水光谱曲线的峰值区，长波端位于叶绿素光谱曲线的吸收区，因此对针叶林的识别能力较强；绿波段位于叶绿素光谱曲线两个吸收带之间，可用于植被的提取，其与蓝波段合成可显示水体的蓝绿比值，能够估测水中的可溶性有机物和浮游生物；红波段位于叶绿素光谱曲线的吸收区，在可见光中该波段为识别土壤边界和地质边界最有利的光谱区，可用于识别作物、裸露土壤和岩石表面；近红外波段对应植物光谱曲线的反射峰值区，对于植被的识别十分有用，近红外波段与绿波段的比值对绿色生物量和植物含水量较敏感，水体对该波段反射率非常低，因此有利于水体的提取。此外，在目视解译过程中，也可以利用影像增强、波段运算、自动分割等，提高目视解译的效率和准确性。

（2）计算机自动分类

根据高分辨率影像的全色和多光谱数据的空间、纹理和光谱信息特征，以计算机自动处理为主要手段，对影像进行分割，把影像覆盖范围内的空间分成不同特征属性的对象，并在分割的基础上，依据这些对象的特征属性，采用监督分类、规则分类或其他分类方法，把各个对象归入若干地表覆盖类型中。

采用计算机自动分类方法进行地表覆盖分类时，不同区域、不同影像源、不同时相差异较大的影像，要达到理想的分割和分类效果，需要针对影像的特征对处理过程中依赖的一些参数和采用的具体算法进行反复调整和选择。

对于部分解译标志容易通过一定规则进行形式化表达的覆盖类型或地物类型，可以采用计算机自动分类的方法获得可以接受的结果，这种方法在一些覆盖类型较少、斑块面积较大的区域可行性较高。但通过计算机自动分类提取形成的结果，一般还需要对结果进行人工编辑整理。

（3）人机结合分类

人机结合分类方法是目视解译与计算机自动分类两种方法的有机组合，组合方式根据具体情况灵活多样，可以是大的阶段性工作环节的组合，也可以是某一工作环节内具体方法步骤的交叉运用。组合方式有以下两类。

按照覆盖类型进行方法组合。根据监测区域的具体情况，对于一些容易通过自动分类方式提取的类型，先采用以自动分类为主的方式批量提取，其余类型采用以目视解译为主的方式完成。

按照工作流程进行方法组合。利用自动分类进行初步解译，在初步解译的基础上，采用目视解译的方式进行详细分类。例如，与植被相关的耕地、园地、林地、草地等类型，可通过自动分类的方式与其他类型（如房屋、道路、构筑物、裸露地表、水面等）区分，形成初步成果，起到总体控制的作用，具体细分采用目视解译的方式进行。

2.2.4 地理国情要素信息采集与处理

地理国情要素信息反映与社会经济生活密切相关、具有较稳定的空间范围或边界、具有或可以明确标识、有独立监测和统计分析意义的重要地物及其属性。地理国情要素信息包括道路、水域、构筑物及地理单元四大类。

地理国情要素信息与地表覆盖分类都是基于遥感影像进行信息采集，与地表覆盖分类侧重于定性不同，地理国情要素信息提取不但要定性，更重要的是完善其属性信息（如位置、边界或范围）。对于可以通过影像特征较准确地确定其位置或分布范围的，其采集过程与地表覆盖分类目视解译类同，但对于部分地理国情要素，特别是地理单元，由于没有地表自然地物相对应，难以单纯通过遥感影像进行采集，需要收集整理大量专题数据资料，并结合影像和基础地理信息数据完成数据采集。地理国情要素信息的采集是在充分利用基础地理信息数据和各行业专题数据的基础上，通过对多源遥感影像数据的人机交互解译和采集、外业核查、人工质量检查、与地表覆盖数据合并后数据集的修改完善过程中完成的，其数据采集流程如图 2-4 所示。

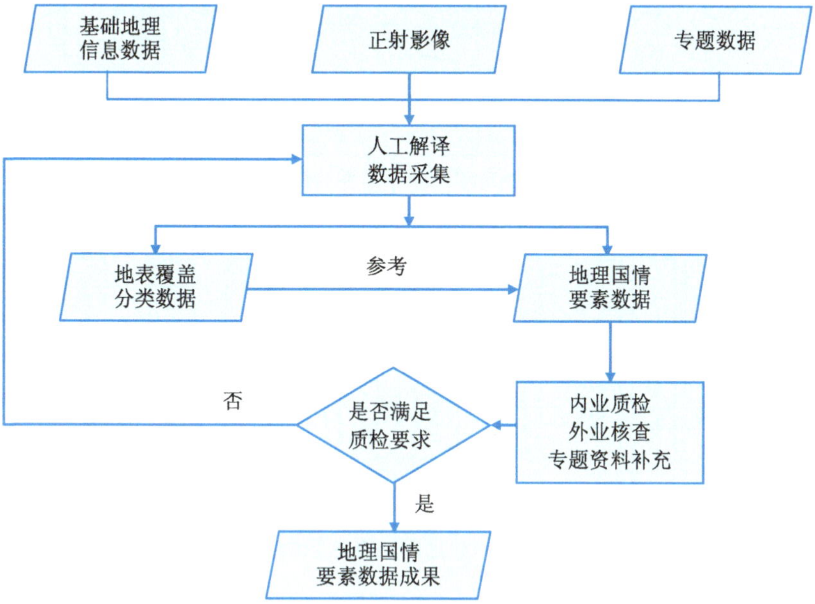

图 2-4　地理国情要素数据采集流程

2.3　变化检测

地理国情监测数据常态化监测主要是对监测区域的地理国情监测对象进行变化检测。变化检测是指从不同时期的遥感数据中，定量分析和确定地表变化的特征与过程，变化检测可以确定变化的类型、分布状况、变化量、变化趋势。由于陆地表面的变化在很大程度上控制着地球的能量平衡，因此对地表覆盖变化的定量化研究，已成为遥感变化检测研究的热点之一，在研究城市扩展、森林变化、干旱影响、洪涝灾害、耕地保护、违法用地等方面均用到变化检测。遥感变化检测是基于以下基本假设：如果在两个不同时相之间瞬时视场内的地面物体或其状态发生了变化，则不同时相遥感图像对应像元的光谱响应就会发生变化。

变化检测的主要方法根据处理的影像时相，可分为双时相影像变化检测与时间序列影像变化检测，如图 2-5 所示。其中，双时相影像变化检测又可进一步分为直接比较法[如直接像素比较法（本书略）、图像叠合法、图像代数法、主成分分析法等]、先分析后比较法（如分类后比较法、对象级检测法等）、统一模型法［如变化向量分析方法、检测方法建模（本书略）和检测过程建模（本书略)]；而时间序列影像的变化检测目前以时间序列分析法直接处理为主。

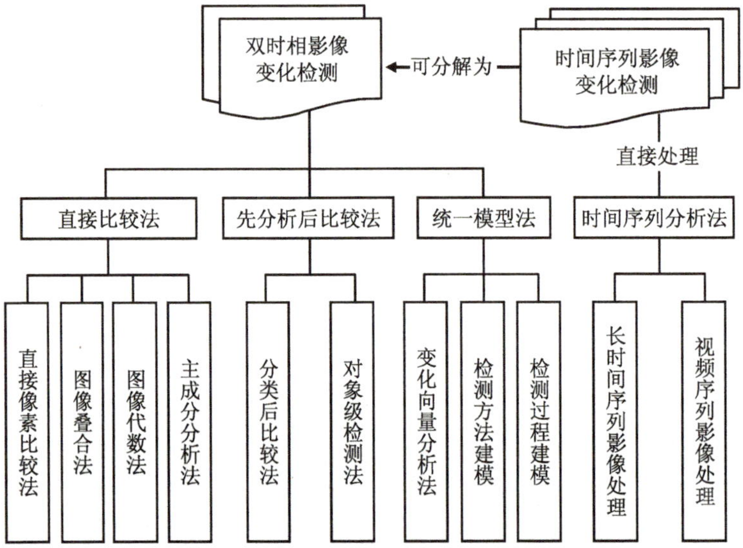

图 2-5 变化检测的主要方法

2.3.1 图像叠合法

图像叠合法是指在图像处理系统中将不同时相遥感图像的各波段数据以RGB色彩模式显示，从而对相对变化的区域进行增强与识别。如地表覆盖变化检测，若将 3 个时相的 SPOT Pan 图像分别赋予 RGB 颜色，则由低反射率到高反射率的地表变化（如植被到裸地）显示为青色，而由高反射率到低反射率的地表变化（如裸地到居民地）则显示为红色，变化区域可以在叠合图像上得到清楚的显示，而没有变化的区域则显示为灰色调。图像叠合法可以直观地显示 2～3 个不同时期的变化区域，便于目视解译，但无法提供变化的类型和大小。

2.3.2 图像代数法

图像代数法是将变化前后的影像进行一种数学代数运算，然后以代数运算结果对变化的区域进行标识。目前，比较常见的代数方法有图像差值和图像比值。图像差值是一个时间图像的像元值与另一个时间图像的像元值相减。在新生成的图像中，图像值为正或为负是辐射值变化的区域，而没有变化的区域图像值为 0，在结果显示时可加上常量 C 以消除负值。图像比值将两个配准过的图像进行对应像素点值相除，得到一个比值。然后根据比值判断对应的影像区域是否发生了变化，如果图像比值（R）的值和 1 相差较大，则认为对应的区域发生了变化，否则 R 的值等于 1 或者和 1 相差不大则认为没有发生变化。该方法的关键是在表示变化像素值时选择适当的阈值。这种做法的优点是减少了太阳角度、光影和地形的影响，缺点是结果是非正态分布的。

2.3.3　主成分分析法

主成分分析法是一种经典的特征提取方法，通过寻找方差最大的正交投影空间来消除特征之间的相关性。在遥感影像分析中，这种方法用来减少光谱的数目，提取原始影像中占方差较大的主成分。

使用主成分分析的变化检测方法的优点是能够减少波段之间数据的冗余，突出那些造成变化的主成分；缺点在于主成分分析法是独立于场景的，因此变化检测的结果会很难理解和标注出来。

2.3.4　分类后比较法

分类后比较法是最明显的变化检测方法，需要产生分类图像后再进行比较，通过对不同时段影像分类结果进行比较得出变化图（能够反映完整的变化情况）。此外，对分类结果的选择性分组允许观察任何可能感兴趣的变化子集。该方法的最终结果取决于两次分类的精度，同时需要大量时间的数据来获得分类结果。

2.3.5　对象级检测法

对象级检测法主要根据像素间的邻接关系创建并使用影像对象进行变化检测。影像对象较单个像素包含地物更多的整体信息，基于对象级影像分析方法更接近于人眼识别图像的过程。但是一直到分形网络演化算法被提出后，对象级影像分析方法才获得广泛关注，现已成为一种有效的高空间分辨率影像分析方法。

根据变化检测策略的不同，对象级检测法大致可分为直接对象变化检测、同步分割后对象变化检测、分类后变化检测等。直接对象变化检测方法的核心是对多时相影像分别分割提取影像对象，然后直接对比不同时相的影像对象，通过对比对象几何特征（如长度、面积及形状或光谱纹理特征）得到结果。该方法的影像对象的获取策略可分为两种：一是只分割一期影像，另外一期影像通过直接叠加分割结果进行变化检测；二是对不同时相影像分别做分割，通过对比相同位置上的对象进行变化检测。虽然顾及了所有对象，但是该方法由于分割结果不同难以进行对象分析，且要求分割方法能真正意义上把对象分割开，变化检测的精度严重依赖分割结果。同步分割后对象变化检测方法是多时相影像数据相互叠加同时参与分割提取影像对象，获取在多时相影像上形状、大小、位置上一致的分割对象的方法。该方法受多时相影像数据配准精度的影响较大，且由于分割时同时使用来自多时相影像的特征参数，异质性增大，分割结果往往存在过分割和边界破碎对象现象，需要一定的后处理补充。该变化检测是比较经典的方法，对不同时相影像分别进行独立面向对象影像分类，然后再进行对象所属类别、几何形状及空间上下文信息等的对比分析，获取变化区域及变化轨迹。

2.3.6 变化向量分析法

变化向量分析法（Change Vector Analyst，CVA）是计算每个像素点各个波段的差值，能够产生两个输出：①光谱变化向量描述从第 1 日期到第 2 日期变化的方向和大小；②通过在 n 维空间中确定变化向量的欧氏距离，计算出每个像素点的总的变化幅度。变化向量的大小表示地物的变化强度，变化向量的方向反映了变化类型。变化向量检测的方法还可以与主成分分析法相结合，这种结合已被相关研究证实可以有效地检测和分类不同地面覆盖的变化。总体来说，该方法的优点是能够处理任何数量的光谱波段，并产生详细的变化检测信息；缺点是很难检测土地覆盖的变化轨迹。

2.3.7 时间序列分析法

时间序列分析法是主要针对长时间序列遥感影像的时间趋势分析。相比两时相影像的变化检测方法，时间趋势分析对遥感影像时间分辨率要求比较高，更聚焦于中低空间分辨率图像。使用这些影像，空间细节的损失使自动分类的精度非常低，因而时间序列分析法通常只用于大面积目标的变化分析（如植被变化、土地覆盖变化等）。时间序列变化检测方法可以被分解为若干个两时相影像单独变化检测处理再进行集成，也可作为一个整体采用时间序列分析法描述事物随时间发展变化的数量规律性。利用遥感影像变化检测技术研究地表的变化规律和变化趋势时，需要长期的变化监测影像。该方法主要是通过比较各种变化检测指标的年际曲线或生长期曲线的差异获取变化信息。

目前，主成分分析法和变化向量分析法是基于遥感数据时间序列曲线进行土地覆盖变化分析的较为常用的两种方法。

2.4 质量控制

精准的采集地理国情监测数据是深入开展地理国情应用的前提和保障，因此，在地理国情监测数据的采集与处理过程中，质量控制非常关键。质量控制针对地理国情普查及监测数据准确性，通过构建质量约束模型或转换模型，对地理国情空间数据的质量问题精度控制，并对数据中的误差进行纠正，以保障地理国情监测数据的整体质量。

2.4.1 基本方法

质量控制通常可根据数据生产流程分为过程质量控制与成果质量控制。地理国情监测涉及的成果类型和工序众多，需要对生产工艺、各阶段成果以及关键工序中影响成果质量的重要因素进行控制，以消除生产环节中的质量隐患。坚持过程质量控制是确保监测质量控制工作的基础。成果质量控制是通过成果质量检查和验收来实施，通过对各项成果的检查，完成对质量子元素和质量元素“金字塔质量概念模型”的检查及质量评定工作。质量模型表明，质量控制对象的质量水平是由质量元素决定的，而主要质量元素对成果质量具有至关重要的影响。无论是在监测生产过程还是最终成果检查时，都需要重点检查这些质量元素。

根据研究对象的不同，数据质量控制可以分为基于对象的空间数据质量控制和基于场的空间数据质量控制。基于对象的空间数据质量控制方法主要针对空间地物目标（如点、线、面、体，对单一空间对象或多个空间对象集合）进行质量控制，旨在减少数据不一致性并降低不确定性。在空间数据采集过程中，由于采集方法和手段的限制，空间对象必然会受到各种因素（如坐标信息等包含误差）的影响。随着数据采集手段的多样化，多源空间数据之间的不一致问题也直接影响空间数据库管理、多源数据融合等。基于场的空间数据质量控制方法，是以卫星、航空影像以及 DEM 等表面模型为研究对象，通过应用变换模型对其进行质量控制。遥感技术的发展使得影像数据在各行各业得到广泛应用。但受卫星平台姿态、地形变化等各种因素的影响，影像数据中必然存在误差，因此需要利用质量控制技术及方法对数据质量进行控制，以降低数据的不确定性。

地理国情监测数据的质量直接影响地理国情监测服务和应用的成效，因此迫切需要空间数据质量控制方法对多源空间数据进行综合处理，以提高数据质量。空间数据质量控制是数据采集、处理、建库过程中的必要技术手段，是保障数据可用性、可信性的前提条件。

2.4.2　过程质量控制

过程质量控制是通过构建科学的质量监督管理体系，对各个生产环节实行全过程质量管理，对发现的问题及时归纳分析，并督促整改落实，确保最终成果质量的一种质量检查活动。开展过程质量控制的目的是保证工序始终处于受控状态，及时发现地理国情监测成果质量的普遍性、倾向性问题，纠正技术偏差和调整作业方式，保障生产过程质量符合技术设计的要求，将质量问题消除在生产过程中，稳定持续地生产合格产品。

2.4.2.1　过程质量控制的主要内容

过程质量控制按生产流程分为前期准备的质量监督、生产过程的质量监督检查和验前成果质量监督等。

（1）前期准备的质量监督

前期准备的质量监督包括对组织实施质量监督、技术设计质量监督、培训与持证上岗质量监督、技术装备配置质量监督、资料收集利用质量监督等内容。

组织实施质量监督：对项目的统筹管理、制度建设与人员配备等情况进行检查。

技术设计质量监督：对专业技术设计的规范性、针对性、完整性、设计审批等进行检查。

培训与持证上岗质量监督：对培训计划的实施情况、培训的效果等进行检查。对技术单位参加与组织培训的情况、持证上岗的情况等进行检查。

技术装备配置质量监督：一是对监测各工序所使用主要仪器设备的检定情况进行检查；二是对监测各工序所使用的主要内外业处理软件的鉴定与测评情况进行检查；三是重点监督检查技术单位对保密规定的执行情况进行检查。

资料收集利用质量监督：对所收集的基础资料和专题资料等资料源的正确性、完整性、权威性、现势性进行比对分析，做到正确合理使用，并统一制订本监测区的专题资料使用方法。

（2）生产过程的质量监督检查

生产过程的质量监督检查包括对首件成果质量监督、生产工艺质量监督、生产过程质量监督抽查、技术问题处理质量监督、一级检查情况质量监督等内容。

首件成果质量监督：首件成果是对生产工艺、技术设计、组织实施的有效验证，是防止成果成批不合格的有效措施。提升首件成果的质量：一是首件成果要有效覆盖全部关键作业环节，内容包括影像、内业采集成果、外调底图等，如程序不完整，会造成验证信息不足、验证结论不清晰的问题；二是抽查样本时要兼顾不同作业单位、不同监测类型区域、不同地形地域等因素，力求全面反映当前成果质量情况；三是重点关注年度技术方案变化和新增的部分。

生产工艺质量监督：对技术单位生产工艺流程的符合性、主要技术指标与技术设计要求的符合情况进行检查，当发现偏离生产技术路线时应采取适当的保障措施，以确保产品符合性。

生产过程质量监督抽查：生产过程质量监督抽查的主要内容如图 2-6 所示，按照监测过程划分为多个工序节点，抽查每个工序阶段性成果的质量，包括新影像处理、变化信息采集、外业调查核查、遥感影像解译样本、内业编辑整理和验前成果等关键节点的质量。需要重点关注内外业衔接这一质量问题的频发区，一方面，内外业人员对采集内容与指标的理解会有一定的差异，外业人员对内业人员提供的工作指令存在一定的理解偏差；另一方面，外业人员的工作如何能够无损不失真地反馈到内业也非常关键。

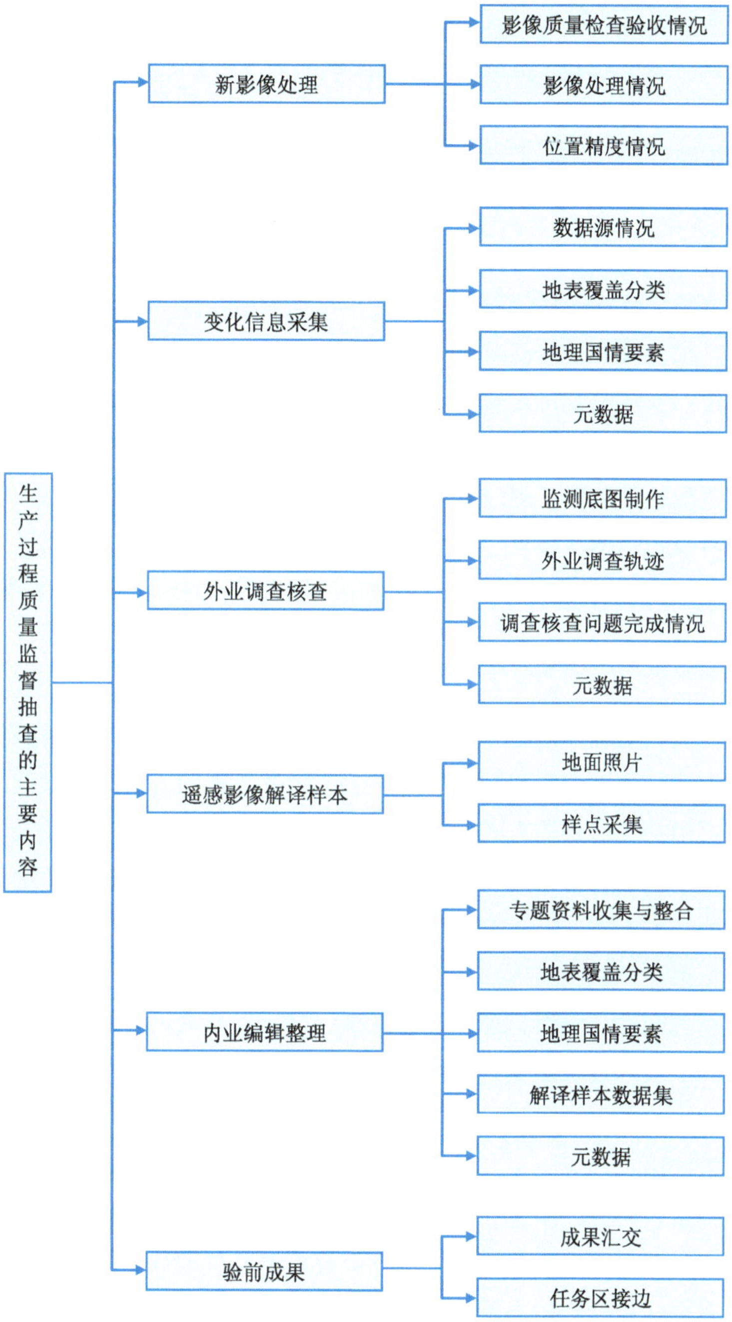

图 2-6　生产过程质量监督抽查的主要内容

技术问题处理质量监督：建立技术问题的反馈、传递、统一处理机制，对生产过程中的技术问题要形成规范、权威、正确的解答，编制问题解答手册，指导监测人员完成地理国情监测生产以及质检工作，并确保同一监测区同质问题的处理一致性。

一级检查情况质量监督：对技术单位一级检查的执行情况进行抽查，包括检查比例的符合性、检查内容及记录的完整性、质量问题的修改与复查情况等。

（3）验前成果质量监督

验前成果质量监督包括资料完整性质量监督、成果数据组织质量监督、二级检查情况质量监督等内容。

资料完整性质量监督：对技术单位提交成果资料的完整性进行检查，包括成果覆盖范围、成果内容完整性，附属资料完整性的检查，如检查技术设计书、技术总结、检查报告、接合表、相关说明、重要问题的处理记录等。

成果数据组织质量监督：对技术单位提交成果在数据组织、数据格式、文件命名等方面与技术设计的符合性进行检查。

二级检查情况质量监督：对技术单位二级检查的执行情况进行抽查，包括检查比例的符合性、内容及记录的完整性、质量问题的修改与复查情况、成果质量评价、报告的规范性等情况。

2.4.2.2 过程质量控制的主要方法

过程质量控制采用总体检查和抽样检查相结合的方式开展工作。对质量管理情况采用总体检查的方式，通过查阅记录、询问交流、野外核查的方法进行检查。对生产过程质量控制情况采用抽样检查的方式，在监测任务承担单位形成的阶段成果中以任务区为单元抽取适量样本，通过与专题数据、生产中使用的原始数据等相关参考数据进行比对和内部检查，检查监测成果生产的关键节点。

（1）查阅记录

通过查阅有关文件、培训记录、质量控制记录，以及人员询问的方式对组织实施、技术设计、培训、技术装备配置、资料收集与利用、生产工艺、一级检查和二级检查等进行监督。

（2）参考数据比对

与高精度数据、专题数据、生产中使用的原始数据，以及可收集到的各级部门公布、公开的数据等各类参考数据进行比对，检查被检数据与参考数据的遗漏及差值。在比对中应考虑参考数据与被检数据由于生产时间的差异、综合取舍的差异造成的偏差。如与影像数据套合检查，即采用人工对照的方式，与数字正射影像图套合，检查道路、水系高水界、房屋建筑等要素平面位置偏移量是否符合技术设计要求；对照外业调查核查成果检查，即采用人机交互的方式，检查国情要素数据属性与外业调查核查底图上补充要素属性的一致性，特别是需要完整表示的要素与外业补调、补测数据是否一致；对照专业资料检查，可以设计程序模块进行自动化检查，这种基于计算机程序模块的自动化检查方式具有高效、准确的特点，在具体质量控制中可以采用相关的程序进行控制和检查。

（3）野外核查

通过实地测量或巡查的方式，将成果数据与野外测量成果对比，确定被检数据是否错漏，或者获取被检数据与野外实测数据的差值。该方法适用于以实测方式检查矢量数据、影像数据等，如通过实地巡查是否存在地理国情要素数据多余或遗漏的情况、几何要素表达是否异常等。

（4）内部检查

检查被检数据的内在特性，如检查矢量数据、影像数据的空间参考系、逻辑一致性、属性精度、接边检查。

2.4.3　成果质量控制

地理国情监测的“生命线”是成果质量，在做好过程质量控制的基础上，严格实行“两级检查，一级验收”制度，通过开展检查验收与复核，保证监测成果的完整性、真实性、准确性和一致性，并对成果质量进行客观评价。

地理国情成果检查验收的主要对象包括数字正射影像数据成果、地表覆盖分类数据成果、地理国情要素数据成果、生产元数据成果、遥感影像解译样本数据、数据库成果、统计分析成果等，如表 2-2 所示。

表 2-2　成果检查验收主要对象

序号	成果类型	备注
1	数字正射影像数据成果	包括分景与分幅数据成果
2	地表覆盖分类数据成果	包括本底数据、版本数据和增量数据
3	地理国情要素数据成果	包括本底数据和版本数据
4	生产元数据成果	
5	遥感影像解译样本数据	
6	数据库成果	地理国情信息数据库
7	统计分析成果	基本统计

验收按照流程，依次开展总体概查、抽样、样本详查、样本外概查、成果质量评定、外业实地核查。

2.4.3.1　总体概查

总体概查是对批成果整体的重要检查项进行的检查，并统计存在的各类错漏数量、错误率，可通过基于方案定制的软件检查实现批量高效的总体概查，自动完成包括空间参考系检查及图层命名、数据结构、面重叠、面裂隙等逻辑一致性检查。

总体概查起到了两个方面的作用：一方面，在生产单位的过程检查与验收单位的验收检查中，总体概查检查项的强制要求，起到了突出总体概查重点问题的作用，确保了最终成果不出现整体性错误；另一方面，总体概查的主要检查项可通过计算机程序自动检查，在兼顾检查效率的同时，确保了成果的整体质量水平。

2.4.3.2 抽样

总体概查通过后，要对成果按批次进行抽样，为详查提供样本数据，对监测成果的抽样单位规定如表 2-3 所示。

表 2-3 监测成果抽样单位

序号	成果类型		抽样单位	备注
1	地表覆盖分类数据成果	本底数据	县级测区	①采用逻辑抽样方式，即根据检验工作实际需要确定是否对数据进行物理裁切，但裁切造成的数据问题不计入成果错漏；②同一批次成果只能采用一种抽样单位
		增量数据	幅（1∶1 万、1∶5 万）	
		版本数据	县级测区	
2	地理国情要素数据成果	本底数据	县级测区	
		版本数据	县级测区	
3	地理国情监测生产元数据成果		县级测区	
4	遥感影像解译样本成果		县级测区	
5	数据库成果		—	全数检验
6	统计分析成果		—	

根据样本量，按比例随机抽取各层中的单位成果。对地表覆盖分类增量数据的抽样，采取多阶段抽样方法，即第一阶段以县级测区为单位，样本量不低于表 2-4 确定的样本量；第二阶段在第一阶段抽取的县级测区的基础上，以图幅为单元组成批成果，顾及监测类别分区和变化图斑分布情况，按比例随机抽样，样本量不低于表 2-4 确定的样本量。地表覆盖分类版本数据以县级测区为抽样单位，样本量不低于表 2-4 的规定。其中，对于成果采集精度和分类精度两项质量元素的检查，可按县级测区开展详查，也可在县级测区范围内抽取不低于样本 10%面积的图幅详查，图幅重点覆盖变化较大区域（如县级以上城镇周边、重大工程周边等）。

表 2-4　样本量确定　　单位：个

批量	样本量
≤20	3
21～40	5
41～60	7
61～80	9
81～100	10
101～120	11
121～140	12
141～160	13
161～180	14
181～200	15
≥201	分批次提交，批次数应最少，各批次的批量应均匀

注：当批量≤3 时，样本量等于批量，为全数检查。

2.4.3.3　样本详查

地理国情监测检查验收规定了详查的主要内容包括空间参考系、采集（位置）精度、影像/栅格质量、属性精度、完整性、逻辑一致性、时间精度等质量元素中多个检查项，具体如表 2-5 所示。逐项检查后，统计存在的各类错漏数量、错误率和中误差等。

表 2-5　常见质量元素分类

质量元素	描述
空间参考系	空间参考系使用的正确性
采集（位置）精度	要素位置的准确程度
影像/栅格质量	影像/栅格数据与要求的符合程度
属性精度	要素属性值的准确程度、正确性
完整性	要素的多余和遗漏
逻辑一致性	对数据结构、属性和关系的逻辑规则的遵循程度
时间精度	要素时间属性和时间关系的准确程度
表征质量	与几何形态、地理形态、图式及设计的符合程度
附件质量	各类附件的完整性、准确程度

2.4.3.4 样本外概查

对样本进行详查后，针对样本中发现的普遍性、倾向性问题，对样本外单位成果进行全面检查，可以根据各成果特点制定 1 个百分比，当错误数量超过该百分比时，则评定样本外概查不合格，批成果质量不合格。如样本详查中发现行政村数量有遗漏，可与民政部门资料对比，该检验批成果遗漏不能超过总量的 5%。

2.4.3.5 成果质量评定

根据各类检查项的错漏数量、错误率和中误差等，对批成果开展质量评定工作。地理国情监测的成果类型多，既有与传统数字线划图成果类似的地理国情要素数据成果，也有遥感影像解译样本等形式与内容全新的数字测绘成果，仅用单一方法进行成果质量评价具有局限性。地表覆盖分类、地理国情要素、地理国情监测生产元数据可利用检查项、质量子元素、质量元素，采用加权平均法进行评分；遥感影像解译样本、数据库、统计分析等成果可采用更便于操作的错漏扣分法，在保证非重点成果质量的同时，兼顾了成果质量评价标准的合理性与可操作性。

2.4.3.6 外业实地核查

外业实地核查是确保地理国情成果真实性、准确性和提高成果质量的关键环节，其主要工作内容包括：利用外业调查底图，对地表覆盖分类和地理国情要素进行现场核实与确认；对新增或发生变化的信息要素及图斑地类进行补调和补测；采集解译样本数据。

（1）外业调查底图制作

开展外业调查可选择的方式包括：使用纸质调查底图采用外业标绘、内业整理的方式；采用数字调查系统的方式；采用纸质调查底图配合笔记本电脑的方式。基于地理国情要素数据与地表覆盖分类数据，或基础地理信息与必要的专题数据，叠加遥感影像数据，制作外业核查底图。对地表覆盖和国情要素等数据进行图内符号配置和图廓整饰，并重点对作业中有疑问的图斑进行标注。图廓整饰包括图号、公里格网、调绘编号、核查者、检查者和接边者、调绘日期等，由于不同的影像色彩、明暗度等要求，实际符号和颜色根据具体情况调整。

（2）地表覆盖分类调查

一是实地调查底图上标注的疑问图斑，包括类型、范围，可到达区域实地进行解译样本拍摄，并做好记录；二是实地核查底图上选取的样本图斑，进行核对、确认、拍摄样本和记录；三是地物影像形态与实地差异较大时，需仔细确认地物类型、范围和属性，并进行解译样本拍照和记录，对不够采集指标的图斑，可合并至周围主要地类中；四是对内业解译的变化图斑，按照一定比例进行抽样核查，抽样样本应尽可能地分布均匀；五是当核查发现内业判读正确率不能满足要求时，应扩大核查范围，增加抽样比例，并采集相应的解译样本数据，以利于内业修改，确保最终成果满足质量要求。

（3）地理国情要素调查

一是实地调查底图上标注的疑问要素类型、边界和属性，进行解译样本拍摄，并做好记录；二是对内业采集工作中无法确定的国情要素边界、位置（如社会经济区域单元、城镇综合功能单元等）进行实地调查；三是对内业工作中专业资料内容不全的国情要素属性（如道路、水系等）进行调查补充，在调查底图或数字系统中记录；四是对内业解译的变化国情要素的类型、边界和属性，实地进行抽样调查核对。

（4）新增或变化图斑及要素的补调、补测

新增或变化的图斑和要素，在底图影像上可以直接定位的，采用涂鸦的方法标绘和注记。当在底图上无法对新增或变化的图斑和要素进行准确定位时，采用数字调查系统实地定位，采集变化范围并注记说明。

（5）解译样本数据采集

解译样本应完整反映调查区域的地理特征、地貌形态、覆盖类型和区域特点，以及典型图斑、特殊影像形态等内容，并尽可能多地包含各种信息要素类型并均匀分布。每个样点应至少拍摄一张地面实景照片，当一张照片不能完整反映地类要素的特征和细节时，可采用不同位置和角度或近、中、远景拍摄多张照片。现场记录目标样点所表现的内容，并对样点对应的图斑进行标识，同时记录照片的属性信息。

2.5　小结

本章重点阐述了地理国情监测遥感数据源的选择和使用，以及各类监测数据采集与处理的技术流程，梳理了地理国情监测数据变化监测的系列方法，总结了地理国情监测成果质量控制的方法和流程，可为后续开展地理国情信息建库、地理国情统计分析和专题研究等提供重要保障。“按需监测”是地理国情监测的本质要求，近年来，各行各业对地理信息需求的增加，地理国情监测的服务领域不断拓宽，监测内容更加丰富，地理国情监测数据采集与处理面临新形势、新挑战，迫切需要在实践中不断总结、创新和优化。

第3章

地理国情监测数据建库与更新

为便于开展地理国情监测成果统计分析、提供高效的共享和应用服务，需要依据统一的标准和规范，建立完整、空间连续、主要要素时点统一的地理国情信息数据库，设计开发数据库管理和应用服务系统，通过数据库动态更新和相关数据库联动更新，既服务于常态化地理国情监测，又有力促进地理国情监测成果深入应用。

3.1 地理国情监测数据建库

3.1.1 地理国情信息数据库创建的目的与需求

自2015年开展地理国情普查以来，已有多期地理国情信息数据，这些数据内容广泛、数据量大、来源多样，将多期、多类型、多时相、多分辨率的图形、图像、文本等异构数据有机地整合在一起，通过数据库有效地存储、管理、共享、统计和应用，是地理国情信息数据库建库的目的。

（1）实现监测成果数据集成管理

地理国情信息数据库建设的首要目的是针对地理国情监测各类成果数据及地理国情统计分析、服务发布要求，设计和建立各类数据模型和数据库结构，将各类数据建库处理并一体化存储，建成地理国情信息数据库，实现监测成果数据集成管理。

（2）为地理国情综合分析提供数据支撑

地理国情监测数据从普查阶段到监测阶段均为地理国情基本统计提供了数据支撑，可得到地表覆盖、重要地理国情要素和地理单元相关的面积、长度和个数等基础数据。在此基础上，从普查阶段到监测阶段，地理国情监测数据也为地表自然资源分布与利用、基本公共服务均等化、城镇发展、地表生态格局和区域经济潜能等地理国情综合分析提供有力的数据支撑，满足自然资源管理和生态文明建设的需要。

（3）为交换共享建设提供有力支撑

地理国情数据具有科学性、现势性、客观性、精确性和权威性等特点。在自然资源和空间地理信息的共享交换中，地理国情数据既可以作为公共底图，又可以通过其基础性监测和专题性监测产生的分析成果和评价成果，以浏览器和服务器架构模式（B/S）的方式在线、实时提供功能服务，为自然资源和空间地理信息的共享交换提供有力支撑。

（4）为地理国情长期监测提供应用服务平台

针对地理国情监测及地理国情数据维护更新的需求，在地理国情信息数据库的基础上构建地理国情信息数据库管理与应用服务系统，设计开发数据库集成管理、可视化表达、查询检索、分析应用、更新维护、历史数据管理、元数据管理和安全管理等方面的功能，形成地理国情成果数据集成管理、查询分析与应用服务平台，为开展地理国情监测应用长效服务奠定基础。

3.1.2　国家级和省级数据库现状

3.1.2.1　国家级地理国情信息数据库现状

（1）国家级地理国情监测建库内容

国家级地理国情数据分为地表覆盖及地理国情要素矢量数据、数字正射影像（DOM）数据、数字高程模型（DEM），以及坡度、坡向数据和遥感影像解译样本等其他数据，以上数据的存储、管理与应用存在于以下 3 个数据库中。

1）遥感影像数据库

航空航天影像平台以动态管理地理国情监测原始影像数据、影像产品及衍生影像产品为主要目的，支持影像数据的标准化入库、动态加载以及分布式存储管理，构建二维、三维可视化环境，实现快速查询与浏览，提供标准化的服务接口，实现遥感影像数据的分发服务。

遥感数据集成具有以下特点：支持大规模遥感数据存储与处理；支持任务的高效调度与管理；支持任务的可视化流程定制；提供海量遥感数据几何精校正、影像镶嵌、大气校正、影像分类、变换检测等快速处理功能。

航空航天影像采用 FTP 文件的方式保存和管理，以摄区为单位，按不同的卫星传感器、不同的分辨率、不同的光谱特征分类，按文件存储建库，同时在 Oracle 数据库中，根据不同的产品种类分别建立相应的 FTP 元数据表，主要描述数据的地理位置、编号、精度情况、用途、拍摄日期、FTP 文件的存放位置等信息，以便数据库管理系统和分发服务系统通过 FTP 对相关数据进行操作，如航空航天影像统筹利用方案定制、航空航天影像数据对比分析等，如图 3-1 所示。

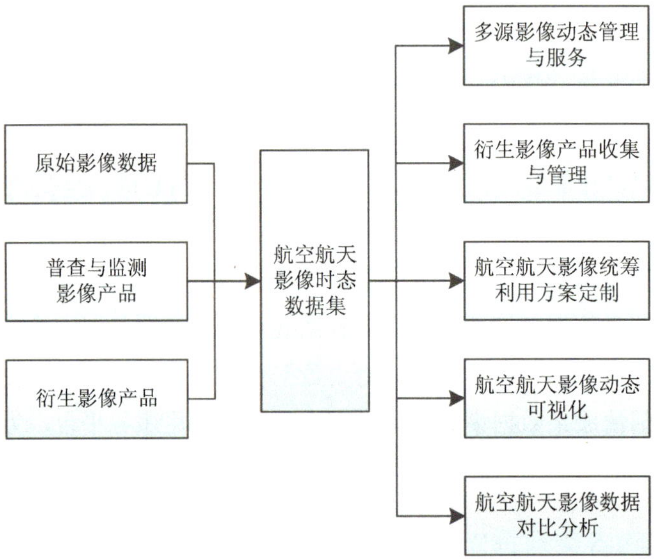

图 3-1 影像数据库管理

2）地表三维数据库

以高精度数字高程模型数据、机载 LiDAR 数据等为基础，通过集成地表覆盖、地理要素成果，以及数字城市建设中地级以上城市三维模型数据，按照一定的规则分层、标准分类编码，并对地表三维模型的空间位置、属性信息及相互间空间关系等进行编辑、处理，构建地表三维立体时空数据集，可实现三维可视化、三维空间分析等，如图 3-2 所示。

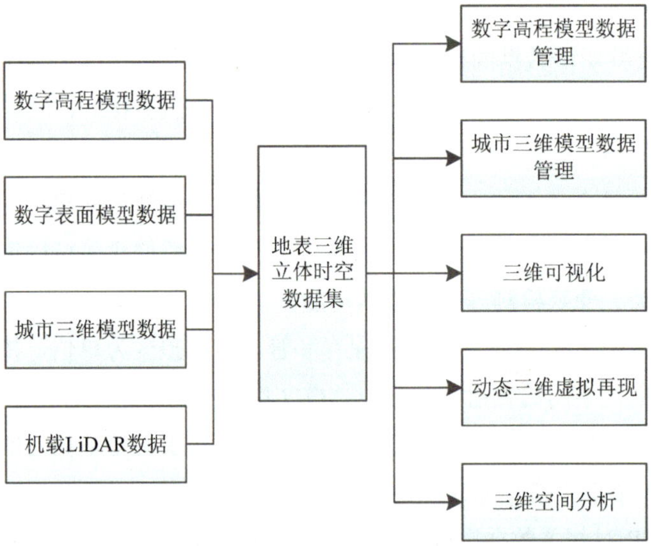

图 3-2 地表三维数据库管理

3）专题数据库

基于分布式网络环境，构建地表覆盖网格平台，按照统一的规则分层、标准分类编码，动态加载重要地理国情普查数据、重要与典型地理国情信息监测数据，结合特定时期自然环境和自然资源、科技教育状况、经济发展状况、政治状况、社会状况、文化传统、国际环境等方面国情的空间分布及固有的数量、质量、联系和规律的数字、文字、图形、图像等信息，以规则网格及不规则网格为统计单元，展示、提取、统计和分析地理国情信息，生成并定制地理国情信息普查、监测报告等，提供各个主题的专题数据库，并在此基础上进行统计分析与报告定制、地表覆盖动态可视化等，如图 3-3 所示。

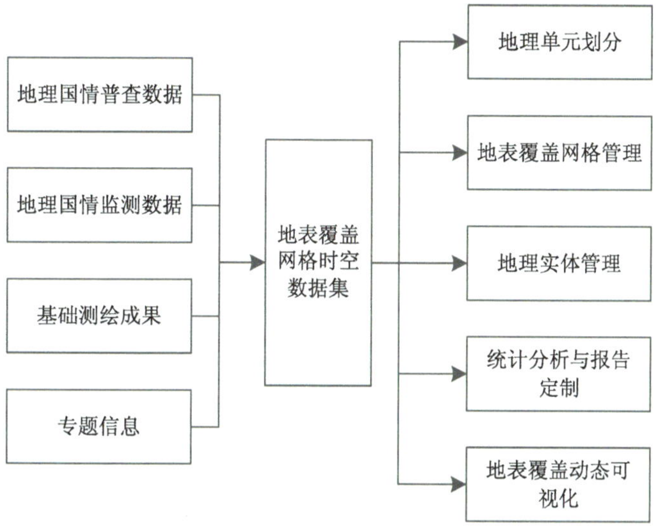

图 3-3　专题数据库管理

（2）国家级地理国情信息数据库管理系统

建立地理国情数据库为常态化地理国情监测奠定了基础，地理国情数据库管理系统由管理系统平台、数据访问接口和数据库 3 部分组成，总体结构如图 3-4 所示。

地理国情数据库管理与分析系统包括数据集成管理、地理国情分析、成果应用服务和数据库运行维护四个功能。数据库管理系统通过 SDE、ADO.NET、JDBC 等数据访问接口调用基于关系型数据库平台的地理国情数据库（包括地形地貌数据、重要地理国情要素数据、专题数据和地表覆盖数据等）。

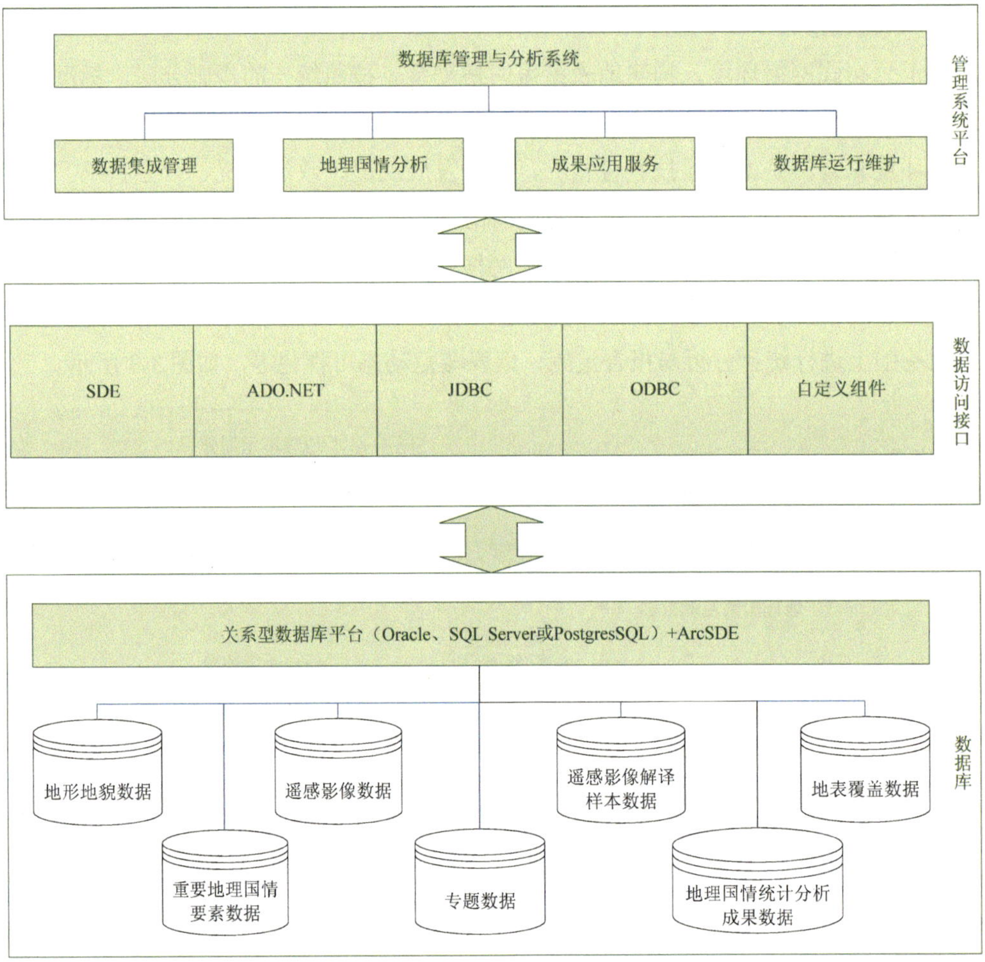

图 3-4 国家级地理国情数据库管理系统总体结构

3.1.2.2 省级地理国情信息数据库现状

（1）省级地理国情监测建库内容

在国家库的基础上，省级库增添统计分析系统并将统计分析成果也纳入数据库管理。地理国情普查与监测产生的基础性成果和专题性成果均已入库，通过共享交换平台进行调用，用于支撑电子政务等业务工作。地理国情监测省级新增的扩展内容，通过更新数据字典的方式，由省级库管理。

（2）省级地理国情信息数据库管理系统平台

省级行政区根据自身需求，针对地理国情普查和监测数据库进行了实例建库。如辽宁省地理国情普查数据管理与应用服务系统实现了省级地理信息矢量数据库的动态增量更新，同时开发了数据更新 ArcMap 插件，并且采用制图模板技术实现专题图件的快速制作。广东省地理国情普查数据库系统采用私有云 GIS 部署模式，具有高性能、高可靠性、高可扩展能力等特点。湖南省搭建了湖南省地理国情信息数据库管理与应用服务系统平台，通过该平台对数据的预处理，入库管理与运维，二维、三维展示，成果应用服务和地理国情普查与监测统计分析进行支持。平台功能有以下 5 个。

①预处理功能：为保证地理国情普查与监测各类成果数据顺利入库，需要针对各地汇交的地理国情普查与监测数据进行入库前数据预处理工作，预处理后数据成果可满足国家级数据入库检查要求和省级地理国情建库要求。预处理功能主要包括普查要素处理、地形地貌数据处理、地表覆盖数据处理、解译样本数据处理、正射影像数据处理、提供格网工具、提供辅助工具、专题数据处理。

②入库管理与运维功能：提供地理国情普查与监测数据库结构快速创建的功能，可以执行地理国情普查与监测数据进行批量入库，并支持入库信息的动态维护；实现地理国情普查与监测数据建库处理，并对数据库进行检查与测试；实现对已入库数据的查询与管理，支持入库数据的检索、查询、提取和管理，支持系统安全管理、功能权限管理、空间及业务数据建模、数据库备份及恢复。管理与运维功能主要包括数据建库、数据检查、数据处理、查询浏览、数据提取、数据交换、数据更新、瓦片数据制作维护、配置管理。

③二维、三维展示功能：二维展示功能能够根据专题数据成果、地理国情普查成果、地理国情监测成果、统计分析成果，形成多主题、多服务方式的二维展示平台，该功能主要包括地图基本操作、展示方案设计、关联查询、综合查询、多时态展示、统计分析成果和系统管理。三维展示功能主要包括三维展示平台基本功能、地理国情成果三维展示、空间查询。

④成果应用服务功能：主要面向各部门业务应用提供地理国情数据服务，包括成果目录服务、数据分发处理、成果在线服务、地理国情专题图制作。

⑤地理国情普查与监测统计分析功能：主要实现对地理国情数据的深入挖掘和充分分析，为政府决策提供支撑，可分为基本统计和综合分析，包括数据管理、指标计算、指数计算、分级评估、算法工具和对比分析功能。

3.1.3　地理国情普查与监测数据库创建的主要方法

3.1.3.1　大数据一体化无缝建库管理技术

将地理国情信息数据库中的地形地貌、遥感影像、遥感影像解译样本、地表覆盖、地理国情要素以及专题数据、元数据等都集中存储于关系型数据库，可以真正实现各种数据的完全整合与一体化管理，并且有利于数据共享，方便数据维护，确保数据的安全和统一管理。空间数据根据各类数据的分层、相关属性结构、分析应用需要等确定逻辑数据组织与表达模型，数据操作针对逻辑数据组织模型来进行，而不是直接操作物理对象，使数据库系统具备更开放、更易扩展、更易维护等优点。

3.1.3.2 采用面向对象方法和 UML 开展数据库设计

面向地理国情数据集成管理与统计分析的要求，基于统一的数据模型，采用面向对象的方法和 UML 建模语言对数据库进行统一设计，通过领域对象建模、数据存储建模开展数据库的概念模型、逻辑模型和物理模型设计，通过功能交互建模，在建库环境下设计、开发数据入库检查、预处理、数据入库及集成管理、统计分析等功能。地理国情普查数据库基于 UML 的管理系统设计流程如图 3-5 所示。

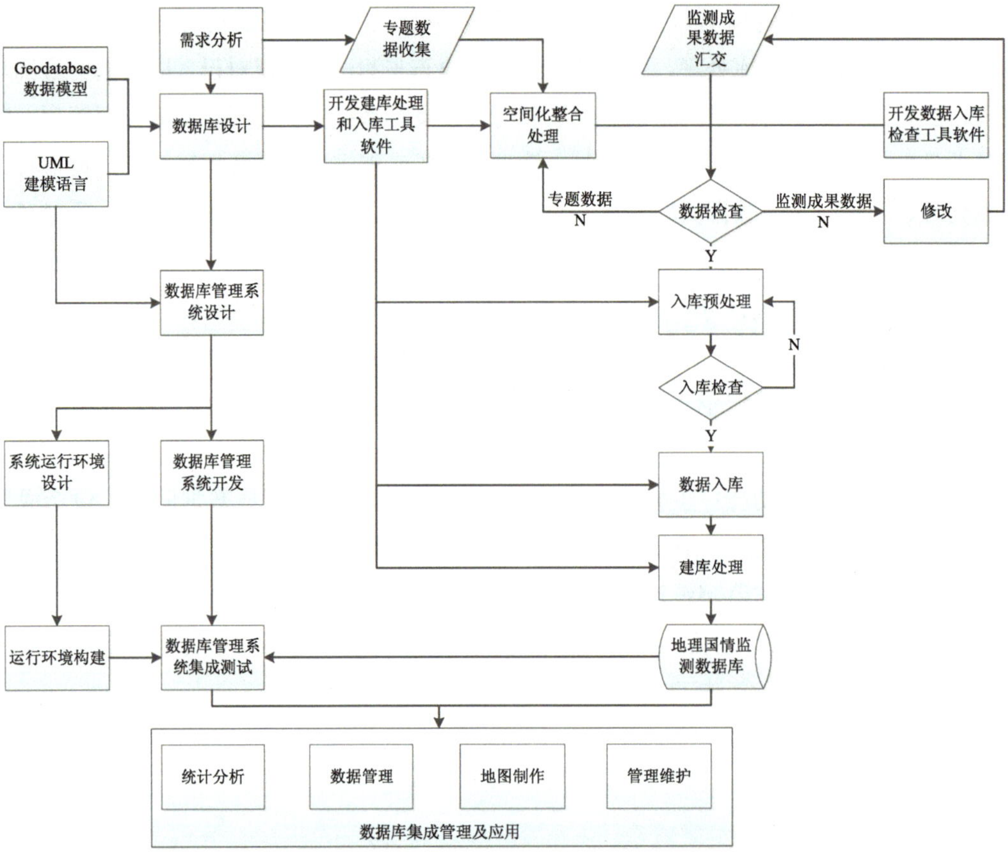

图 3-5 地理国情普查数据库基于 UML 的管理系统设计流程

3.1.3.3 数据集中存储技术与分布式存储技术

将地理国情普查与监测数据库中的 DEM、地表覆盖数据、地理国情要素数据、社会经济发展统计数据，以及元数据集中存储于系统服务器数据库和磁盘阵列中，实现了各类数据的一体化管理。随着地理国情监测工作的逐年开展，地理国情监测数据量逐渐增加，以及地理国情监测工作应用需求的扩大，传统的数据库管理平台在访问速度、可扩展性等方面已经不能满足需求。

分布式数据库利用高速计算机网络将物理上分散的多个数据存储单元连接起来组成一个逻辑上统一的数据库。分布式数据库相较于传统集中式数据库的优势在于：首先，降低了数据传送代价，因为大多数对数据库的访问操作都是针对某些位置的数据库的，而不是对其他位置的数据库访问；其次，系统的可靠性提高了，因为当网络出现故障时，仍然允许对局部数据库进行操作，并且一个位置的故障不影响其他位置的处理工作，只有当访问出现故障位置的数据时，才会在某种程度上受影响；最后，便于系统的扩充，增加一个新的局部数据库或在某个位置扩充一台合适的小型计算机，都很容易实现。

3.1.3.4　插件式软件开发技术

插件式体系结构是一种非常灵活的组件式结构，它把程序的功能分散在插件中来完成工作，插件是独立于系统可独立开发的程序模块，它能够动态地插入系统，并且插件可以被自由地插入、删除和替换。目前，地理国情信息数据库管理平台已经在空间分析，二维、三维展示等功能中使用了插件式软件开发技术，随着地理国情监测应用、服务的需求逐渐增大，关于地理国情综合分析的应用越来越多，地理国情信息数据库平台可以将综合分析作为插件加入平台。综合分析插件化也有利于各类基础性、专题性地理国情监测项目中分析模型、分析方法的智慧共享。

3.1.3.5　SOA 架构与 Web Service 技术

地理国情统计分析是地理国情普查和监测工作的核心组成部分。针对地理国情统计分析需求开发的系统分散于各部门各机构中，同时系统之间缺乏有效的数据与功能的互联互通，重复建设与部署工作造成资源浪费，无法深度整合数据和资源，难以实现部门内或跨部门的灵活业务对话，基于固定需求开发的“一次性”应用无法灵活响应统计分析指标的变化。面对这些问题，传统解决方案是在独立系统之间建立点对点连接，但随着系统数量的线性增加，连接数量以几何级增长，导致系统间关联复杂，维护难度大，某个系统的失效可能对整个系统和业务造成间接或隐蔽性影响，系统间通信频繁而复杂，响应速度通常无法满足业务需求。因此，需构建一个开放式网络服务架构，使地理国情数据在部门内和跨部门实现安全共享与访问，不同统计分析系统的资源、功能和业务能够被有效地整合与集成，充分利用现有信息和资源，实现动态统计分析业务的按需服务与自适应。

3.1.3.6 地理国情监测数据三维可视化技术

在计算机交互式图形处理中，实时三维显示往往要求 25～30 帧/s（至少 15 帧/s）的图形刷新频率，也就是说，所有的建模和绘制等处理任务必须约在 17 μs 的时间内完成，对数据调度机制和图形绘制策略都提出了高要求。

展示地理国情监测成果数据时，为了保证在地形外观平滑的前提下尽量减少需要渲染的数据，采用数据裁减、多细节层次技术（Level Of Detail，LOD）、异步数据加载、数据缓存、请求预测等技术进行大规模地形场景的快速绘制。

3.1.3.7 分布式计算技术

在大数据时代的背景下，地理国情监测要对接社会经济发展的需求并满足人民大众生活的需要。在常态化地理国情监测中，为了充分利用监测成果数据，需要结合多方面信息对包含 100 多项指标的数据进行深入分析，这给空间数据分析平台带来了较大的挑战，传统空间数据库和计算平台在进行海量空间数据的挖掘和分析时，表现出性能不足和拓展性差的问题。

传统的空间数据管理依托单节点关系型数据库，在数据管理、高并发读写、高效计算和扩展性等方面存在局限性。云计算的兴起为海量空间数据分析带来了机遇与挑战，将云计算技术与空间信息技术结合，实现对海量空间数据的分布式计算分析，逐渐成为解决海量空间数据分析计算的关键突破口。

3.1.3.8 数据安全技术

地理信息数据安全技术主要包括电磁防护技术、通信安全技术、网络安全技术、基于数据安全控制的安全保密技术和云安全技术等。信息化测绘地理信息在安全保密体系下，基于安全控制的安全保密技术应经由交换机访问服务器，对内网数据进行实时监控，实现对核心涉密数据的安全防护；利用云计算将客户端的数据集中管理，解决了不同终端安全管理困难的问题。这是未来安全技术发展的方向，各单位负责信息安全的保密部门可根据自身业务融合各种技术特点构建安全系统。

3.2 地理国情监测数据更新

3.2.1 数据更新的原则

随着地理国情监测数据的积累与应用的开发，对数据的现势性和准确性要求也越来越高。在地理国情监测数据的更新过程中，必须遵循一定的原则和规范。

①现势性原则：地理国情数据的更新要准确及时，当前基础性监测周期原则上为每年一次，其他专题性地理国情监测根据需要不定期开展。

②突出重点原则：采用分区策略，根据人口、经济、保护与开发建设等因素，把全国分为不同类区域，按照不同的策略，突出重点开展地理国情监测。

③几何与属性信息同步更新原则：不仅要对图形的几何信息进行更新，而且要同步更新属性信息，对于社会属性信息可以参考客观真实的行业部门数据。

④一致性原则：对于数据库中多源、多尺度、多时态的空间数据，要保证数据一致性。

3.2.2　数据更新的步骤

利用本年度高分辨率影像数据和上一年度地理国情数据库等监测成果，结合基础地理信息，整合利用与地理国情相关的专题信息，以当年统一时点为时间节点，按照地理国情监测有关要求更新。根据地理国情监测更新的工作内容和技术方法，可将数据更新划分为监测变化信息提取、外业核查、数据库更新和更新数据包生成 4 个阶段：

①监测变化信息提取。一是将本年度遥感影像和上一年度遥感影像进行对比；二是将本年度遥感影像与上一年度监测矢量成果套合；三是充分利用本年度最新行业专题资料，通过人机交互和自动解译提取地理国情变化信息，制作外业变更调查底图。

②外业核查。实地对提取的变化信息进行全面核实、调整和补测，将确认变化的要素界线位置、代码和其他属性调绘到外业变更调查底图上，作为更新地理国情数据库的依据。

③数据库更新。根据外业调查成果以及其他相关资料进行地理国情数据库更新，生成增量数据库和各种统计报表。

④更新数据包生成。利用更新数据管理软件进行增量数据质量检查，生成更新数据包。

3.2.3　数据更新策略与方法

地理国情监测数据更新分为地表覆盖数据更新和地理国情要素更新。

地表覆盖数据更新包括两种情况：一是原有相邻图斑在边缘处发生此消彼长的伸缩变化，简称为伸缩型变化；二是在原有图斑内新产生与周围类型完全不一样的图斑，简称为新生型变化。对于伸缩型变化，变化采集的过程相当于对原有图斑的边线进行调整，因此原则上当新的边线与原有边线之间的距离超过采集精度要求就应采集；对于新生型变化，应按照采集指标要求进行采集，即新生图斑只要达到采集指标要求的最小图斑实地面积就应采集。内业无法判定地理国情信息类型的需要外业核实。

对于地理国情要素的更新，通过遥感影像发现的地理国情要素信息的变化一般只与位置、大小、形状及影像可识别的其他物理属性的变化相关，对于名称、编号等与管理相关的社会属性的变化，只能通过与收集的专题资料进行对比才能发现。

3.2.4 数据库更新维护

数据库在更新维护前需要进行数据入库处理，包括数据对象化处理、网络数据处理等方面。数据对象化处理是对地表覆盖数据、道路和水域、构筑物、地理单元数据等实体进行对象化处理，如属性完全系统的要素合并成一个要素、添加要素唯一标识码等建库属性字段，对道路、水域和地理单元数据进行统一实体化编码等；网络数据处理是对路网和水网数据进行相交道路打断、高速公路出入口处打断、获取水闸点、堤坝点等预处理，生成路网弧段层、节点层、障碍限制点层、路口转弯信息表或水系流向表等，完成路网和水网构建。

第一种数据库更新方式是版本数据整体更新，先将上一版本数据转到历史数据库，再对最新版本数据库进行整体入库更新。该方法的优势是数据库稳定性强，操作简便；劣势是易消耗存储资源，单次维护周期长，适用于低频率更新。

第二种数据库更新方式是增量数据更新，在当前监测数据库基础上，通过新增、删除、修改、更新属性等方式采集增量数据，将增量数据替换本底相应范围数据，即可得到更新后的版本数据库，增量数据作为历史变化量存至历史数据库中。该方法的优势是时效性强，可实现在线同步更新，存储资源消耗小；劣势是前期数据采集工作量较大，适用于高频率更新。

两种方法都确保了现状库和历史库相对独立，既满足了地理国情现状数据库的高效查询应用，也实现了历史数据库的快速回溯、查询。

3.3 地理国情监测数据交换与共享

地理国情监测数据有科学性、客观性、准确性、权威性的特点，是自然资源管理和生态文明建设的重要数据基础，通过数据共享交换，可促进地理国情监测数据在各部门、各行业中深入应用。

3.3.1 数据交换与共享要求和内容

（1）数据交换与共享要求

时效性要求：包括交换时效性要求和整合发布时效性要求。地理国情监测数据提供者应按规定的交换时效性要求向交换中心提供地理空间数据，交换中心应按规定的整合发布时效性要求完成数据整合和发布。

保密安全要求：交换和共享应严格遵守国家级、省级等有关保密要求。需要在非涉密载体、网络中存储、处理、传递和使用有关地理空间数据时，应经过法定机构进行保密技术处理，通过省级以上测绘地理信息主管部门审查。

（2）数据交换与共享内容

地理国情监测地理空间数据包是数据交换与共享的基本单元，主要内容包括地理国情监测空间数据包、描述文件及相应附件。

地理国情监测空间数据包包括：按生产方式分为地理国情调查类数据、统计分析类数据、专题监测类数据等。按数据结构可分为矢量数据、栅格数据、地图瓦片等。数学基础为坐标系采用 CGCS 2000，高程基准采用 1985 国家高程基准。

描述文件包括元数据、分类与代码、图示规范、数据字典等。

附件包括与地理空间数据相关的文档资料（如设计文本、总结报告、验收报告、批准文件等相关文档）。

3.3.2　数据交换模式与方法

3.3.2.1　共享交换模式

地理国情监测数据交换和共享基本流程有数据交换、整合发布、数据共享 3 个环节（图 3-6）。数据交换包括地理空间数据编目、数据包生成和电子签名、数据提交及数据归档；整合发布包括数据签名和数据发布；数据共享包括在线共享或离线拷贝、反馈及改进。

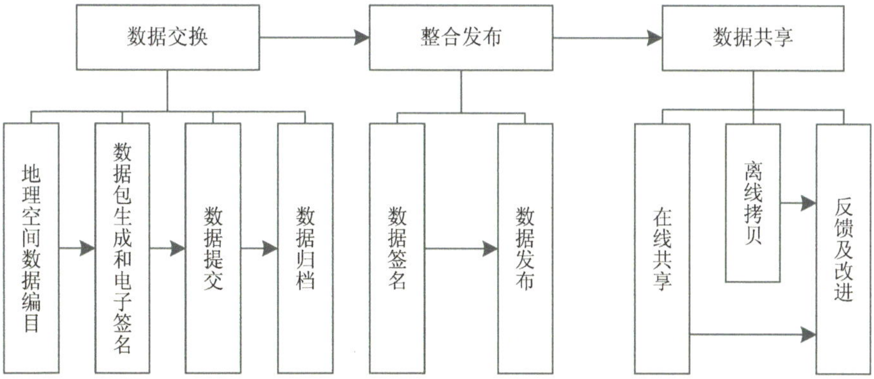

图 3-6　共享交换模式

3.3.2.2 数据共享交换方法

（1）数据交换

在网络连通环境下，提供者通过电子邮件、即时通信工具、交换平台等方式在线提交不高于网络密级的数据，适用于文件类型、数据量较大的调查类等数据交换的场合。在线提交流程为：首先，提供者在线进行数据标识符编目，提交地理空间数据包；其次，交换中心检查数据标识符和地理空间数据包规范性，不符合规范的退回提供者；最后，数据归档。

网络连通或定期连通的环境下，提供者通过前置机提交变化频繁的数据以及自动化更新要求高的数据，在指定的时间周期内自动上传，前置机提交支持文件和数据库两种形式。前置机设置工作分为以下 6 个步骤：①提供者在线进行数据标识符编目，提交前置机交换方式申请；②交换中心检查数据标识符和申请，不符合规范的退回提供者；③交换中心部署前置交换服务节点和定期备份环境；④提供者在本部门内部署前置交换终端节点，连通业务系统和交换中心前置交换服务节点；⑤提供者定期或通过软件准实时将新的业务系统数据上传至前置交换终端节点；⑥前置交换终端节点定时或准实时自动上传至交换中心前置交换服务节点。

基于网络，提供者将数据资源发布成通用的服务接口，并在交换平台目录中进行服务注册，提供数据资源共享服务方式。服务注册数据服务方式适用于提供者具备 7×24 h 持续、高效运行和网络支撑能力的场合。服务注册流程为：首先，提供者在线进行数据标识符编目，进行服务注册；其次，交换中心检查数据标识符，检测服务地址、服务内容、质量，不符合规范的退回提供者；最后，交换中心通过服务目录注册，并发布到交换平台。

除了在线方式，提供者还可以通过离线拷贝的方式。离线提交流程：首先，提供者离线向交换中心提交地理空间数据包；其次，交换中心对地理空间数据包进行规范性检查，不符合规范的退回提供者；再次，交换中心进行数据标识符编目；最后，数据归档。

（2）整合发布

交换中心应对数据的空间参考系、位置精度、属性精度、完整性、逻辑一致性、时间精度、影像/栅格质量、表征质量、附件质量等要素进行分析，制订合理的数据整合技术方案。交换中心应承担如下数据清洗工作：首先，将数据的数学基础、数据格式按照管理、发布要求进行整合处理；其次，按照规范对数据进行可视化表达；再次，生成整合后的地理空间数据包；最后，交换中心对整合成果进行电子签名，以保证信息的不可更改性，并进行归档。数据发布分为以下 3 种情况。

①地理空间数据包发布。交换中心应通过交换平台提供地理空间数据包的浏览、检索和下载服务。

②元数据发布。交换中心应通过交换平台提供数据目录、元数据的浏览检索和下载服务；应发布网络目录服务。

③空间数据发布。交换中心应通过交换平台提供数据的浏览、检索、分析和下载服务，应将数据发布情况和数据更新情况及时通知使用者，对不同类型的数据发布相应的地理信息服务。

（3）数据共享

使用者可通过交换平台对地理空间数据进行浏览和查询，通过交换平台下载地理空间数据包，通过交换平台订阅数据。对使用者订阅的数据，交换中心应当在数据更新后，将数据推送给使用者。使用者可在其业务系统中调用交换平台发布的地理信息服务，可从交换中心通过移动介质拷贝地理空间数据包，可向交换中心反馈问题。交换中心应针对用户反映的问题及时改进。除了数据的交换，使用者还可以通过功能服务的方式在线使用所需要的数据。

3.3.3 数据交换共享平台

针对地理国情成果管理与应用服务需要，地理国情监测数据交换共享平台采用云计算技术搭建而成，从传统的 GIS 建设模式转变为“云 GIS”平台模式，实现了服务器、存储、网络等物理资源以及操作系统、数据库、GIS 软件平台等软件资源的统一高效管理，提高了资源的利用率。“云 GIS”平台模式，一方面，大大提高了 IT 基础设施的投入价值，提升了资源管理水平，降低了资源管理的技术复杂度和管理成本；另一方面，大大提升了平台运行处理的速度。

平台基于云架构搭建式，实现政府基础设施、数据资源、平台资源、软件资源的共享，整个平台主要包括基础设施层、平台层、数据层、应用层 4 个层次，总体架构如图 3-7 所示。

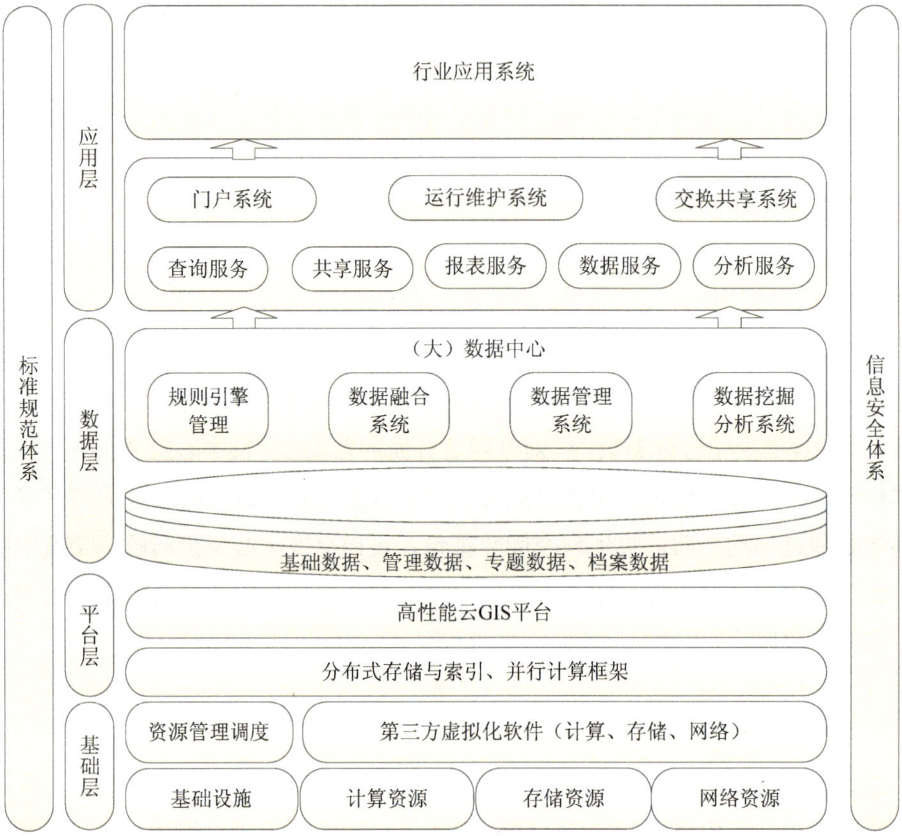

图 3-7 共享交换平台总体架构

3.4 小结

地理国情是重要的基本国情，通过科学构建地理国情信息数据库，并建设一个运行稳定、信息丰富、易于使用的地理国情监测成果管理平台，实现集成管理各类地理国情信息成果，引导专业部门充分利用平台提供的各类地理国情信息服务来搭建自己的业务应用，全面、高效地服务经济社会可持续发展具有重大意义。随着物联网、云计算、大数据等技术发展，地理国情监测将逐步走向实时化和智能化，未来的地理国情信息数据库建设和管理，需要在内容、技术和数据表达形式等方面有更多的创新。同时，在地理国情监测成果数据库及管理平台建设实施过程中，仍存在一些技术和机制问题待完善，如需要构建不同种类数据的互访机制，使地理国情监测数据充分共享到不同的委办局、企事业单位，为其提供应用支持，反向也能及时有效地通过交换共享获取各部门的专题信息来服务地理国情监测。

第4章

地理国情监测基本统计和对比分析

地理国情统计分析可分为基本统计、对比分析、综合统计分析。基本统计是整个流程中的首要阶段，是利用基础性地理国情监测成果开展的基础性统计和分析，有利于全面、宏观掌握各类自然和人文地理要素的基本现状、空间分布特征、地域差异、空间结构或空间关系、变化量、变化频率及变化趋势，获得符合现实、精确、多样的统计分析成果。开展地理国情监测成果与其他行业调查成果的对比分析，目的是深入分析两者的共同点和差异，重点是围绕分类体系、采集原则、采集标准、采集时间、统计方法等方面研究差异原因，通过对比分析拓展地理国情数据在其他行业中的应用，更好地服务于政府决策和部门管理。

4.1 基本统计

4.1.1 基本统计内涵

地理国情监测基本统计分析是直接利用地理国情普查数据和地理国情监测数据，对自然、人文等地理国情要素进行空间统计分析，形成反映地理要素现状及其空间分布的基本地理国情信息。针对监测范围内的周期性、时间序列化的地理国情信息数据，进行基本统计计算与分析，形成反映我国陆域范围本年度地表现状的基本统计成果，并通过对局部更新的地表覆盖数据与地理国情要素数据进行变化统计计算，形成反映地表变化详情的基本统计成果。

4.1.2 基本统计原则

（1）坚持尊重现状、客观准确的原则

以地理国情监测数据为基础，用科学的指标体系和统计方法进行统计分析，确保客观、真实地反映自然地表和地理要素的现状，客观、准确地表现自然和人文地理要素的空间分布状态和空间关系。

（2）坚持科学性与可操作性相结合的原则

在基本统计过程中，所建立的统计指标及其计算的理论、模型与方法经过了反复的论证与密集的测试和应用。监测基本统计可继续沿用普查基本统计指标体系，以保持统计指标的可获取性和可对比性。

（3）坚持层次分明、面向服务的原则

根据统计对象的适用性，采用计算与逐级汇总、逐级计算的方法形成面向现状与变化的监测基本统计结果。该成果可向社会公众、专业部门和政府决策部门提供科学、客观、综合、权威、统一的基本地理国情信息，为政府各部门科学决策与日常管理提供公共基础数据，同时为各种专业普查、调查或监测工作提供丰富的基础资料。

4.1.3 基本统计方法

4.1.3.1 基本统计内容

基本统计内容分为自然地理要素分类统计和人文地理要素分类统计。统计内容随着监测内容的不断发展而变化。

（1）自然地理要素

①地形地貌。基于行政区划与管理单元、自然地理单元，统计高程带、坡度带的面积及占比，通过统计最低高程、最高高程、平均高程、地表平整系数等信息，得出地形地貌的基本空间状况及构成。

②植被覆盖。基于行政区划与管理单元、自然地理单元，统计植被覆盖（如种植植被、林草覆盖）类型的面积、占比、构成比及相应的变化量信息，反映植被覆盖的基本空间及其变化。

③水域状况。基于行政区划与管理单元、自然地理单元，统计地表覆盖水面的面积、占比及相应的变化量，统计地理要素层各种类型水域的面积、占比及相应的变化量，统计河流长度、湖泊、水库面积、统计水工设施（如堤坝、闸、排灌泵站等）的数量及相应的变化量，反映不同地表水体的现状和变化趋势。

④荒漠与裸露地。基于行政区划与管理单元、自然地理单元，统计荒漠与裸露地各类型面积、占比及相应的变化量，揭示不同类型的荒漠与裸露地的现状和变化趋势。

（2）人文地理要素

①铁路与道路。基于行政区划与管理单元，统计覆盖层道路、硬化地表的面积及变化量；统计地理要素层铁路、公路的长度及相应的变化量；统计交通设施的数量及相应的变化量，揭示我国铁路与道路的现状和变化趋势。

②居民与设施用地。基于行政区划与管理单元，统计地表覆盖层房屋建筑区、人工堆掘地、构筑物（固化池、工业设施）的面积、占比、构成比及相应的变化量。

③地理单元。采用地理单元数据分别统计行政区划与管理单元、社会经济区域单元、自然地理单元的面积、四至坐标、东西和南北长度及占比等信息，统计行政村数量及相应的变化量。

4.1.3.2 基本统计单元

（1）行政区划与管理单元

包括各级行政区划单元［省级行政单元、地（市、州、盟）级行政单元、县（区、旗）级行政单元等］、城市中心城区、其他特殊行政管理区等。

（2）自然地理单元

包括地形单元（高程带、坡度带）与地貌单元（地貌类型）。高程带与坡度带分级标准按照《第一次全国地理国情普查基本统计技术规定》执行。对行政区划分单元界限发生调整的区域，须按要求重新拼接 DEM，并更新提取地形单元。

（3）社会经济区域单元

包括主体功能区（优化开发区、重点开发区、限制开发区、禁止开发区），四大区域（东北、东部、中部、西部），国家级新区等社会经济区域单元。对行政区划单元界限发生调整的区域。

（4）规则地理网格单元

规则地理网格单元采用高斯-克吕格投影的直角坐标系统，根据统计区域和目的不同采用不同的网格单元，如 10 km×10 km 格网、1 km×1 km 格网、100 m×100 m 格网，从地理而不是行政的角度进行地理国情监测数据的统计分析。

4.1.3.3 基本统计指标

地理国情监测针对自然和人文两种监测对象，按照几何特征类型划分为点状要素、线状要素、面状要素及地理实体 4 种类型。具体指标可根据发展需要拓展完善，基本统计指标如表 4-1 所示。

表 4-1 地理国情要素基本统计指标

数据类型	统计指标	单位
点状要素	个数	个
	密度	个/km^2
	距离	m
	交通距离	m
线状要素	密度	km/km^2
	长度	km
	表面长度	km
面状要素	数量	个
	面积	km^2
	表面面积	km^2
	占比	%
	构成比	%
	四至坐标	经纬度
	东西和南北长度	km
	平均高程	m
	最高高程	m
	最低高程	m
	地表平整系数	量纲一（以小数表示）

4.1.4 基本统计流程

地理国情监测基本统计流程主要分地理国情监测数据的预处理环节、统计的配置环节、基本统计计算环节、变化统计计算环节和统计结果生成环节 5 个环节，其流程如图 4-1 所示。

（1）数据预处理

针对监测版本数据与监测变化数据，进行要素类型完整化处理、高程带/坡度带提取、变化信息精确提取等预处理过程。在此基础上，完成行政区划与管理单元、自然地理单元、社会经济区域单元等大类单元提取。数据预处理后，组织形成 GDB 格式存储的统计数据源。

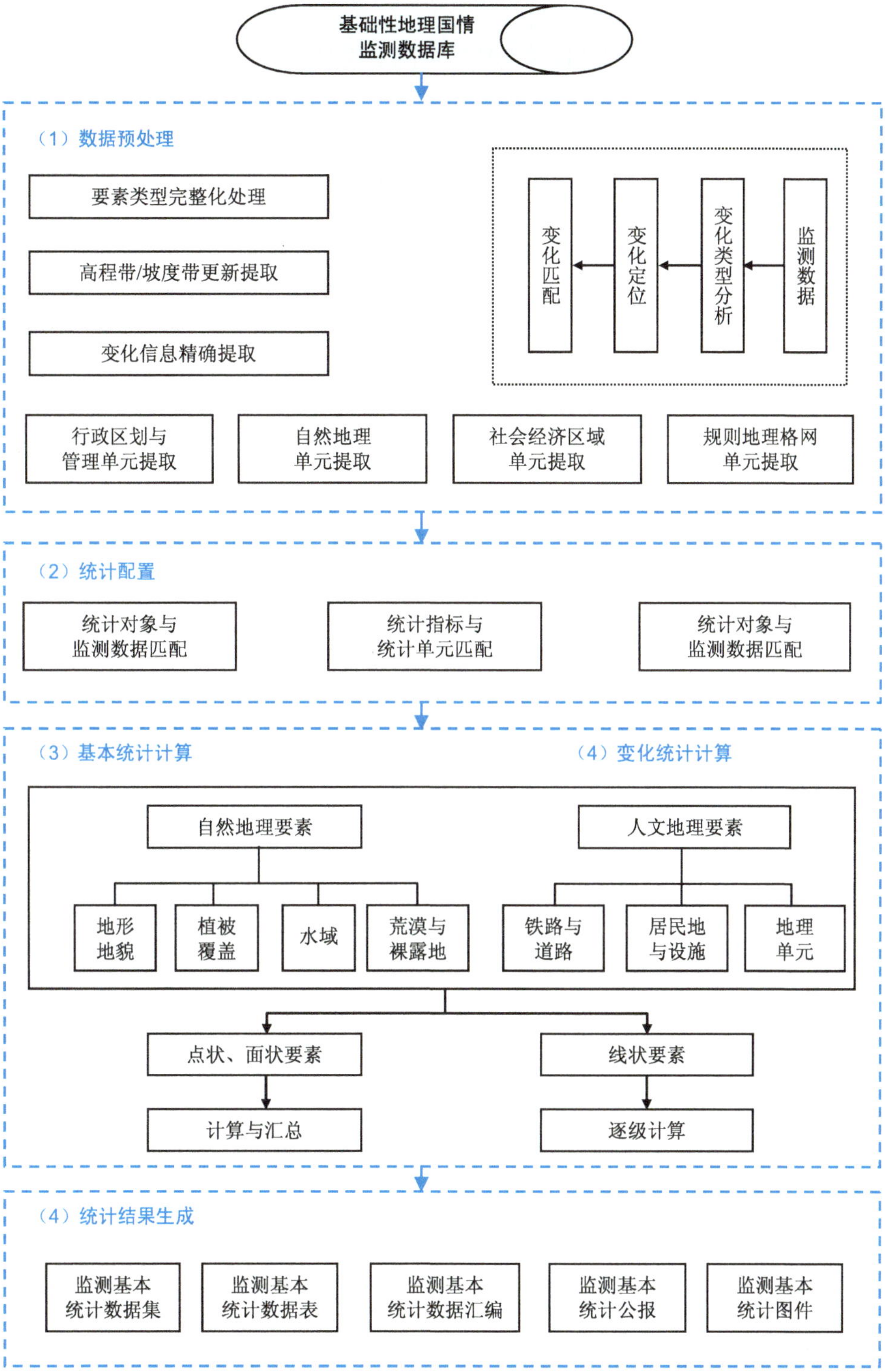
基础性地理国情
监测数据库
（1）数据预处理
要素类型完整化处理
高程带/坡度带更新提取
变化信息精确提取
变化匹配
变化定位
变化类型分析
监测数据
行政区划与
管理单元提取
自然地理
单元提取
社会经济区域
单元提取
规则地理格网
单元提取
（2）统计配置
统计对象与
监测数据匹配
统计指标与
统计单元匹配
统计对象与
监测数据匹配
（3）基本统计计算
（4）变化统计计算
自然地理要素
人文地理要素
地形
地貌
植被
覆盖
水域
荒漠与
裸露地
铁路与
道路
居民地
与设施
地理
单元
点状、面状要素
线状要素
计算与汇总
逐级计算
（4）统计结果生成
监测基本
统计数据集
监测基本
统计数据表
监测基本
统计数据汇编
监测基本
统计公报
监测基本
统计图件

图 4-1　基本统计流程

（2）统计配置

统计配置完成统计对象与基础性地理国情监测数据、统计对象与统计指标、统计对象与统计单元的配置，形成反映统计内容的具体统计任务列表，为下一步的统计计算做好准备。基本统计计算针对监测版本数据，分别按照 3 类统计单元（依次为行政区划与管理单元、自然地理单元、社会经济区域单元）完成基本统计计算。根据统计对象的适用性差异，分别选择计算与逐级汇总、逐级计算的方法来进行。计算与逐级汇总适用于地表覆盖数据与点状、面状的地理国情要素数据，逐级计算适用于线状地理国情要素数据。通过分类汇总，基本统计计算最终形成县级、地级市、省级与国家级的反映地表现状的分类统计成果。

（3）基本统计计算

针对监测变化数据，分别按照 3 类统计单元（依次为行政区划与管理单元、自然地理单元、社会经济区域单元）完成变化统计计算。变化统计同样采用计算与逐级汇总、逐级计算的方法来进行。针对变化统计得到图斑级成果，采用绝对值汇总的方式，最终形成县级、地级市、省级与国家级的反映地表变化的分类统计成果。

（4）统计成果生成

监测基本统计成果包括统计数据集、报表、公报、统计数据汇编、图件等。其中数据集、报表由软件自动生成；公报、统计数据汇编按照《地理国情普查基本统计报告编写规范》要求编写完成；各类插图按照《地理国情普查成果图技术规定》完成。

4.2 对比分析

地理国情数据按照“所见即所得”的原则采集，具有客观、公正、精度高等特点，在基本统计的基础上开展地理国情数据和自然资源、交通、水利、林业、农业等行业调查数据进行对比，深入分析共同点、差异之处及原因，对于社会公众了解地理国情数据特点，促进自然资源统一分类，拓展地理国情数据在其他行业的应用具有重要意义。

4.2.1 技术流程

重点收集自然资源、林业、交通、水利、农业等部门公开发布的数据及相关资料，建立地理国情数据与其他行业数据的对比内容及指标的对照关系（表 4-2），对数据进行格式转换、投影转换等预处理，进行指标统计计算和叠加空间分析，得到普查数据与其他行业数据的差异情况，对差异原因进行深入分析，选取重点差别地类和区域进行外业核查，其技术流程见图 4-2。

表 4-2　地理国情数据与其他行业数据对比内容及指标

行业	普查要素	行业数据要素	对比指标
自然资源	耕地	耕地	面积
	园地	园地	面积
	林地	林地	面积
	草地	草地	面积
水利	湖泊	湖泊	面积
	河流	河流	长度
林业	林地	林地	面积
交通	铁路	铁路营业里程	长度
	高速铁路	高速铁路营业里程	长度
	公路和乡村道路	公路	长度
	高速公路	高速公路通车里程	长度
农业	耕地	粮食播种面积	面积

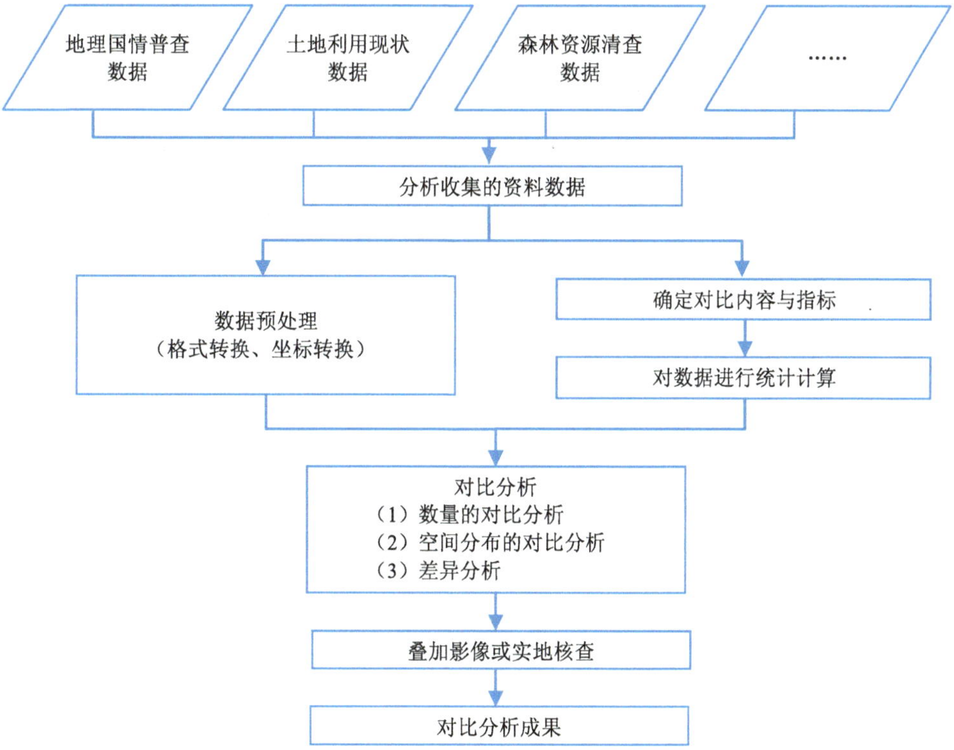

图 4-2　对比分析技术流程

4.2.2　技术方法

（1）数量对比

分别从地理国情基本统计成果报表和其他行业数据获取各对比内容的指标数值，计算两者在数量上的差异值和差异百分比，宏观掌握不同数据的差异，并初步分析造成差异的原因。

（2）空间对比

为进一步掌握地理国情数据与其他行业数据的空间差异，深入分析数据差异原因，将经过数据处理的行业数据与地理国情数据进行空间叠加，开展空间对比分析，如地理国情数据与土地利用数据的空间对比技术流程如图 4-3 所示，比较两者空间分布差异及差异数量，并分析差异原因。

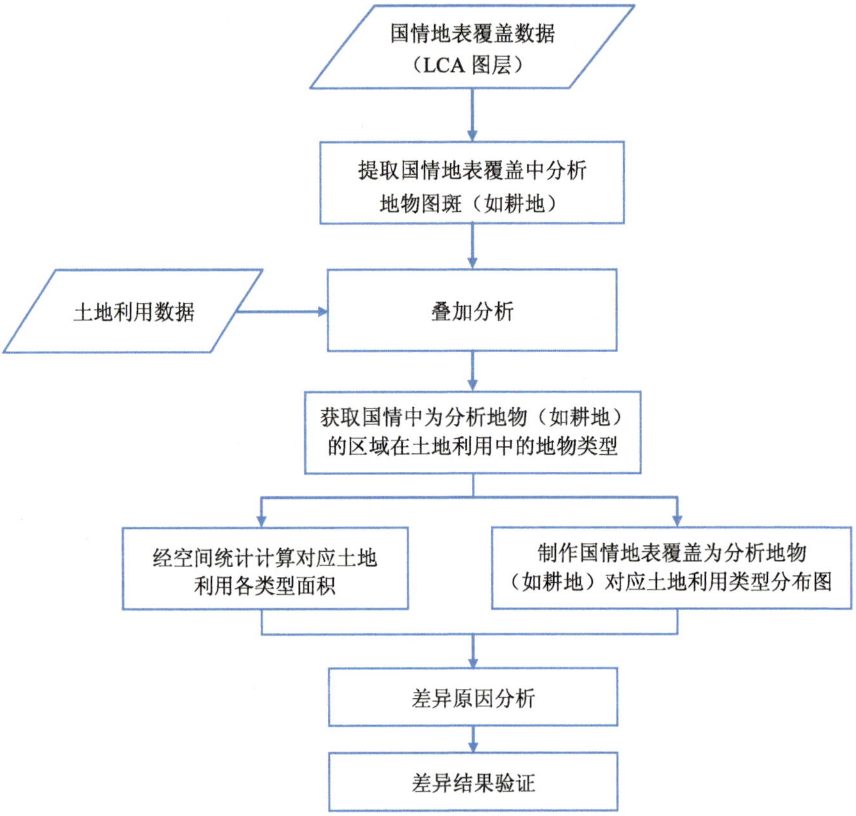

图 4-3　地理国情数据与土地利用数据的空间对比技术流程

通过空间叠加分析，分类型针对逐个图斑进行空间统计计算，得到地理国情地类在其他行业数据地类之间的流向，然后对地理国情地表覆盖所有地类逐个进行分析，并综合分析整个区域地理国情数据和行业数据差异分布区域和地类的流向情况及空间分布情况。

（3）影像核证

针对空间分析对比结果，选择典型差异地区图斑，叠加最新的高清正射影像图进行核证或进行实地调查验证，结合实际进一步分析差异原因，如图 4-4 和图 4-5 所示。

图 4-4　地理国情对批而未用地采集

图 4-5　地理国情其他经济苗木采集

（4）差异分析

①与土地利用数据差异分析。一是分类体系定义不同，如对油茶、苗圃的认定不同，地理国情中认定其为园地，土地利用中认定其为林地；二是采集图斑大小标准不同，如普查中林地最小采集标准为 400 m^2，土地利用中林地最小采集标准为 1 500 m^2；三是面积计算内涵与方式不同，如地理国情中的水田、旱地面积包含田坎面积，土地利用中则扣除了田坎系数；四是调查确定地类的原则不同，地理国情以客观地表覆盖为事实，实行的是“所见即所得”的原则，如原有水田，实际已经种植蔬菜、大豆等，地理国情中认定其为旱地，土地利用中认定其为水田，又如多年未耕种的耕地实地野草茂盛，地理国情中认定其为草地，土地利用中没有变更地类，还是耕地。

②与水利数据差异分析。地理国情中湖泊采集标准为大于等于 5 000 m^2，水利普查中采集标准为 1 000 000 m^2；地理国情河流采集标准为实地长度大于 500 m 的所有时令河与常年河、实地长度大于 1 000 m 的干涸河，水利普查中采集标准为流域面积大于等于 50 km^2 的河流。

③与林业数据差异分析。一是定义不同。地理国情中的林地包括乔木林、灌木林、乔灌混合林、竹林、绿化林地、人工幼林、稀疏灌丛，林业部门的林地包括有林地、疏林地、灌木林地、未成林造林地、苗圃地、无立木林地、宜林地、辅助生产地 8 类。相较而言，地理国情中林地不包括苗圃地、无立木林地、宜林地、辅助生产地，但采集了绿化林地和稀疏灌丛。二是采集标准不同。普查中林地的采集指标为 400 m^2，林业部门

中林地采集标准约为 666.67 m^2（1 亩），地理国情中林地采集更精细。

④与交通数据差异分析。一是采集原则和时点不同。地理国情数据包含已建暂未通车的铁路路段和公路路段，即地理国情数据中铁路与道路长度大于交通运输部门公布的数据。二是公路统计口径不同。交通数据的公路主要采集了纳入管理等级的道路，而地理国情数据中公路还采集了未纳入管理等级的机耕路、乡村路等。

⑤与农业数据差异分析。一是定义不同。普查中耕地是指经过开垦种植农作物并经常耕耘管理的土地。农业部门的粮食播种面积是指当年实际种植粮食作物的地块面积，即一个地区的种植粮食作物地块面积乘以复种指数，所以普查的耕地面积小于农业部门的粮食播种面积。二是调查方式不同。普查中耕地通过遥感影像内业判读采集，并进行外业核查，而农业部门发布的粮食播种面积是通过县级抽样估算、层层上报汇总得出。

对地理国情数据和其他行业数据进行系统、深入的对比分析，地理国情数据客观、真实、精细、可靠的特点都凸显出来。地理国情信息综合反映了地表自然、生态以及人类活动等基本情况，调查的内容、指标体系、概念语义，以及信息获取的工艺流程与技术方法都融汇了其他行业调查、规划、管理等需求；同时，地理国情成果数据客观、精度高，可为国家重大国情国力调查或相关管理工作提供统一的地理空间公共基底，为自然资源统一分类提供依据；地理国情普查遵循“所见即所得”的客观表达，其成果数据具有很强的生命力和广泛的应用前景，基于地理国情数据，结合自然资源、林业、环保、人口、交通、经济等行业数据，运用大数据分析手段，可深入挖掘其蕴含的价值，能够深入揭示经济社会发展与资源、生态、环境的内在关系、演变规律和发展趋势，为研究、制定、实施发展战略与规划，调整优化空间开发布局，转变经济发展方式提供重要的依据，为政府科学决策提供极为重要的数据支撑。

4.3 小结

地理国情监测基本统计着眼于“摸清家底”，是对自然、人文等地理国情要素进行空间统计分析，形成反映地理要素现状及其空间分布的基本地理国情信息，也是开展地理国情监测综合统计分析和专题性地理国情监测的基础。随着监测数据的不断积累和监测内容的拓展丰富，需要在基本统计方法、指标、内容、模型等方面开展更多与时俱进和创新性的研究，为服务政府决策和部门管理提供基础支撑。地理国情监测数据与其他行业数据开展对比分析，有利于从不同角度反映国家自然资源状况，将不同调查数据的优势结合起来，进行相互补充丰富，充分体现其在自然资源管理、国土空间管制与规划、生态保护修复等经济社会发展重要工作中的应用价值。

第 5 章

地理国情监测综合统计分析

地理国情综合统计分析是在基本统计分析的基础上，融合经济社会等专题数据，建立地理国情统计分析指标和分析模型，形成地理国情指数，从地理空间的角度揭示资源分布与利用状况、生态环境状况、国土空间格局、区域经济发展水平和社会事业发展水平等。

5.1 地理国情监测分析方法

面对普查范围广泛、数据类别丰富的地理国情数据，充分地分析使其发挥辅助国家经济发展决策、灾害监控、城市规划等作用也成为研究人员和国家关注的问题。地理国情监测涉及分析方法较多，包括空间分析方法、综合评价方法、空间形态分析方法、景观格局分析方法等。本节主要结合湖南省应用实际，介绍城市扩张、土地利用、自然资源空间分布和基本公共服务 4 个方面的地理国情监测统计分析方法。

5.1.1 城市扩张分析方法

城市扩张分析方法主要包括城市扩展速率、扩展强度指数、紧凑度指数、人口-城镇扩展弹性系数、扩展经济弹性系数、城市用地增长弹性系数、空间形状分维数等。

（1）城市扩展速率

城市扩展速率，用于表达研究时段内城市建设用地的年平均扩展面积。计算公式为

$$V_i = (U_b - U_a) / T \quad (5\text{-}1)$$

式中：V_i —— 城市扩展速率；

U_a、U_b —— a、b 时期建设用地总面积；

T —— a～b 时段的时间跨度。

（2）扩展强度指数

扩展强度指数，用于分析和描述城市建成区用地扩展状态，能够比较不同时期不同方位城市扩张的强弱、快慢和趋势。扩展强度指数的表达式为

$$E_i = \frac{U_b - U_a}{\mathrm{TLA}} / T \tag{5-2}$$

式中：E_i —— 城市扩展强度指数；

TLA —— 研究区总面积。

（3）紧凑度指数

紧凑度指数，用于反映城市空间形态的指标，紧凑度值越大，形状越具有紧凑性。其计算公式为

$$\mathrm{BCI} = 2\sqrt{\pi A} / P \tag{5-3}$$

式中：BCI —— 城市用地的紧凑度指数；

A —— 城区中心斑块群面积；

P —— 城区中心斑块群最小外接圆的面积。

（4）人口-城镇扩展弹性系数

选用人口-城镇扩展弹性系数研究建成区扩展与经济社会之间的关系，重点研究评价建成区扩展与人口增长之间的协调关系，从而判断城镇用地扩展的合理性。其计算公式为

$$E = \frac{L_{\mathrm{C}} / L_{总}}{P_{\mathrm{C}} / P_{总}} \tag{5-4}$$

式中：E —— 人口-城镇扩展弹性系数；

L_{C} —— 建成区面积；

$L_{总}$ —— 区域总面积；

P_{C} —— 城镇人口；

$P_{总}$ —— 区域总人口。

（5）扩展经济弹性系数

扩展经济弹性系数，用于描述城市建设用地扩张速度与城市第二、第三产业生产总值增长速度之间的关系，衡量城市扩展过程中新增土地的用地效益。其计算公式为

$$\mathrm{RE}_i = V_i / G_i \tag{5-5}$$

式中：RE_i —— 经济弹性系数；

V_i、G_i —— 第 i 时段建设用地面积年均变化率和城市第二、第三产业生产总值年均变化率。

（6）城市用地增长弹性系数

城市用地增长弹性系数是一定时期内城市用地增长率与城市人口增长率之比，是测定城市用地扩展程度的指标。其计算公式为

$$K=\frac{\mathrm{GR}}{\mathrm{PR}}\times 100\% \tag{5-6}$$

$$\mathrm{GR}=\left(\sqrt[\Delta t]{\frac{A_t}{A_0}}-1\right)\times 100\% \tag{5-7}$$

$$\mathrm{PR}=\left(\sqrt[\Delta t]{\frac{P_t}{P_0}}-1\right)\times 100\% \tag{5-8}$$

式中：K——城市用地增长弹性系数；

GR——城市用地年均增长率；

A_t——某个时间段末城区的面积；

A_0——某个时间段初城区面积；

Δt——时间段的跨度，以年为单位；

PR——城市人口年均增长率；

P_t——某个时间段末的城市人口；

P_0——某个时间段初的城市人口。

（7）空间形状分维数

边界维数是用来衡量城镇空间形态的分形特征，采用计盒数法进行分维估值。使用不同大小的正方形格网覆盖的城镇平面轮廓图形，当正方形长度出现变化时，覆盖有城镇轮廓边界线的网格数目和覆盖面积的网格数目必然会出现相应的变化。根据分形理论有如下公式成立：

$$\ln N(r)=C+D\ln M(r)^{1/2} \tag{5-9}$$

式中：C——待定常数；

D——城镇平面轮廓分形维数，在不同大小正方形格网覆盖下获得不同点对［$\ln N(r)$，$\ln M(r)^{1/2}$］，然后拟合这些点对，求得回归方程，其斜率即 D 的估值。

5.1.2　土地利用分析方法

土地利用分析方法包括土地利用转移、土地利用程度、土地利用动态度、土地利用类别重心、空间吻合度、道路通达性、城区绿化覆盖率、区位优势度等。

（1）土地利用转移

土地利用转移分析是把所有地物按利用类型进行分类，研究一段时间内各土地利用类型之间相互转换的面积或占比，分析结果用土地利用转移矩阵表示。假设有 n 类地物类型，土地利用转移矩阵就是一个 n 阶矩阵 $A_n \times n$，矩阵中的元素为 a_{ij}，表示由第 i 类地物转变为第 j 类地物的面积或占比，当 $i=j$ 时表示研究时段内第 i 类地物不变的面积或占比。土地利用转移矩阵为

$$A=\begin{bmatrix} a_{11} & \cdots & a_{1N} \\ \vdots & \vdots & \vdots \\ a_{N1} & \cdots & a_{NN} \end{bmatrix} \tag{5-10}$$

式中：N—— 研究区土地利用类型的数目，为初始到末期时由类型 i 转移为类型 j 的面积或占比。

（2）土地利用程度

土地利用程度是土地开发利用广度与深度的反映，是体现人地交互作用的密度和强度的重要指标。土地综合利用程度可以采用土地利用程度综合指数来反映，其计算方法为将土地自然综合体在社会因素影响下的自然平衡状态分为 4 级，为未利用土地级，林、草、水域土地级，农业用地土地级，居民地、工矿用地土地级，并分级赋予指数，乘以各级土地的面积占比。土地利用程度综合指数指标值在 100～400，数值越高，代表土地的利用程度越高。

$$\text{土地利用程度综合指数}=100\times\sum A_i \times C_i \tag{5-11}$$

式中：C_i—— 每一种类型的面积占比；

A_i—— 土地分级指数，赋值在 1～4。

（3）土地利用动态度

利用土地利用动态模型来描述土地利用类型的动态变化，从而真实反映各变化区域的土地利用类型变化程度。单一土地利用类型的动态度可表示为

$$K=\frac{U_a-U_b}{U_a}\times\frac{1}{T}\times 100\% \tag{5-12}$$

式中：K—— 研究时段内某土地利用类型的动态度；

U_a、U_b—— 分别为监测起始时间与终止时间的该土地利用类型的面积；

T—— 监测时段长度，当 T 为年时，K 值就是该研究区域某种土地利用类型的年变化速率。

综合土地利用动态度可表示为

$$LC=\left[\frac{\sum_{i=1}^{n}\Delta LU_{i-j}}{2\sum_{i=1}^{n}LU_{i}}\right]\times\frac{1}{T}\times 100\% \tag{5-13}$$

式中：LU_i —— 监测起始时间第 i 类土地利用类型面积；

ΔLU_{i-j} —— 监测时段第 j 类土地利用类型转化为某非第 i 类土地利用类型的面积绝对值；

T —— 监测时段长度，当 T 为年时，LC 值就是该研究区域所有土地利用类型年变化速率。

（4）土地利用类别重心计算

利用图论或人工神经网络等技术，分别连接某变化区域在变化前后相邻地物利用类别的重心，构造该区域在变化前后各地物利用类别的空间拓扑关系，生成《各时期土地利用变化方向图》。

土地利用类型的重心计算如下：

$$\begin{cases} x_m=\sum_{i=1}^{n}M_iX_i/\sum_{i=1}^{n}M_i \\ y_m=\sum_{i=1}^{n}M_iY_i/\sum_{i=1}^{n}M_i \end{cases} \tag{5-14}$$

式中：（x_m，y_m） —— 某类土地利用类型的重心坐标；

M_i —— 该类土地利用类型的第 i 个图斑面积；

（X_i，Y_i） —— 第 i 个图斑的中心坐标。

（5）空间吻合度

空间吻合度是指土地利用现状与规划的吻合程度，其对应关系包括符合规划部分（包括现状用途与规划用途相同且位置不变或现状变化且符合规划方案）、违反规划部分（现状变化但不符合规划方案）以及未实施部分（规划要求调整但是实际上尚未实施）3 个方面。其计算公式为

$$P=\frac{X-C-NC}{G} \tag{5-15}$$

式中：P —— 规划执行结果中的空间吻合度；

X —— 评价年现状实际面积；

C —— 评价年不符合规划方案的图斑面积；

NC —— 评价年规划尚未实施的面积；

G—— 规划面积。

（6）道路通达性

主要用最短时间距离指标计算道路通达性，以最短时间距离为指标定义的通达性模型为

$$A_i = \sum_{j=0}^{n} T_{ij} \tag{5-16}$$

式中：A_i—— 地区的通达性值；

n—— 节点个数；

T_{ij}—— 从 i 点到 j 点的最少运行时间。

为更好地表明研究区域城镇的相互通达性及在交通网络中所处的地位，构建相对通达性模型：

$$D_i = \frac{A_i}{\sum_{i=1}^{n} A_{ij} / n} \tag{5-17}$$

式中：D_i—— 第 i 节点的相对通达性值。

D_i 值越小，该点与网络中的其他点的联系越容易，通达性越好；相对通达性小于 1 时，说明该节点通达性优于网络通达性平均水平，其值大于 1 时，说明该节点通达性比网络平均通达性水平低。

（7）城区绿化覆盖率

城区绿化覆盖率是指城区范围内的绿化垂直投影面积之和与城区面积的百分比。其计算公式为

$$C = \frac{a}{U} \times 100\% \tag{5-18}$$

式中：C—— 城区绿化覆盖率，%；

a—— 城区绿地面积，km^2；

U—— 城区面积，km^2。

（8）区位优势度

区位优势即区位的综合资源优势，即某一地区在发展经济方面客观存在的有利条件或优越地位。区位优势也是一个发展的概念，随着有关条件的变化而变化。其计算公式为

$$S_i = \sum_{k=1}^{n} S_{ik} \tag{5-19}$$

式中：S_i—— 区域 i 的区位优势度；

S_{ik}—— 区域 i 距离中心城市 k 的距离。

5.1.3　自然资源空间分布分析方法

（1）资源破碎度

破碎度分析主要是研究区域内资源被分割的程度，破碎度指数可以反映为每平方米该类资源的平均斑块数，破碎度越高，表明资源越难以进行整合和规模化经营；破碎度越低，表明资源分布越集中，越易于整合或进行规模经营。资源的破碎度计算方法为

$$C_i = N_i / A_i \tag{5-20}$$

式中：N_i—— 区域 i 类资源地表覆图斑总数；

A_i—— 整个区域 i 类资源的总面积；

C_i—— i 类资源破碎度指数。

（2）资源分离度

资源分离度是指研究区资源中不同斑块个体分布的分离程度。分离度计算公式为

$$\text{分离度} = \frac{\sqrt{\dfrac{N_i}{A}}}{2 \times \dfrac{A_i}{A}} \tag{5-21}$$

式中：N_i—— 资源类型 i 的斑块数；

A_i—— 资源类型 i 的总面积；

A—— 研究区域总面积。

（3）资源优势度

资源优势度是指研究区域某种资源所占的资源主导程度。其计算公式为

$$\text{优势度} = \frac{C_i}{2} + \frac{A_i}{2},\ C_i = \frac{n_i}{N},\ A_i = \frac{a_i}{A} \tag{5-22}$$

式中：C_i—— 资源 i 的斑块指数；

A_i—— 资源 i 的面积指数；

n_i—— 资源 i 的斑块数；

N—— 整个区域内所有资源类型的总斑块数；

a_i—— 资源 i 的面积；

A—— 整个区域内所有资源的总面积。

（4）自然生态空间多样性指数

自然生态空间多样性指数是反映自然生态空间要素的多少及各要素所占比例的变化，是

表达丰富度和均匀度的综合指标，采用香农-威纳指数进行表达。香农-威纳指数计算公式为

$$H=-\sum_{i=1}^{m}(P_i\times\ln P_i) \tag{5-23}$$

式中：H—— 多样性指数；

P_i—— 自然生态空间类型 i 所占面积比例；

m—— 景观类型的数量。

（5）地理干旱指数

地理干旱指数为表征地理环境对区域干旱影响程度大小的指数，其计算公式为

$$F(\mathrm{CI})=-1.31\phi+0.09\alpha-0.01h+5.71T_{\mathrm{s}}-0.05T_{\mathrm{a}} \tag{5-24}$$

式中：CI —— 气象干旱指数；

ϕ—— 区域平均纬度；

α—— 区域平均经度；

h—— 区域平均海拔高度；

T_{s}—— 区域平均坡度干旱风险等级；

T_{a}—— 区域平均坡向干旱风险等级。

5.1.4 基本公共服务分析方法

（1）基本公共服务均等化指数

基本公务服务均等化是指全体公民都能公平可及地获得大致均等的基本公共服务，其计算公式为

$$\mathrm{CV}=\frac{\sqrt{S}}{x} \tag{5-25}$$

式中：$S=\sqrt{\delta^2\times n/(n-1)}$；

CV —— 基本公共服务均等化指数；

δ —— 样本方差。

（2）基本公共服务水平指数

基本公共服务水平指数是求出各项均等化指数后，对指标进行归一化处理后，采用特定模型确定指标权重得出的综合度量基本公共服务水平的指数。其计算公式为

$$[\text{基本公共服务水平指数}]=\sum_{i=1}^{3}a_i x_i \tag{5-26}$$

式中：x_i—— 基础教育水平指数、医疗服务水平指数、交通设施水平指数；

a—— 权重系数，由 AHP 方法得到。

（3）学校学生分布指数

学校学生分布指数计算公式为

$$I_j = \frac{S_j}{T_j} \Bigg/ \left(\frac{\sum_{i=1}^{n} S_i}{\sum_{i=1}^{n} T_i} \right) \tag{5-27}$$

式中：I_j——j 区域的学校学生分布指数；

S_j——j 区域的学校在校学生数；

T_j——j 区域中国土面积，故 $\frac{S_j}{T_j}$ 表示区域中的学校学生密度，$\left(\frac{\sum_{i=1}^{n} S_i}{\sum_{i=1}^{n} T_i} \right)$ 表示上一级区域中的学校学生密度。

（4）学校服务半径内居住小区覆盖率

小学服务半径内居住小区覆盖率计算公式为

$$\mathrm{JR}_i = \frac{R_{i500}}{\sum_i R} \times 100 \tag{5-28}$$

式中：JR_i—— 第 i 个统计单位内小学服务半径内居住小区覆盖率；

R_{i500}—— 在第 i 个分析评价单元内，以每个小学为中心和 500 m 为服务半径所覆盖的居住小区的数量；

$\sum_i R$—— 第 i 统计单元内居住小区总数量。

（5）划线停车位提取方法

划线停车位提取方法可以概括为“拓展单位矩形”方法，拓展单位矩形既包含停车位本身的占用空间，又包含车间通道的占用空间。其技术方法：计算停车场的最小外接矩形宽度、长宽比和充满度等形状特征，区分大型停车场、直线型狭长停车场和小型狭长停车场，由此确定停车位数量。

$$\mathrm{PC} = \frac{S - 5 \times W}{25.5} \tag{5-29}$$

式中：S—— 其最小外接矩形的面积；

W—— 停车场的宽度。

（6）路边停车位提取方法

路边停车位提取技术流程：提取道路中心线，计算道路宽度 W，根据道路宽度判断路边停车方式，如道路宽度小于 5 m 禁止停车，路宽 5～9 m 可以单侧停车，路宽 9 m 以上可双侧停车。路边停车位的计算方式如下：

$$PC=\begin{cases}0 & W<5\\ \dfrac{L}{6} & 5\leqslant W\leqslant 9\\ \dfrac{L}{6} & W>9\end{cases} \tag{5-30}$$

式中：L—— 道路长度；

W—— 道路宽度。

5.2 综合统计分析指标体系构建

为全面综合反映区域内土地利用的强度和状况，揭示资源分布与利用、基本公共服务现状、地表生态环境、区域经济发展和社会事业发展水平等，地理国情综合统计分析指标体系构建主要包括地表自然资源分布与利用指标体系、基本公共服务均等化分析指标体系、城镇发展分析指标体系、地表生态格局分析指标体系、区域经济潜能分析指标体系。

5.2.1 综合统计分析指标体系构建原则

建立指标体系是评价工作的基础，是对评判对象从某一方面或全面的综合状况作出优劣评定的基础。指标体系是否科学合理，直接关系评价结果的正确性，所以，指标体系的建立应考虑以下原则。

（1）科学性原则

评价指标既要立足于现有的基础和条件，能够科学、客观地反映不同地区、不同资源条件下的现状水平，又要考虑发展的因素和不同地区的可比性，避免指标间的重叠，指标名称应规范、含义明确。

（2）整体性原则

评价指标体系应该能够从不同的方面全面反映研究对象的状况，科学的评价指标体系要求不能孤立地研究单个指标，应该站在整体的角度思考单个指标之间的联系，构建一套科学、合理的指标体系，既要保证各个指标之间相互补充，又要保证突出重点、各有侧重。

（3）地域性原则

不同的研究区域有不同的特点，对于不同的发展模块，各地区都有不尽相同的模式与发展水平。各研究区域有各自具有代表性与特色性的地表生态格局，对于评价体系的建立也不能坚守一种标准，需要根据研究区域的特色与特质，建立起能够反映真实情况的指标体系。

（4）可实施性原则

评价地表自然资源分布与利用、基本公共服务均等化、城镇发展、地表生态格局、区域经济潜能等方向相关的指标有很多，但并不是每一个指标都适用，对于无法直接获取或通过计算获取的指标数据，不应将其纳入指标体系。此外，数据来源应该可靠，所需数据易获取，对于不能直接获取或量化的指标，在可实施的前提下，寻找其可以替代的指标或通过其他方法得出。

5.2.2　地表自然资源分布与利用分析指标体系

地表自然资源分布与利用主要从资源分布、利用两个方面构建评价指标体系。资源分布指数包括资源禀赋、资源破碎度、资源优势分析和资源分布均衡性 4 个二级指数。其中，资源禀赋反映各类资源的类型、数量、质量等方面的总体情况，为资源的开发利用提供基础数据，为资源可持续利用提供参考；资源破碎度反映资源分布的集中程度；资源优势分析可以反映该地区在整个区域内资源分布的相对集中程度；资源分布均衡性表征资源在区域内部分布的平均差距。

资源利用指数包括土地利用综合水平、种植土地利用水平、林草覆盖利用水平、水资源利用水平 4 个二级指数。土地利用综合水平反映土地开发利用的广度与深度，可以体现人地交互作用的密度和强度；种植土地利用水平反映耕地和园地的利用情况；林草覆盖利用水平反映林地和草地的利用情况；水资源利用水平反映水资源的利用情况。

（1）资源禀赋

资源禀赋主要研究种植土地（耕地、园地）、林草覆盖（林地、草地）以及水资源的禀赋情况，从各类资源的数量和质量等方面的角度出发，选取各资源禀赋的基础指标（表 5-1），利用各资源面积和面积占比表示其数量的特征，利用各资源距离道路距离和人均占有量表示其质量的特征。其中相对复杂水资源，利用河网密度表示水资源的数量情况。

表 5-1　资源禀赋指标

二级指数	基础指标	指标含义
资源禀赋	耕地面积/km^2	CGCS 2000 参考椭球面上耕地面状要素的面积
	耕地面积占比/%	区域内耕地面积与该地区土地面积的比值
	耕地面积构成比/%	耕地子类占其父类的比重
	设施农业占比/%	区域内农业用地面积与该地区耕地面积的比值

二级指数	基础指标	指标含义
资源禀赋	坡耕地面积占比/%	区域内某个坡度带内耕地面积与该地区耕地面积的比值
	25°以上耕地面积占比/%	区域内坡度高于25°的耕地面积与该地区耕地面积的比值
	林地面积/km^2	CGCS 2000 参考椭球面上林地面状要素的面积
	林地面积占比/%	区域内林地面积与该地区土地面积的比值
	林地面积构成比/%	林地子类占其父类的比重
	坡林地面积占比/%	区域内某个坡度带内林地面积与该地区林地面积的比值
	园地面积/km^2	CGCS 2000 参考椭球面上园地面状要素的面积
	园地面积占比/%	区域内园地面积与该地区土地面积的比值
	阳坡园地面积占比/%	基于数字高程模型朝向正南的园地面积与该地区园地面积的比值
	半阳坡园地面积占比/%	基于数字高程模型朝向南面的园地面积与该地区园地面积的比值
	园地面积构成比/%	园地子类占其父类的比重
	草地面积/km^2	CGCS 2000 参考椭球面上草地面状要素的面积
	草地面积占比/%	区域内草地面积与该地区土地面积的比值
	高、中覆盖度草地面积占比/%	区域内高、中覆盖度草地面积与该地区土地面积的比值
	人工草地面积占比/%	区域内人工草地面积与该地区土地面积的比值
	水域面积/km^2	CGCS 2000 参考椭球面上水域面状要素的面积
	水域覆盖度/%	区域内水域面积与该地区土地面积的比值
	水网密度/（km/km^2）	区域内河流长度与该地区面积的比值
	湖泊面积占比/%	区域内湖泊面积与该地区土地面积的比值
	库塘面积占比/%	区域内库唐面积与该地区土地面积的比值
	水域面积构成比/%	水域子类占其父类的比重

（2）资源破碎度

资源破碎度主要指耕地、园地、林地和草地的破碎度，用于表示各资源空间被分割的破碎程度，反映了分布结构的复杂性，具体指标如表 5-2 所示。

表 5-2　资源破碎度指标

二级指数	基础指标	指标含义
资源破碎度	耕地破碎度	区域内耕地图斑总数与该地区耕地面积的比值
	林地破碎度	区域内林地图斑总数与该地区林地面积的比值
	园地破碎度	区域内园地图斑总数与该地区园地面积的比值
	草地破碎度	区域内草地图斑总数与该地区草地面积的比值
	水域破碎度	区域内水域图斑总数与该地区水域面积的比值

（3）资源优势分析

资源优势分析从资源水平分布、垂直分布和坡度分布 3 个角度分析，资源在地区间的分散特征表示资源水平分布；耕园林草海拔分布跨度表示资源在垂直方向的分散特征；耕园林草坡度分布指数表示资源的坡度分布情况，具体指标如表 5-3 所示。

表 5-3　资源优势分析指标

二级指数	基础指标	指标含义
资源优势分析	耕地空间分布指数	区域耕地占研究区域比重与该地区面积占研究区域面积比重的比例
	林地空间分布指数	区域林地占研究区域比重与该地区面积占研究区域面积比重的比例
	园地空间分布指数	区域园地占研究区域比重与该地区面积占研究区域面积比重的比例
	草地空间分布指数	区域草地占研究区域比重与该地区面积占研究区域面积比重的比例
	水域空间分布指数	区域水域占研究区域比重与该地区面积占研究区域面积比重的比例
	种植土地空间分布指数	区域种植土地占研究区域比重与该地区面积占研究区域面积比重的比例
	林草覆盖空间分布指数	区域林草覆盖占研究区域比重与该地区面积占研究区域面积比重的比例
	耕地垂直分布指数	区域内各高程分级范围内耕地占研究区域比重与该高程分级面积占研究区域陆地面积的比例
	林地垂直分布指数	区域内各高程分级范围内林地占研究区域比重与该高程分级面积占研究区域陆地面积的比例
	园地垂直分布指数	区域内各高程分级范围内园地占研究区域比重与该高程分级面积占研究区域陆地面积的比例

二级指数	基础指标	指标含义
资源优势分析	草地垂直分布指数	区域内各高程分级范围内草地占研究区域比重与该高程分级面积占研究区域陆地面积的比例
	种植土地垂直分布指数	区域内各高程分级范围内种植土地占研究区域比重与该高程分级面积占研究区域陆地面积的比例
	林草覆盖垂直分布指数	区域内各高程分级范围内林草覆盖占研究区域比重与该高程分级面积占研究区域陆地面积的比例
	耕地坡度分布指数	区域内各坡度分级范围内耕地占研究区域比重与该坡度分级面积占研究区域陆地面积的比例
	林地坡度分布指数	区域内各坡度分级范围内林地占研究区域比重与该坡度分级面积占研究区域陆地面积的比例
	园地坡度分布指数	区域内各坡度分级范围内园地占研究区域比重与该坡度分级面积占研究区域陆地面积的比例
	草地坡度分布指数	区域内各坡度分级范围内草地占研究区域比重与该坡度分级面积占研究区域陆地面积的比例
	种植土地坡度分布指数	区域内各坡度分级范围内种植土地占研究区域比重与该坡度分级面积占研究区域陆地面积的比例
	林草覆盖坡度分布指数	区域内各坡度分级范围内林草覆盖占研究区域比重与该坡度分级面积占研究区域陆地面积的比例

（4）资源分布均衡性

资源分布均衡性反映资源在区域内部分布的平均差距，资源在空间上的分布均衡与否，直接关系区域经济的发展和生态环境的安全，资源分布均衡性指标如表 5-4 所示。

表 5-4　资源分布均衡性指标

二级指数	基础指标	指标含义
资源分布均衡性	耕地资源基尼系数	根据洛伦兹曲线提出的定量测定耕地资源的差异程度，其值介于 0~1
	园地资源基尼系数	根据洛伦兹曲线提出的定量测定园地资源的差异程度，其值介于 0~1
	林地资源基尼系数	根据洛伦兹曲线提出的定量测定林地资源的差异程度，其值介于 0~1
	草地资源基尼系数	根据洛伦兹曲线提出的定量测定草地资源的差异程度，其值介于 0~1
	水域资源基尼系数	根据洛伦兹曲线提出的定量测定水域资源的差异程度，其值介于 0~1

（5）土地综合利用水平

土地利用程度可以反映土地开发利用的广度和深度。土地综合利用程度可以采用土地利用程度综合指数来反映，土地利用程度综合指数是体现人地交互作用的密度和强度的重要指标，具体指标如表 5-5 所示。

表 5-5　土地综合利用水平指标

二级指数	基础指标	指标含义
土地综合利用水平	土地利用程度综合指数	将土地自然综合体在社会因素影响下的自然平衡状态分为 4 级，并分级赋予指数，乘以各级土地的面积占比

（6）种植土地利用水平

种植土地是人们赖以生存的生产资料，种植土地利用水平指标主要从耕地资源和园地资源两个方面表现，如表 5-6 所示。

表 5-6　种植土地利用水平指标

二级指数	基础指标	指标含义
种植土地利用水平	耕地复种指/%	一年内耕地上农作物播种面积与耕地面积的比值
	单位种植土地农业产值/（万元/km^2）	农业产值与种植土地面积的比值
	耕地生产力指数/（万元/m^2）	区域内农作物年产值与该地区耕地面积的比值
	坡旱地面积占比/%	区域内某个坡度带内旱地面积与该地区旱地面积的比值
	农用地面积占比/%	区域内农业用地面积与该地区土地面积的比值
	耕地灌溉率/%	区域内农业灌溉面积与该地区土地面积的比值
	人均耕地面积/（km^2/万人）	区域内每万人拥有的耕地面积
	人均园地面积/（km^2/万人）	区域内每万人拥有的园地面积

（7）林草覆盖利用水平

林草覆盖是林地和草地的统称，林地资源是森林的载体，草地是一种可更新的自然资源，两者均是土地资源重要的组成部分。因此，林草覆盖利用水平指标从林地资源和草地资源利用情况角度进行构建，如表 5-7 所示。

表 5-7 林草覆盖利用水平指标

二级指数	基础指标	指标含义
林草覆盖利用水平	林地覆盖率/%	区域内林地面积与区域总面积的比值
	草地覆盖率/%	区域内草地面积与区域总面积的比值
	人均林地面积/（km^2/万人）	区域内每万人拥有的林地面积
	人均草地面积/（km^2/万人）	区域内每万人拥有的草地面积
	单位林地林业产值/（万元/km^2）	林业产值与林地面积的比值
	造林总面积/km^2	在荒山荒地上成片的人工造林面积和飞机播种造林面积之和

（8）水资源利用水平

水资源是自然资源的一个重要组成部分，但是其时空分布不均，需要合理利用水资源，保护水资源，减少污水排放，实现水资源的循环利用。因此水资源利用水平指标从水资源量、水体保护及再利用方面进行构建，如表 5-8 所示。

表 5-8 水资源利用水平指标

二级指数	基础指标	指标含义
水资源利用水平	人均水域面积/（km^2/万人）	区域内每万人拥有的水域面积
	城市污水处理率/%	经过处理的生活污水、工业废水量占污水排放总量的比重
	工业用水重复利用率/%	工业废水中重复利用的水量与总水量的比值

5.2.3 基本公共服务均等化分析指标体系

基本公共服务均等化是指全体公民都能公平可及地获得大致均等的基本公共服务，其核心是机会均等。我国在《国家基本公共服务体系“十二五”规划》中，明确了基本公共服务的范围包括旨在保障全体公民生存和发展基本需求的公共教育、劳动就业、社会保障、基本社会服务、医疗卫生、人口计生、住房保障、公共文化等领域的公共服务，与人民生活环境紧密关联的交通、通信、公用设施、环境保护等领域的公共服务，以及保障安全需要的公共安全、消费安全和国防安全等领域的公共服务等方面。基于地理国情普查成果的基本公共服务均等化综合统计指标体系，需要考虑国家层面的总体规划部署，构建了基础教育、基本医疗、福利机构、公共文化体育领域服务、住房保障等相关基础指标。

（1）基础教育

在基本公共教育服务均等化方面，目前人们关注的热点主要是九年制义务教育体系。为了反映城乡办学规模和中小学布局规划的合理性，综合考虑区域学生数量、地理位置、经济水平等多重因素以及中小学的办学特点，确定学校服务半径，利用地理国情监测成果和区域社会经济统计数据，从学校配置状况、交通通达度方面设立评价指标，如表 5-9 所示。

表 5-9　基本公共教育服务均等化指标

二级指数	基础指标	指标含义
基础教育	居民地总量/个	区域内居民地总数量
	城镇居住小区数量/个	区域内居住小区总数量
	行政村数量/个	区域内行政村总数量
	中小学学生分布指数	区域中小学学生人口密度占所考察上一级区域中小学学生人口密度的比重
	中小学学校分布指数	一个区域的面积大小和普通中小学学校数量之比
	中小学学校布局偏离系数	用一个区域中小学学生分布指数减去中小学学校分布指数得到
	中小学学校布局匹配度	对中小学学校布局偏离系数取倒数再除以 100 得到
	中小学校区密度/（所/万 km^2）	每万平方千米土地面所拥有的中小学学校数量
	中小学校区生均拥有量/（所/万人）	每万名中小学生所拥有的中小学学校数量
	小学指定服务半径内居住小区/行政村覆盖率/%	以区域内的小学校区为中心，测度其指定服务半径内所覆盖的该地居住小区/行政村数量的占比
	中学指定服务半径内居住小区/行政村覆盖率/%	以区域内的中学校区为中心，测度其指定服务半径内所覆盖的该地居住小区/行政村数量的占比
	居民居住地就近中小学校区平均距离/m	行政村到最近中小学校区的平均交通距离
	居住小区/行政村 500 m 小学重叠率/%	500 m 服务半径获得 1 所以上小学校区服务区覆盖的居住小区/行政村占比
	居住小区/行政村 1 km 中学重叠率/%	1 km 服务半径获得 1 所以上中学校区服务区覆盖的居住小区/行政村占比

（2）基本医疗

考虑我国基本医疗卫生服务建设规划中完善区域卫生和农村饮水安全规划目标：加强以县级医院为龙头、乡镇卫生院和村卫生室为基础的农村三级医疗卫生服务网络建设，完善农村供水水质卫生检测和监测体系、健全农村供水基层服务体系和应急保障机制，实现农村“大病不出县”“小病不出社区”，解决农村居民和学校的饮水安全问题，结合地理国情普查成果和区域社会经济统计数据，主要从医疗卫生资源配置状况、投入水平，以及乡村供水卫生方面建立评价指标，如表 5-10 所示。

表 5-10 基本医疗卫生服务均等化指标

二级指数	基础指标	指标含义
基本医疗	医院密度/（所/万 km^2）	每万平方千米土地面积所拥有的医院数量
	人口分布指数	区域人口密度占所考察上一级区域人口密度的比重
	床位分布指数	一个区域的面积和床位数总量之比
	医院布局偏离系数	用一个地区的人口分布指数与床位分布指数取差值
	医院布局匹配度	对医院布局偏离系数取倒数再除以 100 得到
	医院指定服务半径内居住小区（行政村）覆盖率/%	以区域内的医院为中心，测度其指定服务半径内所覆盖的该地居住小区/行政村数量的占比
	居住小区（行政村）5 km 半径内医院重叠率/%	5 km 服务半径获得 1 所以上小学校区服务区覆盖的居住小区/行政村占比

（3）基本社会福利服务

随着我国老龄化进程的深入，养老服务已成为反映我国福利机构服务水平最重要的指标。依据我国《社会养老服务体系建设规划（2011—2015 年）》中，关于“以扶老、助残、救孤、济困为重点，逐步提高国民福利水平，到 2015 年，每千名老年人拥有养老床位数达到 30 张，实现城乡社会救助全覆盖”的目标，考虑社会养老服务和残疾人保障服务，从养老机构配置和老年人口数量两个方面建立评价指标，如表 5-11 所示。

表 5-11 基本社会福利服务均等化指标

二级指数	基础指标	指标含义
养老服务	养老机构密度/（所/万 km^2）	每万平方千米土地面积所拥有的养老机构数量
	养老机构空间分布指数	区域养老机构密度占所考察上一级养老机构密度的比重
	老年人口分布指数	一个区域的老年人口密度和上一级区域的老年人口密度之比
	养老机构布局偏离系数	用一个地区的老年人口分布指数与养老机构空间分布指数取差值
	养老机构布局匹配度	对养老机构布局偏离系数取倒数再除以 100 得到
	养老机构 5 km 半径内居住小区（行政村）覆盖率/%	以区域内的养老机构为中心，测度其 5 km 服务半径内所覆盖的该地居住小区/行政村数量的占比

（4）基本公共文化体育领域服务

按照相关规划，基本公共文化体育领域服务项目共 10 项，具体包括公共文化设施免费开放、送地方戏、收听广播、观看电视、观赏电影、读书看报、少数民族文化服务、参观文化遗产、公共体育场馆开放、全民健身服务。因此，利用地理国情监测成果和区域社会经济统计数据，主要考虑从区域人口、出行便利度、文化体育基础设施的配置状况 3 个方面建立评价指标，如表 5-12 所示。

表 5-12 基本公共文化体育领域服务均等化指标

二级指数	基础指标	指标含义
公共文化体育	文化体育设施密度/（所/万 km^2）	每万平方千米土地面积所拥有的文化体育设施数量
	文化体育设施空间分布指数	区域文化体育设施密度占所考察上一级文化体育设施密度的比重
	人口分布指数	一个区域的口密度和上一级区域的人口密度之比
	文化体育设施布局偏离系数	用一个地区的人口分布指数与文化体育设施空间分布指数取差值
	文化体育设施布局匹配度	对文化体育设施布局偏离系数取倒数再除以 100 得到
	文化体育设施 5 km 半径内居住小区（行政村）覆盖率/%	以区域内的文化体育设施为中心，测度其 5 km 服务半径内所覆盖的该地居住小区/行政村数量的占比

（5）住房保障均等化

住房问题是关系国计民生的重大问题，通过住房保障制度实现“住有所居”的目标，不仅是对公民居住权的尊重，而且是实现社会公平正义的有力保障。随着经济的快速发展，住房制度改革的不断深化。基于地理国情监测数据及相关行业资料的收集，用保障性住房建设区面积及区域人口数量来进行住房保障均等化分析。

5.2.4 城镇发展分析指标体系

根据国家指示以及相关城镇发展的内容，基于地理国情普查成果的城镇综合统计指标，主要概括为地表利用经济效益、公共服务设施配置水平、生态空间状况、交通基础设施配置水平、资源可利用程度及文化科技发展等，选取的指标反映“经济发展、生活方便、生态良好、交通便利、可持续发展以及文化科技创新” 6 个方面的内容。

（1）地表利用经济效益

经济发展是城镇化发展的根本动力，是城镇化发展的支撑。地表利用经济效益指标体系主要从地表利用效率、经济联系强度和产业聚集程度 3 个方面建立评价指标，如表 5-13 所示。

表 5-13 经济发展指标

二级指数	基础指标	指标含义
地表利用经济效益	建设用地面积占比/%	区域内建设用地面积与该地区土地面积的比值
	人均建设用地面积/（km^2/万人）	每万人建设用地面积拥有量
	经济地理集中度	区域内 GDP 产值占全省 GDP 产值的比重与该地区土地面积占全省土地面积的比重之比
	各产业产值占 GDP 比重/%	各产业产值与该地区 GDP 总产值的比值
	地均 GDP/（万元/km^2）	每平方千米土地创造的 GDP，反映土地的使用效率
	工矿企业密度/（m^2/km^2）	工矿企业个数与该地区工矿企业面积的比值
	工矿企业分布指数	区域内工矿企业面积占全省工矿企业面积的比重与该地区土地面积占全省土地面积的比重之比
	多层及以上独立房屋建筑分布指数	区域内多层及以上独立房屋建筑面积占全省多层及以上独立房屋建筑的比重与该地区土地面积占全省土地面积的比重之比

（2）公共服务设施配置水平

社会公共服务综合评价了城镇社会发展的状况。提高公共服务承载力，配套完善面向大众的教育、卫生、文化、体育等公共服务设施，加强城市公共安全和应急救援体系建设。公共服务设施配置水平主要从基本教育服务能力、医疗服务能力、休闲娱乐服务能力、基础设施服务能力 4 个方面建立评价指标体系，如表 5-14 所示。

表 5-14 社会公共服务指标

二级指数	基础指标	指标含义
公共服务设施配置水平	每万人拥有小学数量/（所/万人）	每万人均拥有小学数量
	每万人拥有中学数量/（所/万人）	每万人均拥有中学数量
	小学校区服务覆盖率/%	小学校区指定服务半径内的市辖区居住小区数量占市辖区全部居住小区数量的比值
	中学校区服务覆盖率/%	中学校区指定服务半径内市辖区居住小区数量占市辖区全部居住小区数量的比值
	医院服务覆盖率/%	医院指定服务半径内的居住小区数量占全部居住小区数量的比值

二级指数	基础指标	指标含义
公共服务设施配置水平	每 10 万人拥有医生数/（个/10 万人）	每 10 万人均拥有医生数
	每 10 万人拥有医院数/（个/10 万人）	每 10 万人均拥有医院数
	体育活动、休闲娱乐面积占比/%	区域内体育活动、休闲娱乐面积与该地区土地面积的比值
	每万人拥有体育活动、休闲娱乐景区数量/（个/万人）	体育活动、休闲娱乐景区人均拥有量
	居住小区距最近小学的平均距离/km	居住小区距最近小学的平均距离
	居住小区距最近中学的平均距离/km	居住小区距最近中学的平均距离

（3）生态空间状况

生态空间是国土空间的重要组成部分，同时是维护城镇地区生态安全、提升居民生活质量不可或缺的城市空间。因此，从生态空间的支持（支持生物多样性等）、供给（水源供给等）、调节（气候调节等）以及改善人居环境状况等方面构建评价指标，如表 5-15 所示。

表 5-15　人居环境状况指标

二级指数	基础指标	指标含义
生态空间状况	植被覆盖率/%	区域内种植土地、林地和草地的总面积与该地区土地面积的比值
	林地覆盖率/%	林地覆盖面积与该地区土地面积的比值
	草地覆盖率/%	草地覆盖面积与该地区土地面积的比值
	绿化覆盖率/%	区域内园地、林地和草地的总面积与该地区土地面积的总值
	水域覆盖率/%	区域内水域面积与该区域陆地面积的比值
	人均绿化覆盖面积/（km^2/万人）	每万人绿化面积拥有量
	人均耕地资源拥有量/（km^2/万人）	每万人耕地资源拥有量
	人均水域面积/（m^2/人）	每万人水域拥有量
	湿地保护区面积占比/%	区域内湿地保护区面积与该地区陆地面积的比值
	扬尘地表面积占比/%	区域内扬尘地表面积与该地区土地面积的比值
	不透水地表面积占比/%	区域内不透水地表面积与该地区土地面积的比值

二级指数	基础指标	指标含义
生态空间状况	硬化地表面积占比/%	区域内使用水泥、沥青或砖石等材料连片露天铺设的地表面积与该地区土地面积的比值
	污水处理厂集中处理率/%	区域内经污水处理厂集中处理的污水量占所产生污水总量的比值
	生活垃圾处理率/%	区域内经处理的生活垃圾量与生活垃圾总量的比值
	环境噪声指数	为了保护人耳听力和身体健康，保证人们的生活工作环境不受噪声干扰的指标

（4）交通基础设施配置水平

按照“统筹规划、合理布局、衔接互补、集约高效”的原则，优化交通用地结构配置，严格用地定额标准，大力推广节地技术，促进便捷、通畅、高效、安全的综合交通网络的形成和完善，确保交通运输效率的不断提升，促进基础设施建设与经济社会发展相协调。因此，主要从道路拥有量、道路网络密度和交通区位 3 个方面建立评价指标，如表 5-16 所示。

表 5-16 空间交通发展指标

二级指数	基础指标	指标含义
交通基础设施配置水平	公路网络密度/（m/km^2）	公路网络的总长度与该地区总面积的比值
	城市路网密度/（m/km^2）	城市道路长度与该地区土地面积的比值
	乡村路网密度/（m/km^2）	乡村道路长度与该地区土地面积的比值
	高等级公路网络密度/（m/km^2）	一级公路和高速公路的总长度与该地区土地面积的比值
	路面面积占比/%	道路路面覆盖的地表面积与该地区土地面积的比值
	人均露天停车场面积/（km^2/万人）	人均露天停放车辆的场地面积，不包括室内和地下停车场
	人均路面面积/（m^2/人）	道路路面覆盖的地表面积与该区域内人口数量的比值
	人均公路长度/（km/万人）	每万人公路拥有量
	人均城市道路长度/（km/万人）	每万人城市道路拥有量
	人均乡村道路长度/（km/万人）	每万人乡村道路拥有量

（5）资源可利用程度

资源可利用程度是指在当前技术条件下，能够通过开发、复垦、整理等措施改变成为种植土地、林草覆盖等地表资源的未利用地或毁损废弃地等，反映区域内可用于复垦以及未利用的、可供将来建设的土地资源情况。考虑因人为和非人为因素导致的农用地面积的减少构建资源可利用程度指标体系，如表 5-17 所示。

表 5-17　资源利用程度指标

二级指数	基础指标	指标含义
资源可利用程度	土地垦殖率/%	指一定区域内耕地面积占土地总面积的比例
	耕地灌溉率/%	区域内农业有效灌溉面积与该地区耕地面积的比值
	盐碱地面积占比/%	区域内盐碱地表面积与该地区土地面积的比值
	泥土地面积占比/%	区域内泥土地表面积与该地区土地面积的比值
	沙质地表面积占比/%	区域内沙质地表面积与该地区土地面积的比值
	砾石地表面积占比/%	区域内砾石地表面积与该地区土地面积的比值
	岩石地表面积占比/%	区域内岩石地表面积与该地区土地面积的比值
	低坡荒漠裸露地占比/%	区域内坡度低于 15°的荒漠与裸露地面积与该坡度带地区土地面积的比值
	堆放物面积占比/%	区域内堆放物面积与该地区土地面积的比值
	废弃房屋建筑区占比/%	区域内废弃房屋建筑区面积与该地区土地面积的比值

（6）文化科技发展

“文化强国”的提出推动了社会主义文化建设高潮的兴起。随着人们对环境、健康和文化的需求，新兴产业与民生消费型产业紧密结合，产业发展正在朝着民生服务化趋势发展。这种趋势要求保护文化旅游资源、维护生态环境，加强城镇历史文化资源的保护；同时要发挥高新技术在加快结构调整步伐和实现产业升级的重要作用。据此，主要考虑在地区文化底蕴、文化传承、文化设施服务水平和科技发展聚集程度等方面建立评价指标，如表 5-18 所示。

表 5-18　文化科技发展指标

二级指数	基础指标	指标含义
文化科技发展	每万人拥有图书馆数量/（个/万人）	每万人拥有图书馆的数量
	每万人拥有博物馆数量/（个/万人）	每万人拥有博物馆的数量
	自然、文化保护区面积占比/%	有代表性的自然生态系统、珍稀濒危野生生物种群的分布区以及文物古迹比较集中、具有较高历史文化价值区域的面积
	风景名胜区、旅游区面积占比/%	具有观赏、文化或科学价值，能供人们参观游览、休闲度假、康乐健身区域的面积

二级指数	基础指标	指标含义
文化科技发展	高等院校数量/所	通过国家普通高等教育招生考试，招收高中毕业生为主要培养对象，实施高等学历教育的学校数量
	规模以上工业企业有效专利数/个	企业有效专利的数量
	科研、院所机构研究人员数/个	研究人员数量

5.2.5 地表生态格局分析指标体系

生态系统在长期高强度、不合理的开发利用和全球气候变化等因素影响下，生态环境发生了显著退化并与环境污染、生态难民、资源战争、环境健康等问题一并严重威胁人类健康和可持续发展。基于地理国情数据，从生态状况、生态压力、生态保护 3 个维度构建地表生态格局指标体系，为实现生态文明建设提供信息支撑和参考依据。通过查阅文献资料，综合国内外学者的研究成果，地表生态格局分析内容指标主要包括生态环境状况、生态环境压力、生态环境保护 3 个维度。

（1）生态状况

针对生态状况，从生态活力状况及生态脆弱状况两个方面进行研究，主要用覆盖度、聚集度和破碎度等基础指标反映生态活力状况，用各类面积占比反映生态脆弱状况，如表 5-19 所示。

表 5-19 生态状况指标

二级指数	基础指标	指标含义
生态状况	自然生态空间覆盖率/%	反映一个地区自然生态空间占有情况或者自然资源丰富程度，自然生态地表包括园地、林地、草地（稀疏灌丛除外）、荒漠与裸露地和水域
	自然生态空间破碎度	自然生态空间被分割的破碎程度，斑块个数与该地区土地面积的比值
	自然生态空间多样性	表示一个地区自然生态地表的丰富程度
	自然生态空间优势度	表示生态群落内各生态要素种类处于何种优势或劣势状态的群落测定度
	自然生态空间均匀度	表示一个地区自然生态地表空间分布均一程度
	自然生态空间平均分维数	表示一个地区内自然生态空间斑块复杂程度的平均值
	生境质量指数/%	由生态适宜性指数和生境退化指数计算得到
	城市空气综合污染指数	将常规监测的几种空气污染物浓度简化成为单一的概念性指数值形式，并分级表征空气污染程度和空气质量状况

二级指数	基础指标	指标含义
生态状况	水网密度指数/（m/km^2）	统计区域内地表河流、水渠总长度与统计面积之比
	生物丰度指数	单位面积上不同自然生态地表类型在生物物种数量上的差异
	水源涵养指数	表征生态系统的水源涵养功能的特征指标，水源涵养指数越高，表明区域内生态系统的水源涵养能力越强

（2）生态压力

生态压力是指种群的生长及生殖的外界干扰及其所产生的生理效应，生态压力的研究是目前生理生态学、系统生态学和人类生态学的重要内容，主要从人类活动压力方面研究，如表 5-20 所示。

表 5-20 生态压力指标

二级指数	基础指标	指标含义
生态压力	生态人为干扰指数	采用人类活动形成的区域地标覆盖、土地利用的数值变化来构建
	植被受干扰指数/（m/km^2）	区域内廊道（公路、铁路、沟渠）总程度与区域面积之比
	工业废水排放总量/亿 m^3	由工厂厂区内所有排放口排到厂区外部的工业废水总量
	工业废气排放总量/亿 m^3	工厂某一时间内燃料燃烧和生产工艺过程中排放的各种废气的总量
	二氧化硫年均浓度/（$\mu g/m^3$）	大气中的二氧化硫年平均浓度
	工业固体废物产生量/亿 t	企业在生产过程中产生的固体状、半固体状和高浓度液体状废弃物的总量
	不透水地表面积比率/%	区域内不透水地表（道路、房屋建筑区、构筑物、建筑工地等）面积与该地区土地面积的比值
	人口密度/（人/km^2）	单位面积土地上居住的人口数

（3）生态保护

针对生态保护，从生态基础建设和生态保护措施两个方面进行研究，用各类用地面积占比反映生态基础设施建设，分析湖南省生态环境的特殊性，用水污染治理、生态工程反映工程保护措施，如表 5-21 所示。

表 5-21 生态保护指标

二级指数	基础指标	指标含义
生态保护	固沙草地、护坡灌草拥有量/m^2	CGCS 2000 参考椭球面上固沙灌草、护坡灌草面状要素的面积
	国家重点生态功能区占比/%	国家重点生态功能区面积与该地区土地面积的比值
	湿地保护区占比/%	湿地保护区面积与该地区土地面积的比值
	自然保护区占比/%	自然保护区面积与该地区土地面积的比值
	地质公园占比/%	地质公园面积与该地区土地面积的比值
	森林公园占比/%	森林公园面积与该地区土地面积的比值
	城市污水处理率/%	经过处理的生活污水、工业废水量占污水排放总量的比重
	工业废水重复利用率/%	工业废水中重复利用的水量与总水量的比值
	环境噪声指数/dB	在工业生产、建筑施工、交通运输和社会生活中所产生的干扰周围生活环境的声音造成的噪声值
	生态保护修复工程资金投入/万元	生态保护修复工程投入的资金量
	生态保护修复工程项目数量/个	生态保护修复工程项目的个数

5.2.6 区域经济潜能分析指标体系

区域经济潜能是以一定地域为范围，该范围内的经济发展、区位、交通、资源、土地利用等因素的拥有现状和空间分布情况的集成。通过各要素的现状分别反映其对区域经济发展的贡献能力，揭示客观规律，进一步全面反映区域经济空间发展的潜在能力和发展持久力。区域经济潜能综合统计分析从经济发展水平、区位条件、交通条件、资源保障水平和土地利用状况 5 个方面对区域的发展和潜力进行评价。

（1）经济发展水平

为全面反映和合理评估区域经济发展的状况，揭示区域的经济发展现状，提供经济发展决策参考，必须掌握区域的经济发展水平并建立评价指标，如表 5-22 所示。

表 5-22　经济发展水平指标

二级指数	基础指标	说明
经济发展水平	GDP 总量/万元	在一定时期内（一个季度或一年），一个国家或地区的经济中所生产出的全部最终产品和劳务的价值
	GDP 增长率/%	指 GDP 与上一时期相比百分比的变动
	人均 GDP 产值/（万元/人）	一个国家核算期内（通常是一年）实现的 GDP 与这个国家的常住人口（或户籍人口）的比值
	经济密度/（万元/km^2）	区域国民生产总值与区域面积之比
	社会固定资产投资增长率/%	以货币表现的建造和购置固定资产活动的工作量与上一时期相比百分比的变动
	财政收入增长率/%	政府为履行其职能、实施公共政策和提供公共物品与服务需要而筹集的一切资金的总和与上一时期相比百分比的变动
	单位面积第一产业产值/（万元/km^2）	区域第一产业产值与区域面积之比
	单位面积第二产业产值/（万元/km^2）	区域第二产业产值与区域面积之比
	单位面积第三产业产值/（万元/km^2）	区域第三产业产值与区域面积之比
	单位面积高新技术产业产值/（万元/km^2）	区域高新技术产业产值与区域面积之比
	第一产业区位熵	地区第一产业占全省的比重与地区人口数占全省的比重的比率
	第二产业区位熵	地区第二产业占全省的比重与地区人口数占全省的比重的比率
	第三产业区位熵	地区第三产业占全省的比重与地区人口数占全省的比重的比率
	高新技术产业区位熵	地区高新技术产业占全省的比重与地区人口数占全省的比重的比率
	产业发展平衡度	综合利用 GDP 总量、第一产业 GDP、第二产业 GDP、第三产业 GDP 计算得出
	万元 GDP 能耗/（t 标准煤/万元）	一个地区在报告内（如一个季度、一年等）创造每 1 万元 GDP 所耗费的综合能源消费量
	恩格尔系数/%	食物支出与家庭总支出的比值
	商业吸引力指数/%	通过商品零售总额、城市人口及人均消费水平等指标计算获得

（2）区位条件

为全面反映和合理评估区域经济发展的状况，揭示区域的经济发展空间分布、格局等情况，提供经济发展决策参考，必须掌握区域的区位条件并建立评价指标，如表 5-23 所示。

表 5-23 区位条件指标

二级指数	基础指标	说明
区位条件	地形起伏度/m	区域最高点海拔高度与最低点海拔高度的差值
	地形平整度/%	区域内投影面积与表面面积的比值
	地貌类型面积占比/%	某一种地貌类型面积与区域面积的比值
	禁止开发区占比/%	禁止开发区面积与区域面积的比值
	重点开发区占比/%	重点开发区面积与区域面积的比值
	限制开发区占比/%	限制开发区面积与区域面积的比值
	优化开发区占比/%	优化开发区面积与区域面积的比值
	经济联系隶属度	根据区域人口、区域生产总值及地理位置计算得出的
	人口城镇化率位序	人口城镇化率的排序

（3）交通条件

为全面反映和合理评估区域经济发展的状况，揭示区域的交通网络空间分布、格局等情况，提供经济发展决策参考，必须掌握区域的交通条件并建立评价指标，如表 5-24 所示。

表 5-24 交通条件指标

二级指数	基础指标	说明
交通条件	铁路网络密度/（km/km^2）	区域内铁路长度与区域面积的比值
	公路网络密度/（km/km^2）	区域内公路长度与区域面积的比值
	高速公路网络密度/（km/km^2）	区域内高速公路长度与区域面积的比值
	一级公路网络密度/（km/km^2）	区域内一级公路长度与区域面积的比值
	二级公路网络密度/（km/km^2）	区域内二级公路长度与区域面积的比值
	三级公路网络密度/（km/km^2）	区域内三级公路长度与区域面积的比值
	城市道路网络密度/（km/km^2）	区域内城市道路长度与区域面积的比值
	乡村道路网络密度/（km/km^2）	区域内乡村道路长度与区域面积的比值

二级指数	基础指标	说明
交通条件	道路密度与 GDP 的相关系数	道路密度与区域内经济生产总值的相关程度
	拥有港口数量/个	区域内的港口数量
	拥有机场数量/个	区域内的机场数量
	拥有火车站数量/个	区域内的火车站数量
	距离港口最短距离/km	区域中心距离港口最短道路距离
	距离机场最短距离/km	区域中心距离机场最短道路距离
	距离火车站最短距离/km	区域中心距离火车站最短道路距离

（4）资源保障水平

为全面反映和合理评估区域经济发展的状况，揭示区域的资源保障空间分布、条件等情况，提供经济发展决策参考，必须掌握区域的资源保障水平并建立评价指标，如表 5-25 所示。

表 5-25　资源保障水平指标

二级指数	基础指标	说明
资源保障条件	人均种植土地面积/（km^2/万人）	平均每万人拥有的种植土地面积
	人均林草覆盖面积/（km^2/万人）	平均每万人拥有的林草覆盖面积
	人均水域面积/（km^2/万人）	平均每万人拥有的水域面积
	人均水资源量/m^3	平均每万人拥有的水资源量
	人口总数/万人	区域内常住人口数量
	盐碱地面积/km^2	区域内盐碱地的面积
	荒漠裸露地面积/km^2	区域内荒漠裸露地的面积
	堆放物面积/km^2	区域内堆放物的面积
	盐碱地面积占比/%	区域内盐碱地面积与区域面积的比值
	废弃房屋建筑区占比/%	区域内废弃房屋建筑区面积与区域面积的比值
	荒漠裸露地面积占比/%	区域内荒漠裸露地面积与区域面积的比值
	堆放物面积占比/%	区域内堆放物面积与区域面积的比值

（5）土地利用状况

为全面反映和合理评估区域经济发展的状况，揭示区域的土地利用空间分布、格局等情况，提供经济发展决策参考，必须掌握区域的土地利用状况并建立评价指标，如表 5-26 所示。

表 5-26 土地利用状况指标

二级指数	基础指标	说明
土地利用状况	房屋建筑开发强度/%	区域房屋建筑区占区域总面积的比例
	多层房屋建筑占比/%	区域多层房屋建筑占区域总面积的比例
	低矮房屋建筑占比/%	区域低矮房屋建筑占区域总面积的比例
	建设用地开发率/%	区域建设用地占区域总面积的比例
	人均建设用地面积/（km^2/人）	平均每人拥有的建设用地面积
	单位建设用地面积第二、第三产业产值/（万元/km^2）	每平方米建设用地面积第二、第三产业产值

5.3 湖南省地理国情监测综合统计分析

基于湖南省地理国情监测数据，开展地表自然资源分布与利用、基本公共服务均等化、城镇发展、地表生态格局和区域经济潜能等综合统计分析。

5.3.1 地表自然资源分布与利用评价

耕地、园地、林地、草地、水域是重要的地表自然资源。当前湖南省自然资源短缺、地区分布不平衡、利用程度低等问题日益突出，尤其是水土流失问题、水环境问题和农村土地供需矛盾，已成为制约社会经济可持续发展的主要“瓶颈”。为解决自然资源地区分布不平衡的问题，必须熟悉掌握湖南省地表自然资源空间分布和利用情况。

以湖南省地理国情监测数据为基础，结合专题统计数据，对湖南省各地区的耕地、园地、林地、草地等主要地表资源的数量、空间分布、利用程度进行了综合统计分析，为制定省级规划、优化各类资源配置提供了重要的参考信息。

（1）资源分布评价

资源分布评价主要分析湖南省各区域各类地表资源的分布状况以及分布空间聚集特征，主要展现湖南省耕地、林地、园地、草地和水域等自然资源的空间分布、区域特征和变化情况。资源分布评价主要从区域资源禀赋、资源分布破碎度、资源优势分析和资源分布均衡性 4 个方面进行，湖南省各市（州）的资源分布指标及资源分布指数如表 5-27 所示。

表 5-27　湖南省各市（州）资源分布指标及资源分布指数

行政区	资源禀赋	资源分布破碎度	资源优势分析	资源分布均衡性	资源分布指数
长沙市	37.85	43.05	45.74	78.11	41.56
株洲市	33.03	61.86	43.86	41.46	39.18
湘潭市	29.70	44.70	39.76	14.66	13.90
衡阳市	47.25	41.41	48.39	51.80	36.82
邵阳市	38.42	69.00	35.04	61.11	47.06
岳阳市	59.69	63.51	53.15	49.41	59.55
常德市	72.62	42.17	64.57	45.05	55.68
张家界市	16.26	76.57	30.21	29.03	29.67
益阳市	53.34	56.20	51.03	86.64	63.24
郴州市	31.16	84.94	34.77	44.75	49.72
永州市	40.83	83.21	38.24	51.69	56.93
怀化市	38.75	70.71	35.27	26.18	36.61
娄底市	24.31	43.68	31.81	15.79	6.16
湘西自治州*	25.95	80.53	34.32	21.13	36.25

湖南省各市（州）的资源分布情况指数差距较大，资源分布指数最高的是益阳市，为 63.24；最低的是娄底市，其指数为 6.16。如图 5-1 所示，资源分布与区域经济的正向相关关系不明显，资源分布水平较好的株洲市、邵阳市、益阳市、湘西自治州等市（州），其经济发展水平相对较低。这说明，如果不能很好地将资源优势转化为经济优势，区域经济的持续发展将成为一个问题。

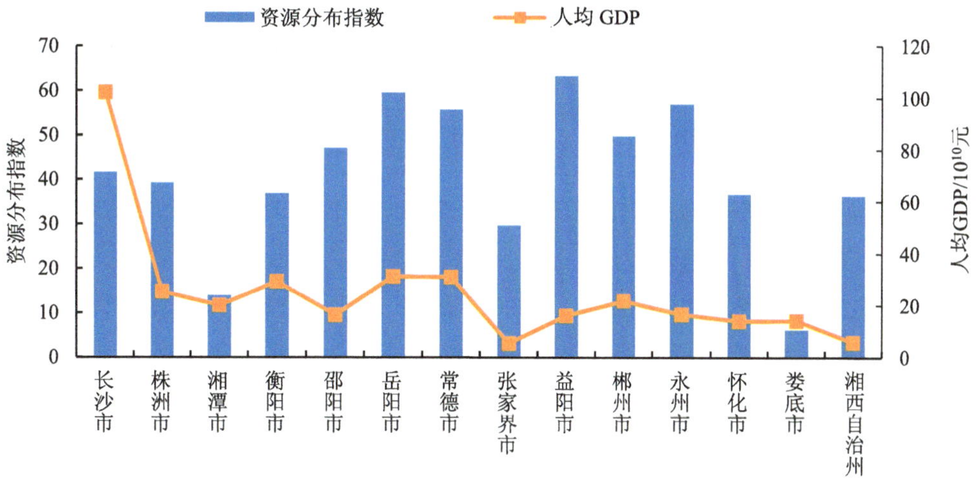

图 5-1　湖南省各市（州）资源分布水平与区域人均 GDP 对比

* 湘西土家族苗族自治州，简称湘西自治州。

（2）资源利用状况评价

资源利用指数包括土地综合利用水平、种植土地利用水平、林草覆盖利用水平、水资源利用水平 4 个二级指数。基于湖南省 2017 年地理国情监测数据及统计年鉴数据，计算了各个指标值，并利用均方差决策模型对各个指标赋予客观的权重，综合计算出了湖南省 14 个市（州）的资源开发利用指数，来评价各市（州）资源开发利用水平（表 5-28）。

表 5-28 湖南省各市（州）资源利用指标及资源利用指数

行政区	土地利用综合水平	种植土地利用水平	林草覆盖利用水平	水资源利用水平	资源利用指数
长沙市	1.00	0.70	0.44	0.43	65.99
株洲市	0.46	0.66	0.55	0.44	52.15
湘潭市	0.90	0.45	0.48	0.43	58.54
衡阳市	0.66	0.42	0.79	0.30	55.19
邵阳市	0.34	0.27	0.29	0.00	23.09
岳阳市	0.49	0.41	0.84	0.77	62.51
常德市	0.70	1.00	0.49	1.00	78.79
张家界市	0.00	0.41	0.91	0.35	39.93
益阳市	0.44	0.51	0.73	0.69	58.60
郴州市	0.14	0.55	0.65	0.35	40.47
永州市	0.23	0.71	1.00	0.20	51.88
怀化市	0.01	0.64	0.73	0.27	39.13
娄底市	0.61	0.00	0.00	0.34	26.04
湘西自治州	0.12	0.79	0.74	0.17	43.25

湖南省资源利用指数最高的市（州）是常德市，其值为 78.79，此外湖南省资源利用指数较高的市（州）还有长沙市、岳阳市、益阳市、湘潭市、衡阳市、株洲市和永州市 7 个市，这些市的资源利用指数均在 50.00 以上，而邵阳市的资源利用指数全省最低，为 23.09。由此可知，常德市、长沙市、岳阳市等市（州）的资源利用效率较高，人均占有量也较高，资源利用水平较高，在目前利用水平上需进一步提高资源有效利用水平，拉动经济持续快速增长。而怀化市、娄底市、邵阳市等市（州）的资源利用效率较低，人均占有量也较低，资源利用水平较低，还未充分利用现有资源，有待进一步可持续规划和利用。

（3）资源分布与利用评价结果

资源分布与利用指数从资源分布与资源利用两个层面进行综合评价。评价结果（图 5-2）显示，湖南省各市（州）资源分布最好的是益阳市，最差的是娄底市；资源利用状况最好的是常德市，最差的是邵阳市，这表明了各市（州）的资源分布与资源利用内部各资源的分布差异性均较大。常德市、岳阳市、益阳市的资源分布与利用水平位列前 3，因此资源分布与利用综合水平较高；再从资源分布与利用指数来看，湖南省东北部的资源分布与利用水平普遍高于其他地区。

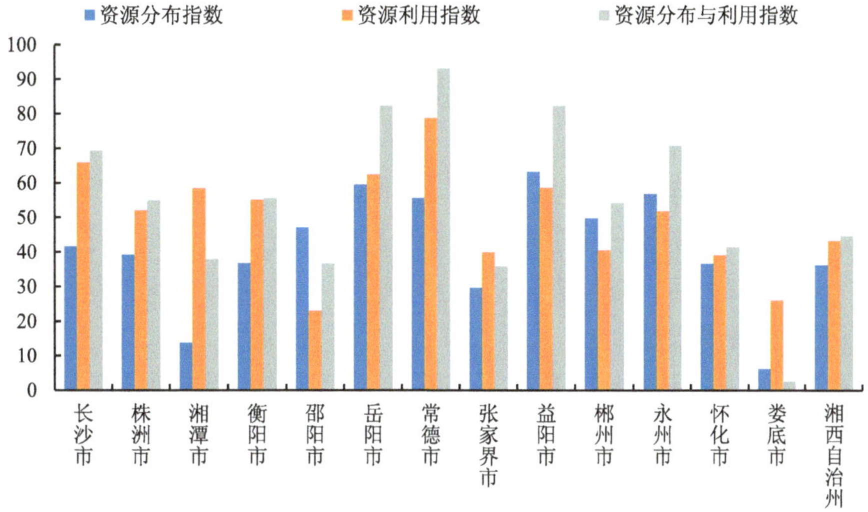

图 5-2　湖南省各市（州）资源分布与利用综合对比

综合以上分析，可得出湖南省资源分布与利用评价的结论如下所述。

①湖南省资源分布与利用水平差异较大。常德市、岳阳市、益阳市、永州市、长沙市的资源分布与利用水平位居全省前列，资源分布与利用指数均在 65 以上；其次是衡阳市、株洲市、郴州市，其资源分布与利用指数在 54～56；其他市（州）的均在 45 以下。各市（州）之间资源分布与利用水平差异较大。

②资源分布与资源利用水平不匹配。例如，永州市、郴州市、邵阳市的资源分布水平较好，但是由于交通水平、经济水平等因素的限制，资源利用水平远低于资源分布水平；长沙市、湘潭市的资源利用水平较高，但是资源分布水平较低。

③资源分布指数是各种资源分布状态的综合反映，各市（州）资源分布状况存在较大的差异。资源分布较好的市（州）有益阳市、岳阳市、永州市、常德市、郴州市、邵阳市、长沙市，而株洲市、衡阳市、怀化市、湘西自治州、张家界市、湘潭市、娄底市的资源分布水平较差。其中长沙市的资源分布最为均衡，但是资源破碎度处于中下游；湘西自治州的资源分布水平较差，主要是由于虽然资源分布较集中，资源破碎程度小，

但是其资源禀赋、资源优势以及资源均衡性较差。

④资源利用指数是各种资源可持续利用水平的综合反映，各市（州）资源利用的具体情况也存在较大的差异。由资源利用指数可知，常德市、长沙市、岳阳市、益阳市、湘潭市、衡阳市、株洲市 7 个市的资源开发利用水平较高，而永州市、湘西自治州、郴州市、张家界市、怀化市、娄底市、邵阳市的资源开发利用水平较低。其中常德市的种植土地利用水平和水资源利用水平最好，但是林草覆盖利用水平处于中下游；张家界市资源开发利用水平较差，主要是由于虽然林草覆盖利用水平较好，但是其土地利用程度综合指数、种植土地利用水平和水资源利用水平处于中下游。

（4）建议

通过对湖南省各市（州）资源分布与利用评价，发现各市（州）资源分布与利用水平存在显著差异，各具体指标也存在差异；资源还有较大的开发空间。为了更加合理地开发利用耕地、园地、林地、草地和水资源，依据评价结论，建议如下：

①因地制宜，依据资源分布与利用水平评价结果，找出资源分布与利用水平不同的原因，分类规划资源利用，努力提高各市（州）资源可持续利用效率，为经济持续健康发展提供坚实的资源基础。

②提高资源利用与资源分布的匹配性。注重资源利用与资源分布的匹配性是发展中国特色社会主义市场经济的基本原则，也是各市（州）尽快把资源优势转变为产业优势、经济优势的时代要求，应引起各市（州）的高度重视。

③依据欠发达地区精准调整产业结构与资源优势和资源分布状况相结合的问题，合理规划利用资源，以促进区域经济的持续发展。

④加大保护耕地的政策力度。湖南省是农业大省，也是人口大省，人均耕地面积相对较少，人地矛盾突出，加强农业基本建设和保护，既是提高耕地生产力的重要举措，也是保证耕地资源可持续利用的重要措施。

5.3.2 基本公共服务分布与评价

基本公共服务是公共服务的基础保障，是由政府主导、提供与社会经济发展水平和阶段相适应，旨在保障全体公民生存和发展基本需求，直接与公民的生活密切相关的公共服务。基本公务服务均等化是指全体公民都能公平可及地获得大致均等的基本公共服务，其核心是促进机会均等，为人民群众提供便利的基本公共服务，推进供给侧结构性改革，促进基本公共服务资源均等化配置，是引领我国经济社会发展新常态的重要举措。

本书以湖南省 2017 年地理国情监测数据作为数据支撑，选择基础教育、基本医疗、社会福利服务 3 个领域作为研究对象，来测度全省的基本公共服务均等化水平。

5.3.2.1　基础教育

作为教育资源最基本的载体，基础教育布局的一个根本原则是要适应人口分布的规律和特征，便于适龄人群就近就便享受义务教育资源。基础教育主要是指中小学教育，本书从中小学空间分布及其匹配性和中小学配置水平两个方面来分析湖南省的基础教育发展情况。中小学学校数据来自湖南省 2017 地理国情监测数据，中小学在校学生数来自《湖南省统计年鉴 2018》。

（1）中小学学校布局匹配度

学校布局匹配度反映一定区域范围内学校的分布数量和需要入学接受教育的中小学学生数量的对应程度，是反映特定区域学校规划设置合理性的重要指标。各市（州）中小学学校布局匹配度各指标如表 5-29 所示。

表 5-29　湖南省各市（州）中小学学校布局匹配度各指标

行政区	小学学生分布指数	中学学生分布指数	小学学校分布指数	中学学校分布指数	小学学校布局偏离系数	中学学校布局偏离系数	小学布局匹配度	中学布局匹配度
长沙市	1.92	2.00	1.28	1.55	0.04	0.03	0.23	0.31
株洲市	0.99	0.92	0.94	1.05	0.00	−0.01	2.52	−1.55
湘潭市	1.23	1.46	1.39	2.01	−0.01	−0.03	−0.94	−0.31
衡阳市	1.57	1.72	1.70	1.52	−0.01	0.02	−1.23	0.62
邵阳市	1.27	1.27	1.03	1.09	0.02	0.01	0.62	0.70
岳阳市	0.97	1.03	0.98	1.06	0.00	0.00	33.11	67.67
常德市	0.68	0.72	0.55	0.86	0.01	−0.01	1.16	−1.28
张家界市	0.50	0.51	0.47	0.55	0.00	0.00	5.98	−7.19
益阳市	0.84	0.88	0.87	1.13	0.00	−0.01	−7.53	−0.72
郴州市	1.04	0.93	1.40	0.82	−0.02	0.01	−0.41	1.13
永州市	0.96	0.86	0.81	0.71	0.01	0.01	0.94	0.89
怀化市	0.55	0.50	0.69	0.67	−0.01	−0.01	−1.08	−1.03
娄底市	1.73	1.70	2.03	1.92	−0.02	−0.01	−0.51	−0.92
湘西自治州	0.58	0.60	0.74	0.62	−0.01	0.00	−0.91	−20.87

将上述指标中得出的中学和小学布局匹配度标准化后，计算出相应的均方差及权重，得出的湖南省各市（州）学校布局匹配度如图 5-3 所示。

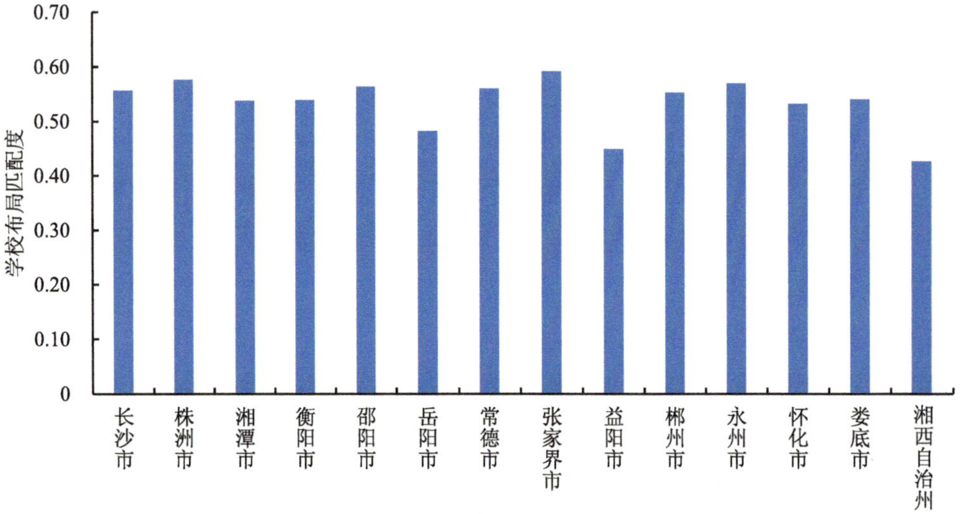

图 5-3 湖南省各市（州）中小学学校布局匹配度

从图 5-3 可以看出，大部分市（州）的学校匹配度大于 0.50，学校布局匹配度较高，只有岳阳、益阳、湘西自治州 3 个市（州）中小学学校布局匹配度不足 0.5，处于 0.4～0.5，反映出了在学校布局的规划和安排上也还算合理。湖南省各市（州）中小学学校布局匹配度整体上较均衡，学校空间分布整体较合理，在未来的规划中，应注意协调个别市（州）的小学学校和中学学校的布局分配，更好地保障个地区人民充分、合理利用基础教育资源。

（2）中小学学校配置水平

学校配置水平主要是通过中小学学校，在其合理服务半径内对居住小区和行政村的覆盖程度来反映学校资源配置的合理性。参照教育部关于城乡中小学建设的有关标准，结合湖南省自身实际情况，采用小学 500 m 半径内居住小区覆盖率，中学 3 000 m 半径内居住小区覆盖率，小学 500 m 半径内行政村覆盖率以及中学 3 000 m 半径内行政村覆盖率 4 个指标来衡量区域学校配置水平，湖南省各市（州）学校配置水平指标如表 5-30 所示。

表 5-30 湖南省各市（州）学校配置水平各指标 单位：%

行政区	小学 500 m 半径内居住小区覆盖率	小学 500 m 半径内行政村覆盖率	初中 3 000 m 半径内居住小区覆盖率	初中 3 000 m 半径内行政村覆盖率
长沙市	49.07	37.70	35.89	64.14
株洲市	43.98	37.62	50.93	53.19
湘潭市	26.61	26.05	34.80	72.79
衡阳市	46.10	42.56	65.70	64.68

行政区	小学 500 m 半径内居住小区覆盖率	小学 500 m 半径内行政村覆盖率	初中 3 000 m 半径内居住小区覆盖率	初中 3 000 m 半径内行政村覆盖率
邵阳市	50.42	33.17	62.82	60.76
岳阳市	46.58	39.90	74.52	54.96
常德市	49.12	16.00	46.64	39.49
张家界市	31.12	24.94	65.82	38.09
益阳市	33.33	22.76	64.49	55.36
郴州市	54.49	66.89	78.93	51.19
永州市	41.33	27.36	71.47	44.68
怀化市	56.40	37.61	74.15	44.48
娄底市	44.17	36.07	53.07	74.28
湘西自治州	47.66	34.25	51.17	32.97

对湖南省各市（州）配置水平指标进行归一化处理并采用均方差决策模型分析，可确定指标权重，得出学校配置水平指数，湖南省各市（州）学校配置水平指数如图 5-4 所示。从总体来看，湖南省各市（州）学校配置水平整体来说发展不均衡，各地区之间的学校配置水平存在较大差异，郴州市的学校配置水平指数超过 0.8，处于全省领先水平；衡阳市、邵阳市、岳阳市、怀化市和娄底市 5 个市的学校配置水平指数在 0.6～0.7，学校配置水较高，其余市（州）的学校配置水平指数不超过 0.5，最低的是湘潭市，学校配置水平指数不到 0.3，与最高的郴州市相差超过 0.5，差异较大。

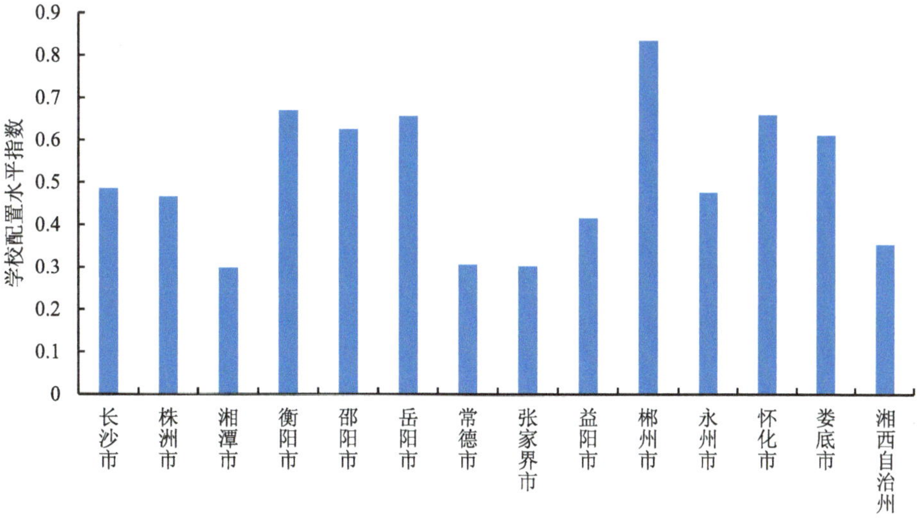

图 5-4　湖南省各市（州）学校配置水平指数

从几个学校配置水平较高的市（州）来看，其各指标都比较高，中小学居住小区和行政村的覆盖率都比较高，故整体配置较合理；从学校配置水平指数最低的湘潭市、常德市、张家界市来看，湘潭小学服务半径内居住小区和行政村覆盖率均处于全省较低水平，而其中学服务半径内居住小区和行政村覆盖率处于全省最低水平，故学校配置水平指数在各市（州）中最低；常德市、张家界市小学服务半径内居住小区覆盖率和中学服务半径内居住小区和行政村覆盖率都处于省内均等水平，但其小学服务半径内行政村覆盖率处于省内最低水平，故其学校配置水平指数也处在较低水平。

（3）入学便利度

入学便利度是指有入学需求的人在其居住地服务半径内能够满足其需求的程度和可选择性。入学便利度指数是在居住小区服务半径内小学重叠率、居住小区服务半径内中学重叠率、行政村服务半径内小学重叠率、行政村服务半径内中学重叠率 4 个指标的基础上对指标进行归一化处理，采用均方差分析确定指标权重，得出的综合度量入学便利度的指数如表 5-31 所示。

表 5-31 湖南省各市（州）入学便利度各指标 单位：%

行政区	居住小区 500 m 服务半径内小学重叠率	行政村 500 m 服务半径内小学重叠率	居住小区 1 000 m 服务半径内中学重叠率	行政村 1 000 m 服务半径内中学重叠率
长沙市	14.60	0.17	36.88	0.00
株洲市	5.65	0.00	40.15	0.77
湘潭市	3.35	0.37	27.03	0.90
衡阳市	4.84	0.35	27.88	3.12
邵阳市	4.21	0.54	33.73	4.42
岳阳市	5.06	0.09	34.29	2.88
常德市	7.60	0.26	37.97	1.45
张家界市	3.44	0.29	31.30	4.35
益阳市	1.94	0.00	21.90	1.63
郴州市	4.11	1.62	39.32	7.98
永州市	2.67	0.72	30.55	4.32
怀化市	4.17	0.55	30.45	5.94
娄底市	3.15	0.55	30.61	9.33
湘西自治州	4.18	0.68	32.08	1.89

对上述指标进行归一化处理并采用均方差决策模型分析后可确定指标权重，得出入学便利度指数，湖南省各市（州）入学便利度指数如图 5-5 所示。

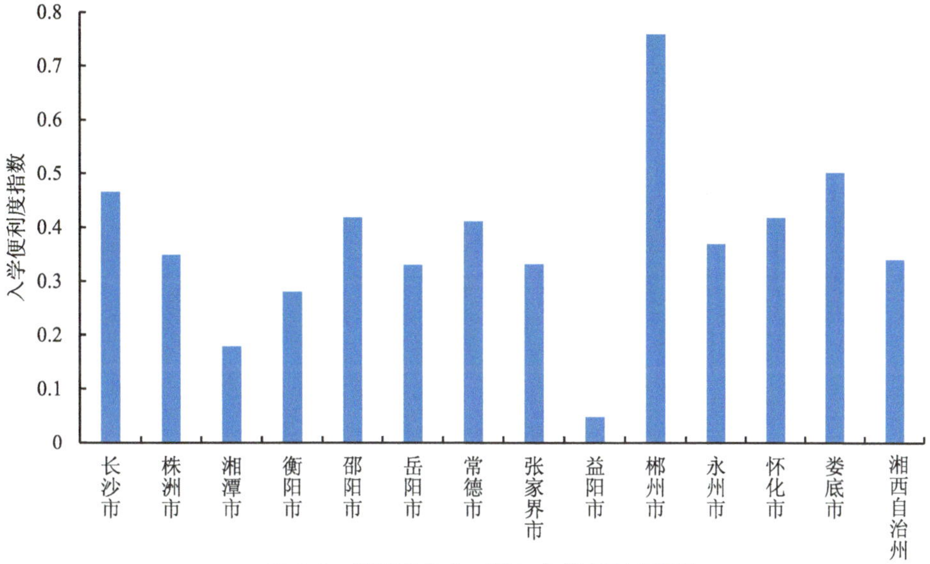

图 5-5　湖南省各市（州）入学便利度指数

由图 5-5 可知，湖南省各市（州）入学便利度发展不均衡，便利度最高的是郴州市，学生入学便利度超过 0.7，适龄儿童入学可选择性大，体现了该区域政府在学校的布局上充分考虑了适龄人员的分布情况，在中小学学校的规划和布局上更合理；其次是娄底市、怀化市、长沙市、邵阳市、常德市，其入学便利度在 0.4～0.6，适龄儿童入学仍具有一定选择性，在规划和安排上较为合理；株洲市、邵阳市、张家界市、永州市和湘西自治州 5 个市（州）的入学便利度在 0.3～0.4，适龄儿童入学选择性较少，在学校位置的布局上可以做进一步优化；入学便利度最低的为益阳市和湘潭市，入学便利度不足 0.2，适龄儿童近距离入学选择性很小，学校布局较为分散，亟须加强学校配套设施的建设，改善学校分布格局。

结合前面的学校配置水平指数看，大部分市（州）的学校配置水平指数和入学便利度指数呈正相关，表明湖南省大部分市（州）的教育资源供给较为充足，可进一步进行教育资源的存量优化。

（4）学校布局水平综合评价

通过构建布局水平指数对学校布局水平进行综合评价，学校布局水平指数是在上述学校空间布局水平、学校配置水平指数和入学便利度的基础上，采用均方差分析确定指标权重，从而得出的综合度量学校布局水平的指数，如图 5-6 所示。

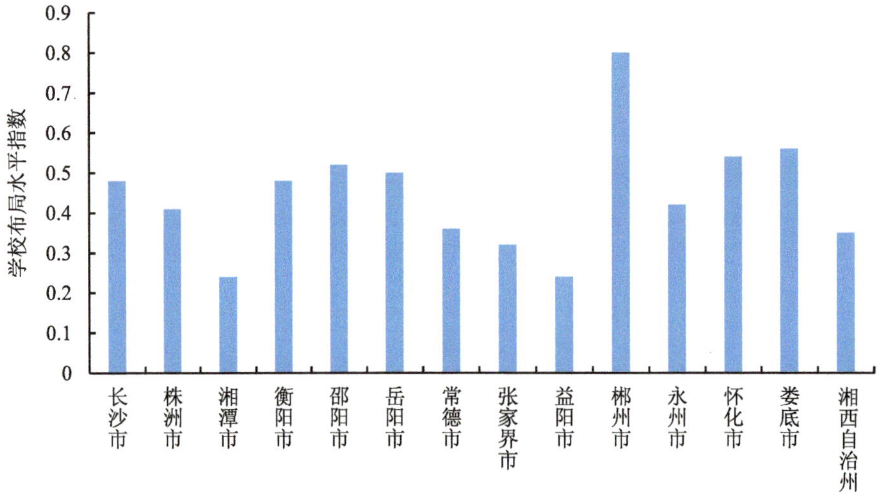

图 5-6 湖南省各市（州）学校布局水平指数

湖南省各市（州）学校布局水平指数最高的是郴州，约为 0.8，处于全省最高水平；其次是娄底市、怀化市、邵阳市，其学校布局水平指数在 0.5～0.6；其余市（州）学校布局水平指数均不到 0.5，最低的是益阳市和湘潭市，学校布局水平指数不到 0.25。

郴州市的学校配置水平和入学便利度指数均处于湖南省最高，说明郴州市在基础教育布局方面具有较高的首位度，在中小学学校的规划和布局方面比其他市（州）具有更高的合理性。

其中，湘潭市的学校配置水平在全省最低，其适龄儿童入学便利度也处于全省较低水平，教育供给水平相对较低，学生就近入学可选择性低，须加大对学校的建设力度，改善学生就学条件，提升教育资源配置水平；益阳市学校配置水平在全省处于中等水平，但其入学便利度在全省最低，说明其不存在教育资源供给不足的情况，但其入学不便利，可选择性低的问题明显，需要进一步加强学校布局的优化，提高学生入学便利度。

5.3.2.2 基本医疗

基本医疗服务的布局及其均等化水平是构建和谐社会的重要内容。通过构建医院布局匹配度、医院配置水平、就医便利化程度来反映各级医疗机构的空间分布和资源配置是否合理。主要以医疗卫生机构床位数为基础，通过分析人口分布指数和床位分布指数，得出医院布局的偏离系数，从而得到医院布局匹配度，医疗机构床位数来自《湖南省统计年鉴 2018》，医院类型及数量来自地理国情监测数据，各市（州）人口数来自《湖南省统计年鉴 2018》。

（1）医院布局匹配度

医院布局匹配度是指医院的位置对于需要接受医疗服务的人民群众居住位置的对应程度，是通过对医院布局偏离系数取倒数后再除以 100 得到的，该数值越大，医院床位分布与人口分布越匹配，数值越小越不匹配。湖南省各市（州）医院布局匹配度如表 5-32 所示。

表 5-32 湖南省各市（州）医院布局匹配度

行政区	人口分布指数	床位分布指数	医院布局偏离系数	医院布局匹配度
长沙市	2.07	2.92	−0.85	−0.01
株洲市	0.53	1.09	−0.56	−0.02
湘潭市	1.59	1.76	−0.16	−0.06
衡阳市	0.83	1.35	−0.52	−0.02
邵阳市	0.75	0.84	−0.09	−0.11
岳阳市	1.09	1.05	0.04	0.25
常德市	0.83	0.95	−0.11	−0.09
张家界市	0.50	0.47	0.03	0.38
益阳市	2.22	1.01	1.21	0.01
郴州市	0.69	0.76	−0.08	−0.13
永州市	1.01	0.78	0.22	0.05
怀化市	0.73	0.56	0.17	0.06
娄底市	2.68	1.44	1.24	0.01
湘西自治州	0.35	0.58	−0.23	−0.04

从湖南省各市（州）医院布局匹配度来看，湖南省整体医院布局匹配度值偏低，仅张家界市、岳阳市、益阳市、永州市、怀化市、娄底市的医院匹配度为正值，其中张家界市的医院匹配度值居全省首位，这是由于张家界市的人口分布指数和床位分布指数均偏小，二者十分接近，所以张家界市的医院布局匹配度在全省来说相对较好；其余市（州）的医院匹配度均为负值，说明这些市（州）的医院匹配度参差不齐，区域医院及其发展不均衡。如长沙市，主要是由于医院集聚度高而不匹配，娄底市则是由于医院分布不足而不匹配。

（2）医院配置水平

医院配置水平是指一个地区医院分布的合理程度和医院数量对该地区人口数量的覆盖程度，医院配置水平的高低是影响该地区人民是否能够正常解决医疗问题的关键。根据医疗资源的层级划分，再结合实际数据，设定三级医院、二级医院以及一级医院服务半径，分别为 2 km、5 km 和 5 km，从而分析不同区域各级医院服务半径居住小区覆盖率和行政村覆盖率。湖南省各市（州）医院配置水平指标如表 5-33 所示。

表 5-33 湖南省各市（州）医院配置水平指标 单位：%

行政区	一级医院2 km 内居住小区覆盖率	一级医院2 km 内行政村覆盖率	二级医院5 km 内居住小区覆盖率	二级医院5 km 内行政村覆盖率	三级医院 5 km 内居住小区覆盖率	三级医院5 km 内行政村覆盖率
长沙市	23.46	0.20	47.75	3.18	49.46	0.00
株洲市	31.46	0.42	49.48	1.26	36.32	0.84
湘潭市	42.00	0.00	68.71	2.35	51.29	0.00
衡阳市	36.36	1.10	56.82	4.54	25.19	0.57
邵阳市	8.58	0.00	39.85	0.67	18.00	0.04
岳阳市	17.44	0.10	57.06	2.95	29.91	0.29
常德市	4.55	0.13	57.06	1.23	30.98	0.06
张家界市	19.39	0.00	40.31	1.69	24.49	0.12
益阳市	42.98	0.21	53.88	1.93	35.64	0.96
郴州市	10.09	0.06	55.37	2.66	24.26	0.00
永州市	24.97	0.19	58.89	2.03	21.07	0.23
怀化市	33.59	0.36	64.55	3.25	22.54	0.81
娄底市	34.66	1.00	66.16	2.90	33.29	0.00
湘西自治州	9.63	0.00	58.11	1.18	15.03	0.35

湖南省各市（州）医院配置水平指数如图 5-7 所示。

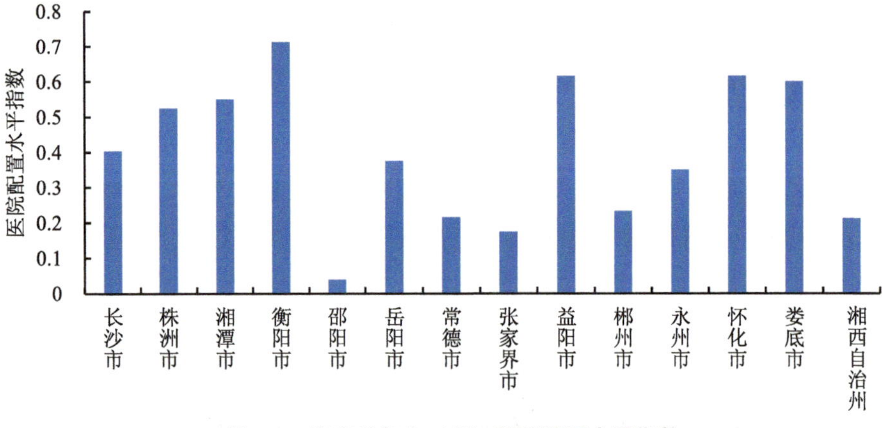

图 5-7 湖南省各市（州）医院配置水平指数

从图 5-7 中可以看出，湖南省各市（州）医院配置水平不均衡，衡阳市的医院配置水平指数最高，超过了 0.7，说明衡阳市的医院在合理服务半径内能够照顾到绝大部分人群，长沙市、株洲市、湘潭市、益阳市、怀化市、娄底市 7 个市的医院配置水平较好，在 0.4～0.6，其他市（州）的医院配置水平较低，均在 0.4 以下。其中，邵阳市的最低，医院配置水平指数不足 0.1，远低于平均水平。综上可知，后期政府应大力对医疗水平落后地区的医疗配套设施的建设，合理规划布局，方便居民的生活。

（3）就医便利度

就医便利度是指有就医需求的人在其居住地服务半径内能够满足其需求的程度和可选择性。将通过分别统计各行政单元内可供选择的一级医院、二级医院、三级医院的总数量，来表征中医院空间分布的合理性，以及居民就医的便利化程度。湖南省各市（州）就医便利度指数如图 5-8 所示。

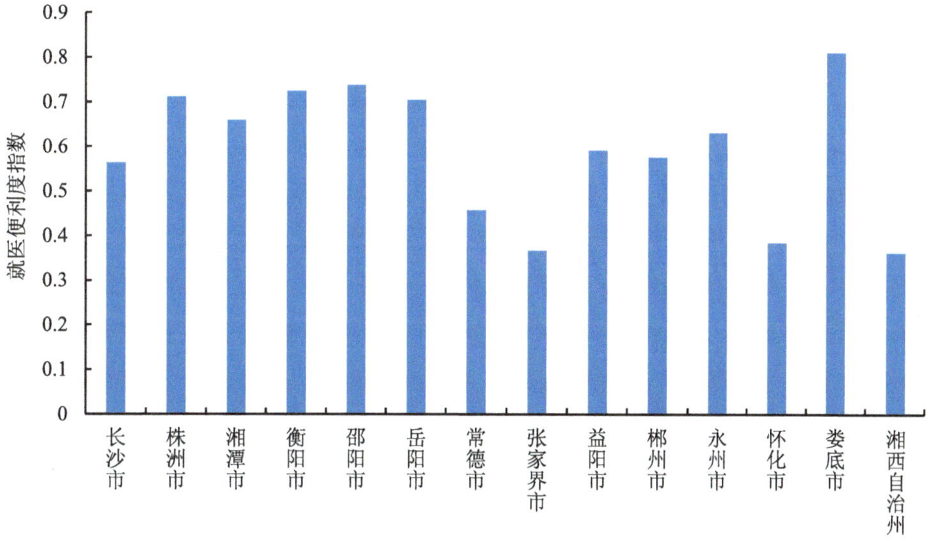

图 5-8　湖南省各市（州）就医便利度指数

由图 5-8 可知，湖南省各市（州）中就医便利度指数最高的是娄底市，超过 0.8，说明医院的空间分布较为合理，而且居民就医也比较方便；就医便利指数最低的是张家界市、怀化市和湘西自治州，不足 0.4，说明这 3 个市（州）医院空间分布不大合理，需要后面进一步对医院的布局进行调整，加强医疗配套设施的建设；其他市（州）就医便利度指数均在 0.4～0.8，空间分布较为合理，也还可以进一步优化布局。

（4）医院布局水平综合评价

通过构建医院布局水平指数对医院布局水平进行综合评价。医院布局水平指数参照均方差决策模型，在前面得出医院覆盖状况和就医便利度指数值的基础上，确定上述医院配置水平、就医便利度的指数权重，从而计算医院布局水平指数。计算出的湖南省各市（州）医院布局水平指数如图 5-9 所示。

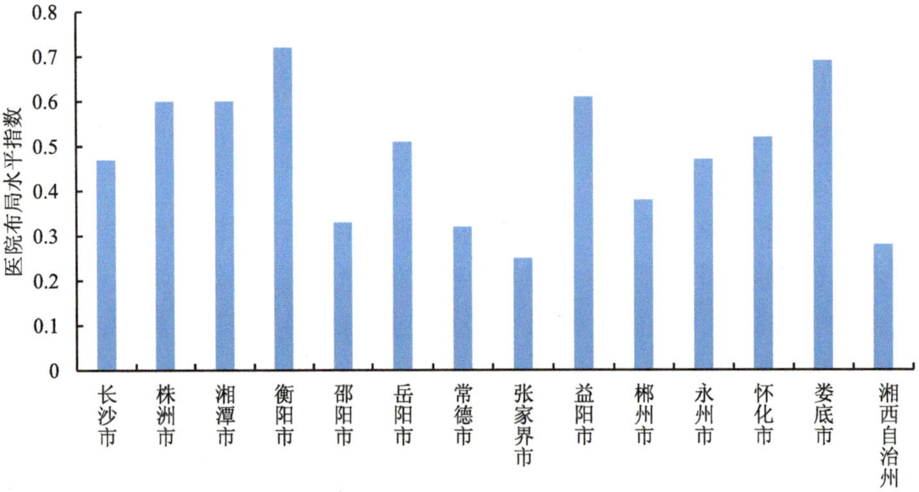

图 5-9　湖南省各市（州）医院布局水平指数

从湖南省各市（州）医院布局水平指数的具体情况来看，衡阳市医院布局水平最高，高达 0.72，说明衡阳医院布局水平较好，也方便居民就医；其次是娄底市、益阳市、株洲市、湘潭市、怀化市、岳阳市，医院布局水平指数在 0.5～0.7，医院布局水平较好；长沙市、永州市、郴州市、邵阳市、常德市的医院布局指数在 0.3～0.5，医院布局水平相对一般；医院布局水平指数最低的是张家界市和湘西自治州，不到 0.3，医院布局水平相对较差。

衡阳市的医院配置水平和就医便利度指数均处于全省较高水平，说明衡阳市在基础医疗布局方面具有较高的首位度，在医院的规划和布局方面比其他市（州）具有更高的合理性。

张家界市、湘西自治州的医院布局水平在全省来说最低，其医院配置水平和就医便利度均属于全省较低行列，说明这两个市（州）的医疗供给水平相对较低，居民就医不方便，需加大医院的建设力度，合理规划布局，改善居民的就医环境。邵阳市的就医便利度指数处于全省较高水平，而其医院配置水平处于全省最低，参照前面两节的内容，可知邵阳市的医院较为分散，且离居民居住地较远，需要进一步进行优化布局。其他市（州）的医院配置水平和就医便利度指数基本上差异不大，可以适当调整医院布局，提升居民的基本医疗服务水平。

5.3.2.3　社会福利服务

随着我国老龄化进程的深入，养老服务已成为反映我国福利机构服务水平最重要的指标，本书从养老机构空间分布和养老机构布局水平两个方面反映养老福利机构覆盖状况以及养老机构的配置水平。养老机构数量来自湖南省地理国情监测数据，各市（州）60 岁以上老年人口数据根据《2017 年度老龄事业发展统计公报》对《湖南省统计年鉴 2018》相关数据进行推算得到。

（1）养老机构布局匹配度

养老机构布局匹配度是指养老机构的位置对于需要接受养老服务的老年人口居住位置的对应程度，是通过对养老机构布局偏离系数取倒数后再除以 100 得到的，该数值越大，养老机构分布与老年分布越匹配，数值越小越不匹配。湖南省各市（州）养老机构布局匹配度如表 5-34 所示。

表 5-34　湖南省各市（州）养老机构布局匹配度

行政区	养老机构分布指数	老年人口分布指数	养老机构布局偏离系数	养老机构布局匹配度
长沙市	1.23	2.07	0.84	0.01
株洲市	1.07	1.10	0.03	0.32
湘潭市	1.07	1.76	0.69	0.01
衡阳市	0.90	1.45	0.56	0.02
邵阳市	0.89	1.09	0.20	0.05
岳阳市	1.33	1.19	−0.14	−0.07
常德市	1.20	0.99	−0.20	−0.05
张家界市	0.88	0.50	−0.38	−0.03
益阳市	0.72	1.10	0.38	0.03
郴州市	1.03	0.76	−0.27	−0.04
永州市	1.05	0.76	−0.29	−0.03
怀化市	0.65	0.56	−0.09	−0.11
娄底市	1.24	1.49	0.25	0.04
湘西自治州	1.14	0.53	−0.62	−0.02

由表 5-34 可知，湖南省各市（州）的养老机构布局匹配度均处于较低水平，说明各市（州）的养老机构资源分布不合理，要么数量过度集中、要么分散数量不足。株洲市

的养老机构布局匹配度最高，其养老机构分布指数和老年人口分布指数十分接近，说明其养老资源的布局合理且规划适度，能较大效率对现有养老资源进行利用。其他市（州）的养老机构布局匹配度均较小，说明其养老机构和老年人口不匹配，但其不匹配的原因也有多种。如长沙市，主要是由于老年人口集聚度高，养老机构相对不足而不匹配；娄底市是由于医院分布不足而不匹配；怀化市是由于养老机构相对充裕，老年人口数量不足，造成养老资源的浪费而不匹配。

（2）养老机构布局水平综合评价

养老机构是指为老年人提供饮食起居、清洁卫生、生活护理、健康管理和文体娱乐活动等综合性服务的机构。它可以是独立的法人机构，也可以是附属于医疗机构、企事业单位、社会团体或组织、综合型社会福利机构的一个部门或者分支结构。本书通过湖南省各市（州）的养老机构服务半径内居住小区覆盖率和养老机构服务半径内行政村覆盖率来测度各市（州）的养老机构配置水平。与医疗机构的服务半径一样，养老机构的服务范围也受各机构自身服务能力、周边人口和交通条件的制约，不同水平养老机构的服务半径也必然存在差异。参照湖南省养老机构实际情况，统一设置养老机构服务半径为 5 km，从而对湖南省各市（州）养老机构的配置水平进行分析比较。湖南省各市（州）养老机构布局水平指数如图 5-10 所示。

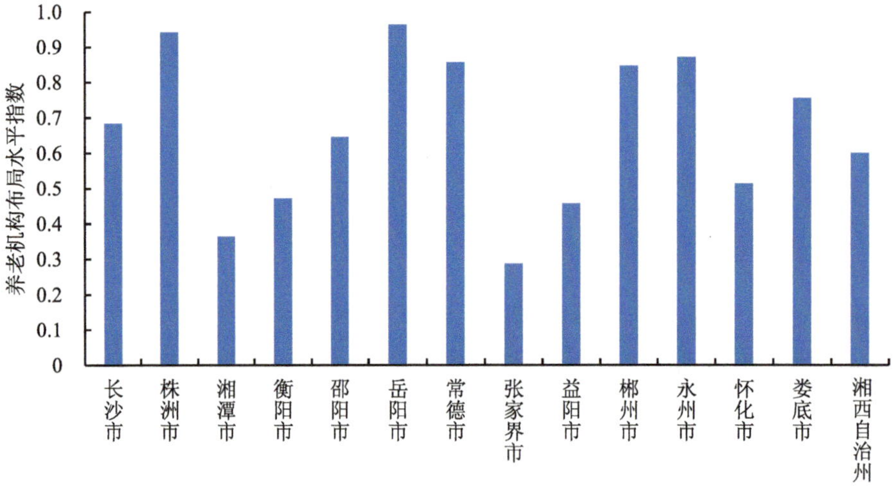

图 5-10 湖南省各市（州）养老机构布局水平指数

由图 5-10 可知，湖南省各市（州）养老机构布局水平不均衡，市（州）之间的养老机构布局水平差异较大。岳阳市、株洲市的养老机构布局水平指数均超过 0.9，养老机构布局处于全省最高水平；其次是永州市、常德市、郴州市、娄底市 4 个市，其养老机构布局水平指数在 0.7～0.9，养老机构布局水平较高；长沙市、邵阳市、湘西自治州、怀化市 4 个市（州）的养老机构布局水平指数在 0.5～0.7，养老机构布局水平较好；其余 4 个市（州）的养老机构布局水平指数不足 0.5，其中张家界市的养老机构布局水平最低，不足 0.3，说明养老机构布局水平相对较低。

总体来说，湖南省养老服务体系建设取得了一定的成绩，但是仍存在许多问题，个别市（州）养老服务供需之间不平衡，需要在后续工作中进一步调整优化，加强养老服务的各方面建设，关爱老年人群体。

5.3.2.4　综合评价及建议

通过对基础教育、基本医疗、养老服务水平的综合评价结果可以发现，在中央和地方的长期努力下，湖南省基础教育事业取得很大进展，各市（州）的学校布局水平还是存在差异，但总体发展较好，整体开始进入质量提高型发展阶段；基本医疗资源在各市（州）之间的分布不均衡，高等级医院大多集聚在经济发达地区，偏远地区的居民想就近获得高水平医疗救治比较困难；养老服务事业总体来说较好，但区域之间的布局差异也比较明显，存在供给不平衡的现象，人口集聚大的地区无法很好地应对日益严重的人口老龄化问题。以下通过构建基本公共服务综合指数对湖南省各市（州）基本公共服务发展进行综合评价。

（1）综合评价

用前面计算得到的学校布局水平指数、医院布局水平指数、养老机构布局水平指数 3 个方面构建湖南省各市（州）基本公共服务发展各个指标，如图 5-11 所示。

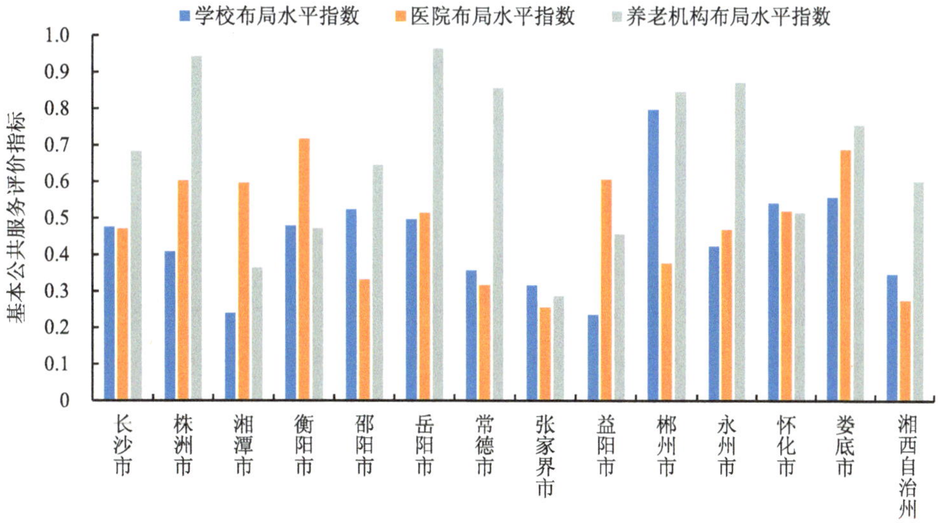

图 5-11　湖南省各市（州）基本公共服务评价指标

由图 5-11 可知，湖南省各市（州）基本公共服务发展 3 个指标的发展差异也较大，不是各方面均衡发展。对上述指标进行归一化处理并采用均方差决策模型分析，可确定指标权重，得出基本公共服务发展水平指数。计算得到湖南省各市（州）基本公共服务发展水平如图 5-12 所示。

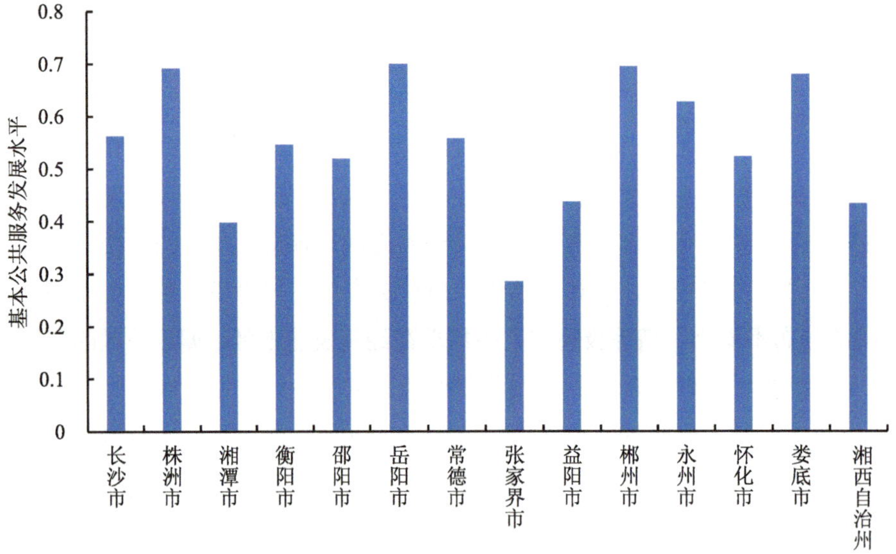

图 5-12 湖南省各市（州）基本公共服务发展水平

由图 5-12 可知，湖南省各市（州）基本公共服务发展水平较为不均衡，基本公共服务发展水平最高的是株洲市，岳阳市、郴州市、娄底市均超过 0.65，说明这 3 个市总体基本公共服务发展水平较高；其次是长沙市、衡阳市、邵阳市、常德市、怀化市，这 5 个市的基本公共服务发展水平指数在 0.5～0.6，说明这 5 个市基本公共服务发展水平较好；其他的市（州）基本公共服务发展水平指数不足 0.5，其中张家界市的最低，不足 0.3，与最高的市相差超过 1 倍，说明基本公共服务整体发展水平相对较差。

（2）特征总结

目前，湖南省各市（州）基本公共服务发展主要存在以下 3 个特点：

①基础教育资源的配置正在从数量型发展阶段转换到质量型发展阶段，能基本满足适龄儿童的就学需求，但总体来讲各市（州）学校配置较不均衡，入学便利度差异较大，因此优化学校的布局已成为大势所趋。

②基本医疗资源在各市（州）之间的分布不均衡，尤其是高等级医院大多集聚在经济发达、交通便利地区。这既不利于居民就近就便享受医疗服务，增加了就医成本，又给这个地区的医疗资源配置带来了很大压力，诱发高等级医院的医疗资源的扩张冲动，进一步加剧医疗资源配置的分化。因此，如何合理优化高等级医院的布局，提高低等级

医院的医疗诊断治疗能力，是下一步需要考虑的问题。

③养老服务业发展不均衡，养老机构布局匹配度均处于较低水平，各市（州）的养老机构资源分布不合理，要么分布过度集中、要么数量不足，供需不平衡。亟须优化养老机构布局，提高服务质量等问题。

（3）对策建议

针对上述问题，湖南省可以从以下几个方面去推动基本公共服务事业的发展，全面提高湖南省各市（州）基本公共服务发展水平：

进一步加强农村地区、偏远地区和城市流动人口密集区等教育薄弱地区的中小学学校布局优化。综合考虑周边人口分布、交通条件等因素，对现有校区进行优化调整、合并等，并加强配套设施的建设，保障适龄儿童就近就便入学的同时着力提高教育质量和教育水平，确保教育机会的公平性，促进基础教育均等化发展。

改善经济相对落后地区的医疗卫生条件，加强非核心区域的医疗资源供给水平，提升二级以下医院的医疗诊断治疗能力，优化医院结构布局，促进优质医疗资源的合理分配，提高小城镇和农村居民的医疗便利度，促进基础医疗均等化发展。

全面提高养老机构配置水平和质量，增加老龄化问题严重地区的养老机构规模，提升养老机构服务质量，加强配套设施建设，推动养老机构多元发展，保障特定老年人群的基本生存权和社会发展权，促进社会福利均等化发展。

5.3.3　城镇发展评价

城镇发展评价主要分析湖南省各区域与城镇发展相关的自然、人文要素的空间分布、集聚程度及地域差异等特征。本节基于地理国情监测成果，结合专题统计数据，主要从地表利用经济效益、交通基础设施配置水平、公共服务设施配置水平、生态空间状况、文化科技建设及资源可利用程度 6 个方面分析湖南省新型城镇发展现状，以期从优化产业结构布局、完善公共服务设施、改善生态环境等方面提供科学的指导。所用数据大部分来源于 2017 年湖南省地理国情监测数据，其余数据来源于《湖南省统计年鉴 2018》。

（1）地表利用经济效益

城镇地表利用经济效益是指对城镇地表的投入与取得有效产品（或服务）之间的比较。城镇地表利用经济效益能够客观地反映城市经济发展水平和集中程度，湖南省各市（州）地表利用经济效益分布指数如表 5-35 所示。

长沙市的地表利用经济效益指数最高，达到 94.20；其次是湘潭市和娄底市，指数分别为 63.44 和 50.87。地表利用经济效益指数最低的是怀化市，仅为 0.39，其他大部分市（州）的地表利用经济效益指数介于 4～31。长沙市地表利用经济效益指数最高，主要是由于 GDP 产值在湖南省 GDP 总产值所占比重较大，经济发展水平较高，且建设用地面积占比、工矿企业分布指数以及多层及以上独立房屋建筑分布指数都排名全省前列。怀化市地表利用经济效益排名末位，尽管土地面积全省最大，但工矿企业面积占比极低，建设用地面积占比和多层及以上独立房屋建筑分布指数也是全省最低。

表 5-35 湖南省各市（州）地表利用经济效益指标、权重与地表利用经济效益指数

行政区	经济地理集中度	建设用地面积占比/%	工矿企业分布指数	多层及以上独立房屋建筑分布指数	地表利用经济效益指数
长沙市	5.25	13.80	3.93	3.86	94.20
株洲市	1.37	7.59	0.10	0.81	19.72
湘潭市	2.43	10.93	4.92	1.28	63.44
衡阳市	1.16	7.54	1.23	0.93	26.05
邵阳市	0.47	4.98	1.18	1.29	19.23
岳阳市	1.27	6.94	2.15	0.90	30.37
常德市	1.04	5.50	0.51	0.95	16.75
张家界市	0.34	3.08	0.50	0.43	4.52
益阳市	0.79	5.71	0.00	0.77	11.95
郴州市	0.68	4.77	0.02	0.52	7.72
永州市	0.45	4.69	0.55	0.88	12.00
怀化市	0.31	2.97	0.01	0.30	0.39
娄底市	1.06	8.16	3.39	2.61	50.87
湘西自治州	0.23	3.28	0.65	0.43	5.33

（2）交通基础设施配置水平

城镇交通基础设施是指顺利进行各种经济活动和其他社会活动所必须具备的城镇交通工程设施资源的总称，主要通过公路网络密度、城市路网密度、乡村路网密度、高等级公路网络密度、人均露天停车场面积和人均路面面积 6 个指标，利用均方差决策模型确定各指标的权重，构建交通基础设施配置水平指数。湖南省各市（州）交通基础设施配置水平指数分布如表 5-36 所示。

表 5-36　湖南省各市（州）交通基础设施配置水平指数

行政区	交通基础设施配置水平指数	行政区	交通基础设施配置水平指数
长沙市	91.12	张家界市	15.40
株洲市	55.37	益阳市	31.80
湘潭市	65.40	郴州市	31.26
衡阳市	29.36	永州市	29.21
邵阳市	7.78	怀化市	19.13
岳阳市	24.32	娄底市	44.39
常德市	36.42	湘西自治州	21.07

长沙市交通基础设施配置水平指数最高，为 91.12；其次是湘潭市和株洲市，指数分别为 65.40 和 55.37。交通基础设施配置水平指数最低的为邵阳市，仅为 7.78；其他市（州）的交通基础设施配置水平指数均在 15～45。

（3）公共基础设施配置水平

城市公共基础设施配置水平主要通过每万人拥有小学数量、每万人拥有中学数量、小学校区服务覆盖率、中学校区服务覆盖率、医院服务覆盖率、每 10 万人拥有医生数以及体育活动、休闲娱乐面积占比 7 个指标进行分析，湖南各市（州）公共基础设施配置水平指数分布如表 5-37 所示。

表 5-37　湖南省各市（州）公共基础设施配置水平指数分布

行政区	每万人拥有小学数量/所	每万人拥有中学数量/所	小学校区服务覆盖率/%	中学校区服务覆盖率/%	医院服务覆盖率/%	每 10 万人拥有医生数/人	体育活动、休闲娱乐面积占比/%	公共基础设施配置水平指数
长沙市	1.12	0.4	30.23	37.94	33.95	364	0.05	42.02
株洲市	0.88	0.48	29.27	42.80	33.51	252	0.11	41.50
湘潭市	1.32	0.58	20.29	47.14	32.15	245	0.02	45.16
衡阳市	1.81	0.61	37.13	46.74	26.91	239	0.00	55.09
邵阳市	1.51	0.63	33.82	42.28	16.14	156	0.10	37.49
岳阳市	1.23	0.51	34.96	48.22	27.61	251	0.57	59.23
常德市	0.77	0.48	25.61	56.24	32.20	248	0.01	43.86
张家界市	0.76	0.64	22.45	47.96	22.47	202	0.00	33.31

行政区	每万人拥有小学数量/所	每万人拥有中学数量/所	小学校区服务覆盖率/%	中学校区服务覆盖率/%	医院服务覆盖率/%	每10万人拥有医生数/人	体育活动、休闲娱乐面积占比/%	公共基础设施配置水平指数
益阳市	0.90	0.50	25.37	46.75	11.83	231	0.03	23.25
郴州市	0.81	0.61	47.22	50.56	26.61	219	0.03	51.45
永州市	0.83	0.59	24.77	46.35	10.35	211	0.01	23.23
怀化市	0.50	0.73	35.56	57.88	23.26	224	0.00	49.85
娄底市	1.94	0.72	28.89	51.86	16.60	225	0.00	51.69
湘西自治州	0.80	0.68	36.15	52.36	12.67	210	0.01	38.31

岳阳市公共服务设施配置水平指数最高，为59.23；其次为衡阳市、娄底市和郴州市，指数分别为55.09、51.69和51.45。公共服务设施配置水平指数最低的为永州市和益阳市，其指数分别为23.23和23.25；其他市（州）的公共服务设施配置水平指数均在33～49。

（4）生态空间状况

湖南省各市（州）生态空间状况指数如表5-38所示，大湘西地区的生态空间状况指数普遍高于其他地区。怀化市的空间状况指数最高，达到70.40；其次为张家界市、湘西自治州和常德市，分别为67.96、61.80和61.73。生态空间状况最差的是长沙市，为12.59，仅是怀化市的1/6，其他大部分市（州）的生态空间状况指数介于30～60。

表5-38 湖南省各市（州）生态空间状况指数

行政区	生态空间指数	行政区	生态空间指数
长沙市	12.59	张家界市	67.96
株洲市	41.67	益阳市	56.40
湘潭市	24.05	郴州市	54.65
衡阳市	36.40	永州市	51.13
邵阳市	41.82	怀化市	70.40
岳阳市	50.09	娄底市	28.62
常德市	61.73	湘西自治州	61.80

（5）文化科技建设

文化科技建设主要从风景名胜区、旅游区面积占比、每万人拥有图书馆数量、高等院校数量、自然、文化保护区面积占比等指标进行分析评价，湖南省各市（州）的文化科技建设指数如表 5-39 所示。

表 5-39　湖南省各市（州）文化科技建设指数

行政区	文化科技建设指数	行政区	文化科技建设指数
长沙市	35.79	张家界市	48.27
株洲市	21.09	益阳市	12.90
湘潭市	10.98	郴州市	17.70
衡阳市	18.27	永州市	23.96
邵阳市	21.55	怀化市	24.06
岳阳市	37.70	娄底市	7.75
常德市	7.00	湘西自治州	59.03

湖南省各市（州）的文化科技建设指数整体分布不均衡，湘西自治州和张家界市的文化科技建设指标明显高于其他市（州），其文化科技建设指数分别为 59.03 和 48.27；其次为岳阳市和长沙市，指数分别为 37.70 和 35.79。文化科技建设指数最低的为常德市和娄底市，其指数分别为 7.00 和 7.75，其他大部分市（州）的文化科技建设指数介于 10～25。湘西自治州和张家界市的文化科技建设指数最高：一是由于两市（州）的自然、文化保护区面积占比和风景名胜区、旅游区面积占比较高，且该两项指标的权重大；二是由于两市（州）的人口相对较少，从而每万人拥有图书馆数量也较高。岳阳市和长沙市的文化科技建设指数次之，岳阳市的自然、文化保护区面积占比全省最高，长沙市的普通高等学校数全省最高，风景名胜区、旅游区面积占比也排名前列。

（6）资源可利用程度

湖南省各市（州）的资源可利用程度主要由土地垦殖率、耕地灌溉率、泥土地表面积占比、低坡荒漠裸露地占比、堆放物面积占比以及废弃房屋建筑区面积占比 6 个指标进行体现，资源可利用指数越高，表明资源可利用程度越高，可复用及后备地表资源越丰富；资源可利用指数越低，表明资源可利用程度越低，可复用及后备地表资源越匮乏。湖南省资源可利用程度指标如表 5-40 所示。

表 5-40 湖南省各市（州）资源可利用程度指标

行政区	土地垦殖率	耕地灌溉率	泥土地表面积占比	低坡荒漠裸露地占比	堆放物面积占比	废弃房屋建筑区面积占比	资源可利用指数
长沙市	0.22	0.88	0.49	0.00	0.01	0.00	53.78
株洲市	0.18	0.79	0.10	0.00	0.02	0.00	27.47
湘潭市	0.31	0.92	0.11	0.00	0.02	0.00	44.86
衡阳市	0.26	0.72	0.12	0.00	0.04	0.00	39.73
邵阳市	0.24	0.58	0.09	0.00	0.01	—	18.76
岳阳市	0.27	0.79	0.98	0.01	0.01	0.00	63.80
常德市	0.30	0.85	0.23	0.00	0.01	0.00	41.42
张家界市	0.16	0.37	0.05	0.00	0.01	—	2.16
益阳市	0.26	0.74	0.57	0.01	0.01	0.00	49.69
郴州市	0.16	0.63	0.17	0.00	0.05	0.00	28.40
永州市	0.19	0.69	0.31	0.00	0.01	0.00	30.49
怀化市	0.15	0.50	0.07	0.00	0.01	0.00	6.99
娄底市	0.27	0.46	0.22	0.00	0.03	0.00	34.42
湘西自治州	0.18	0.61	0.05	0.00	0.06	0.00	36.10

岳阳市的资源可利用指数最高，达到 63.80；其次为长沙市、益阳市和湘潭市，指数分别为 53.78、49.69 和 44.86。资源可利用指数最低的为张家界市和怀化市，分别为 2.16 和 6.99，不足岳阳市的 1/6。其他市（州）的资源可利用指数均介于 20～40。

（7）城镇发展评价指数

城镇发展评价指数，从地表利用经济效益、交通基础设施配置水平、公共基础设施配置水平、生态空间状况、文化科技建设和资源可利用程度 6 个方面进行综合评价。依据城镇发展指数，求出各指标值的均方差进而确定各指标的权重，最后依据权重进行加权计算，得出湖南省各市（州）城镇发展评价指数，如表 5-41 所示。

湖南省各市（州）城镇发展评价指数综合对比见图 5-13，湖南省城镇发展评价指数的平均值为 43.60。长沙市和岳阳市的城镇发展评价指数远高于全省均值，分别为 64.06 和 63.35，属于湖南省城镇发展较好的地区；湘西自治州、湘潭市、衡阳市、常德市、娄底市、郴州市和株洲市，城镇发展次之，城镇发展评价指数分别为 51.43、48.33、44.70、43.17、42.99、42.35 和 41.07，湘西自治州的城镇发展评价指数较高主要是生态空间状况和文化科技建设指数较高，且两指数的权重贡献较大；而邵阳市、张家界市、益阳市、永州市和怀化市的城镇发展指数较低，其值均低于 40.00，与全省的均值相差较大。

表 5-41　湖南省各市（州）标准化的城镇发展评价指数

行政区	地表利用经济效益指数	交通基础设施配置水平指数	公共基础设施配置水平指数	生态空间状况指数	文化科技建设指数	资源可利用程度指数	城镇发展指数
长沙市	94.20	91.12	42.02	12.59	35.79	53.78	64.06
株洲市	19.72	55.37	41.50	41.67	21.09	27.47	41.07
湘潭市	63.44	65.40	45.16	24.05	10.98	44.86	48.33
衡阳市	26.05	29.36	55.09	36.40	18.27	39.73	44.70
邵阳市	19.23	7.78	37.49	41.82	21.55	18.76	28.13
岳阳市	30.37	24.32	59.23	50.09	37.70	63.80	63.35
常德市	16.75	36.42	43.86	61.73	7.00	41.42	43.17
张家界市	4.52	15.40	33.31	67.96	48.27	2.16	37.19
益阳市	11.95	31.80	23.25	56.40	12.90	49.69	33.94
郴州市	7.72	31.26	51.45	54.65	17.70	28.40	42.35
永州市	12.00	29.21	23.23	51.13	23.96	30.49	30.51
怀化市	0.39	19.13	49.85	70.40	24.06	6.99	39.23
娄底市	50.87	44.39	51.69	28.62	7.75	34.42	42.99
湘西自治州	5.33	21.07	38.31	61.80	59.03	36.10	51.43

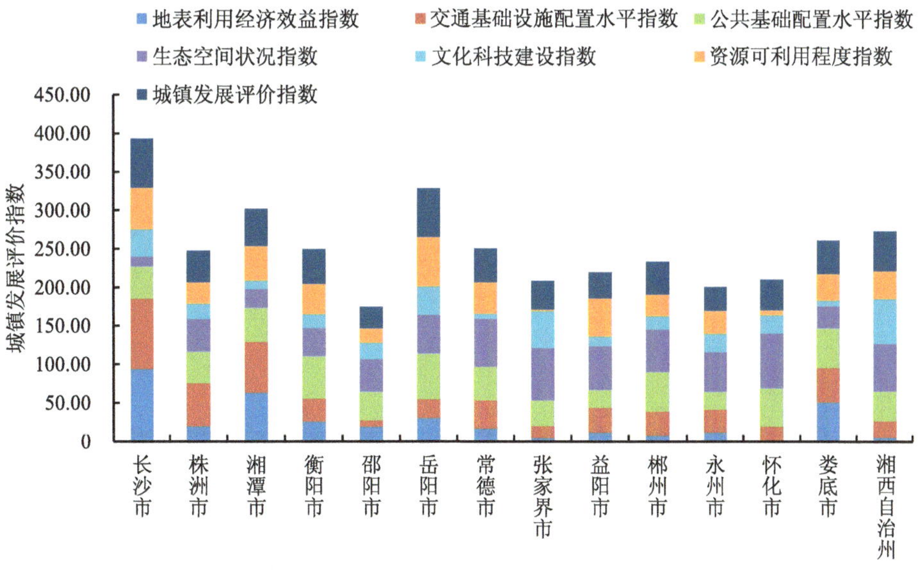

图 5-13　湖南省各市（州）城镇发展评价指数综合对比

湖南省各市（州）交通基础设施配置水平、资源可利用程度、地表利用经济效益的离散程度、生态空间状况和文化科技建设，其中公共基础设施配置水平的离散程度最大，而交通基础设施配置水平的离散程度最小。这表明公共基础设施配置水平、生态空间状况和文化科技建设对城镇发展的影响较大，而交通基础设施配置水平、资源可利用程度和地表利用经济效益的离散程度对城镇发展的影响相对较小。例如，公共基础设施配置水平较高的岳阳市、衡阳市和娄底市等，其交通基础设施配置水平较低；湘西自治州等生态空间状况和文化科技建设较好，而地表利用经济效益较差，城镇发展状况也较好。但也有生态空间状况和文化科技建设较好，而地表利用经济效益的离散程度和资源可利用程度较差的市（州），如怀化市、张家界市等，城镇发展综合指数较差。

综合以上分析，可得出湖南省城镇发展的结论如下：

①湖南省各市（州）城镇发展的水平差异较大。长沙市和岳阳市的城镇发展水平位居全省前列，属第一层级；湘西自治州、湘潭市、衡阳市、常德市、娄底市、郴州市和株洲市的城镇发展水平次之，属第二层级；而邵阳市、张家界市、益阳市、永州市和怀化市的城镇发展水平较差。不同层级之间的城镇发展水平也较大。

②存在城镇发展水平与生态空间状况不匹配的状况。如长沙市的城镇发展水平全省最高，地表利用经济效益和交通基础设施配置水平也都是全省发展最好，而其生态空间状况是全省最差的，这种城镇发展水平与生态空间状况不匹配的状况，不利于实现城镇的可持续发展，也不利于生态文明的建设。

③交通基础设施配置水平和公共基础设施配置水平是推动地表利用经济效益提高的重要动力，也是促进城镇发展的重要基础。株洲市、湘潭市、娄底市和常德市等市（州）的交通基础设施配置水平和公共基础设施配置水平较高，地表利用经济效益相对较好，推动了城镇发展。

④生态空间状况和文化科技发展是推动城镇发展的重要基础。生态空间状况是展现城镇自然资源的重要方面，文化科技发展状况体现了城镇的发展底蕴，两者的发展推动城镇的生态环境和人文环境进一步优化，从而推动城镇发展的综合提高。如湘西自治州、岳阳市等市（州），生态空间状况指数和文化科技发展指数均较高，城镇发展综合指数也较高。

（8）建议

本书以省域内市（州）行政单元构建的指标体系进行分析评价，指标的设置参考了相关专题作出的研究以及专家的指导。目的通过综合分析湖南省各市（州）的城镇发展状况，为提高城镇发展质量，实现城镇的可持续发展提供重要参考。通过对湖南省各市（州）城镇发展的评价，发现各市（州）在城镇发展水平上存在显著差异。为了提高城镇的高水平发展，建议如下：

①各市（州）要充分利用各自优势，因地制宜地进行城镇发展。交通基础设施发展较好，公共基础配套设施较完善的市（州），要发挥其优势，如株洲、湘潭和岳阳等市（州），利用其较好的交通条件和较完善的公共基础配套设施，进一步提高城镇发展水平，打造湖南省的高水平发展城市群。生态空间状况较好，而文化科技状况较差的市（州），如常德市、益阳市等，要利用其良好的生态环境，打造文化科技产业园，吸引大量优秀人才，推动城镇的高质量发展。

②提高城镇发展与生态空间状况的匹配程度。党的十九大报告提出，要加快生态文明体制改革，建设美丽新中国。这意味着城镇发展要守住生态底线，保护绿水青山。如长沙市、湘潭市等市（州），城镇发展水平较高，而生态空间状况较差，这严重影响了城镇的可持续发展，可通过调整产业结构，优化生态环境，为城镇发展提供良好的生态生产环境。

③加强欠发达地区交通基础设施的建设，促进区域经济发展，提高城镇化水平。交通是联系地理空间内社会经济活动的纽带，对推动区域内各种生产要素的有效流动具有重要作用。邵阳市、怀化市、张家界市等市（州），交通基础设施配置情况较差，也是湖南省精准扶贫的重点区域，加强交通基础设施的建设，可以有效加强各项经济活动的开展，提高经济发展水平，从而推动城镇化建设。

④城镇发展是一个综合发展的过程，需要地表利用经济效益、交通基础设施、公共基础设施、生态、文化科技等多方面的协同发展。

5.3.4　地表生态格局分析

地表生态格局分析评价是对一个区域内各个生态系统，特别是起主要作用的生态系统本身质量的评价。本节基于湖南省地理国情监测成果，结合专业部门相关数据，从生态状况、生态压力和生态保护与防治的角度对湖南省 14 个市（州）的相关生态学指标进行定量评估，通过横向分析、类比分析、综合指数等方法分析空间分异规律，揭示湖南省资源、生态、环境的变化，为改善区域生态环境提供理论参考依据，对实现资源环境的协调可持续发展具有重要的现实意义。

本节所用数据大部分来源于 2017 年湖南省地理国情监测数据，城市环境空气质量优良率和二氧化硫年均浓度数据来源于 2017 年湖南省环境质量状况，其余数据来源于《湖南省统计年鉴 2018》。

（1）生态状况评价

生态状况主要是从自然生态空间覆盖率、自然生态空间破碎度、自然生态空间多样性、城市环境空气质量优良率、水网密度指数等方面进行分析。依据第一次全国地理国情普查指标体系，自然生态地表包括园地、林地、草地（稀疏灌丛除外）、荒漠与裸露地和水域。依据自然生态空间覆盖率、自然生态空间破碎度、自然生态空间多样性、城市环境空气质量优良率、水网密度指数，求出各指标的均方差，利用均方差模型求出各指标的权重，然后利用加权平均，得到湖南省各市（州）生态状况水平情况，如表 5-42 所示。

表 5-42 湖南省各市（州）生态状况水平情况

行政区	自然生态空间覆盖率/%	自然生态空间破碎度	自然生态空间多样性	城市环境空气质量优良率/%	水网密度指数/（m/km^2）	生态状况指数
长沙市	64.36	48.63	2.23	71.8	964.21	37.32
株洲市	73.93	47.26	2.23	74.5	876.90	47.38
湘潭市	58.20	50.22	2.03	73.2	1 047.72	27.34
衡阳市	66.20	59.84	2.12	78.9	918.59	37.49
邵阳市	71.48	44.34	1.90	76.7	832.53	36.09
岳阳市	65.85	47.38	2.17	83.6	1 208.20	56.56
常德市	64.09	49.99	2.29	75.3	1 545.61	54.62
张家界市	81.15	31.07	1.78	88.8	676.82	57.56
益阳市	68.23	50.00	2.01	83.3	1 652.43	59.74
郴州市	79.42	33.32	1.92	89.6	666.41	61.28
永州市	76.42	34.78	2.15	82.2	788.15	60.25
怀化市	82.52	38.10	1.94	86.3	884.41	62.88
娄底市	64.82	67.71	2.06	87.1	947.27	41.58
湘西自治州	78.50	28.48	1.84	89.3	674.33	59.58
最大值	82.52	67.71	2.29	89.6	1 652.43	62.88
最小值	58.20	28.48	1.78	71.8	666.41	27.34

湖南省生态环境状况较好的地区主要分布在郴州市、永州市、怀化市、益阳市，而湘潭市、衡阳市、长沙市的生态环境状况较差，其他地区处于中等水平，这是因为湖南省的东南部、西部自然生态空间覆盖率较高，分布相对集中，而湖南省中东部地区植被覆盖率较低，分布相对分散，城市环境空气质量优良率也较低。

（2）生态压力评价

生态压力主要是用二氧化硫年均浓度、不透水地表面积比率、人口密度 3 个指标进行分析。二氧化硫年均浓度和不透水地表面积比率主要表现人类干扰的强度，人口密度展现人类消耗的速率，湖南省各市（州）生态压力指数分布如表 5-43 所示。

表 5-43 湖南省各市（州）生态压力指数分布

行政区	二氧化硫年均浓度/（μg/m³）	不透水地表面积比率/%	人口密度/（人/km²）	生态压力指数
长沙市	13	12.38	670.14	81.71
株洲市	19	6.78	357.59	45.89
湘潭市	20	10.16	569.81	74.48
衡阳市	16	6.51	470.96	49.58
邵阳市	29	4.58	354.17	49.08
岳阳市	14	6.27	385.62	40.33
常德市	12	5.29	321.54	29.90
张家界市	8	2.90	160.65	5.15
益阳市	13	5.46	356.48	34.16
郴州市	15	4.05	244.62	23.33
永州市	12	4.01	246.16	19.87
怀化市	11	2.74	179.95	9.38
娄底市	17	7.50	483.08	55.19
湘西自治州	4	2.92	170.53	1.36
最大值	29	12.38	670.14	81.71
最小值	4	2.74	160.65	1.36

湖南省生态压力指数较高的市（州）主要分布在湖南东北部、中部，说明这些地区的城市生态环境压力较大，污染程度较大，人类活动对该区域的生态环境造成的压力较大。湖南省生态环境压力指数最高的城市是长沙市，生态压力指数为 81.71，这说明社会生产和生活活动对长沙市生态环境造成的压力较大。湖南省 14 个市（州）除了生态环境压力指数较高的地区和长沙市，还有湘潭市、娄底市、衡阳市，指数分别为 74.48、55.19、49.58，这些地区人类活动对生态环境造成的压力也较大。生态压力指数最低的是湘西自治州，其次是张家界市、怀化市，可见这些地区人类活动对生态环境造成的压力较小。

（3）生态保护与防治评价

生态保护反映出人类对生态修复的力度，从城市污水处理率、湿地保护区占比、自然保护区占比、地质公园占比、森林公园占比等指标进行生态保护分析，力求加大生态保护力度，促进社会经济可持续发展与生态文明建设。

湖南省各市（州）生态保护与防治指数分布如表 5-44 所示，生态保护与防治指数较高的市（州）主要分布在湖南北部和南部地区，湖南中部地区的生态保护与防治指数较低。其中，生态保护与防治指数较高的地区环境保护意识较强，环境保护程度较好，其他地区需要加大生态保护与防治的力度。生态保护与防治指数最高的市（州）是岳阳市，指数为 56.27；生态保护与防治指数最高的市（州）是湘潭市，指数为 13.65。

表 5-44 湖南省各市（州）生态保护与防治指数分布

行政区	城市污水处理率/%	湿地保护区占比/%	自然保护区占比/%	地质公园占比/%	森林公园占比/%	生态保护与防治指数
长沙市	98.14	0.31	0.40	1.63	1.83	25.99
株洲市	97.02	0.11	3.16	1.40	2.76	28.84
湘潭市	96.20	0.59	0.00	—	0.35	13.65
衡阳市	93.43	0.07	2.63	0.13	1.37	16.33
邵阳市	89.33	0.09	2.63	1.31	2.83	22.73
岳阳市	95.41	17.43	14.5	0.55	1.16	56.27
常德市	99.82	2.56	1.91	1.78	0.86	34.66
张家界市	95.15	0.00	5.58	4.17	1.23	27.88
益阳市	95.00	10.21	5.83	5.62	1.26	46.54
郴州市	95.10	0.74	1.58	1.56	3.51	35.82
永州市	91.64	0.29	5.07	—	3.82	31.99
怀化市	91.73	0.80	2.19	0.61	1.37	20.39
娄底市	97.05	0.40	1.01	0.64	3.00	22.90
湘西自治州	92.00	0.60	6.99	7.03	0.83	37.43

（4）地表生态格局评价结果

湖南地表生态格局情况如表 5-45 所示，湘西自治州的地表生态格局指数为 83.35，为全省最高，湘潭市的地表生态格局指数为 3.01，为全省最低。湖南省地表生态格局指数较高的市（州）主要分布在湖南南部和北部地区，而中部地区的地表生态格局指数普遍较低，这是因为湖南南部、北部自然环境好，人口分布基数较小，污染较少；而湖南省中部地区包含省会城市，人口分布较为集中，城市发展较快，污染较为严重，因此地表生态格局水平较低。

表 5-45　湖南省各市（州）地表生态格局指数分布

行政区	地表生态格局指数	行政区	地表生态格局指数
长沙市	18.96	张家界市	72.97
株洲市	46.23	益阳市	76.29
湘潭市	3.01	郴州市	74.82
衡阳市	25.70	永州市	72.51
邵阳市	28.98	怀化市	71.41
岳阳市	77.29	娄底市	32.20
常德市	64.42	湘西自治州	83.35

综合以上分析，湖南省地表生态格局评价可以得出以下结论：

①地表生态格局评价包括生态状况、生态压力、生态保护与防治 3 个方面，根据其在地表格局所占的比重可以得出生态状况所占的比重最大，其次是生态压力，最后是生态保护。

②湘西自治州、岳阳市、益阳市等 8 个市（州）地表生态格局水平较高，指标均高于 60。其中大部分市（州）的生态状况较好，同时人类活动对生态环境的影响相对较小，而且生态保护和防护措施也较好；湘潭市、长沙市和衡阳市等市（州）地表生态格局水平较低，这是因为其生态状况水平较低，同时人类活动对生态环境的影响相对较大，而且生态保护和防护措施也较弱。各市（州）地表生态格局综合对比如图 5-14 所示。

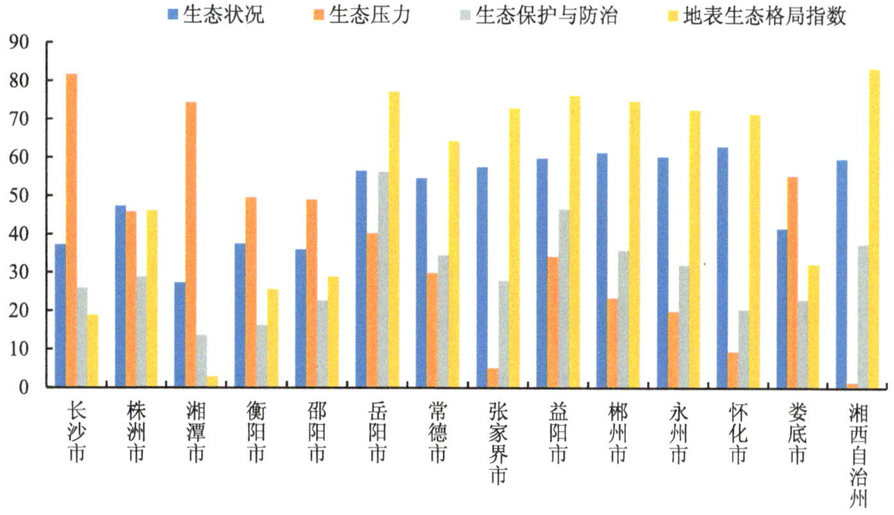

图 5-14　湖南省各市（州）地表生态格局综合对比

③各市（州）的生态状况、生态压力、生态保护与防治及地表生态格局在整体趋势上存在一致性。生态状况指数和生态保护与防治指数高的同时，生态压力指数低，地表生态格局指数也高；生态状况指数和生态保护与防治指数低的同时，生态压力指数高，地表生态格局指数也低。

（5）启示

通过对地表生态格局的客观评价，可以得到如下启示：

①在地表生态格局中，生态状况的影响最重要，其次是生态压力，最后是生态保护。因此在各区域的经济发展中，必须将人类活动对生态环境的影响降到最低，不能“先污染，后治理”。

②生态状况是生态环境保护的基础，也是人类对生态环境影响的结果。衡阳市、长沙市、邵阳市、湘潭市等市（州）的生态状况较差，主要是由于自然生态空间覆盖和大气治理较差，因此，生态状况需要改善，加强保护。

③人类活动是影响生态环境的重要因素。长沙市、湘潭市、娄底市等市（州）的环境压力相对较大，人口数量、人类活动建设影响较大，因此需要调节好生态环境和人类活动的关系，保护生态环境，推动可持续发展。

5.3.5 区域经济潜能分析

区域经济潜能是指某一地区经济、社会、生态环境以及制度诸因素在充分利用和有效配置条件下能够实现的经济发展的最大限度。它受区域经济发展水平、区域生态环境承载力、区域社会可持续发展潜力和制度等多方面因素的影响，一般可从经济发展水平、区位条件、交通条件、资源保障水平、土地利用状况 5 个角度出发，采用熵值法对进行区域经济潜能综合统计分析，客观反映区域经济潜能情况及影响区域经济潜能的主要因素，同时为该区域综合规划、决策、监督等部门提供独立、客观和现势的参考信息和科学依据。

根据湖南省 14 个市（州）的经济发展水平、区位条件、交通条件，资源保障水平、土地利用状况等大类的 33 个评级指标等数据，利用熵值法计算得到评价指标体系中各指标的权重，进而计算湖南省各市（州）的经济潜能综合得分及各项准则得分，并据此绘制 2017 年湖南省各市（州）经济潜能综合得分。

（1）经济发展水平

由表 5-46 可知，经济发展水平最高的是长沙市、湘潭市和张家界市 3 个市，最大值为长沙市的 0.61；经济发展水平最低的是岳阳市、益阳市、湘西自治州 3 个市（州），最小值为湘西自治州的 0.09。整体来看，长沙市的经济发展水平明显高于湖南省其他市（州），其次是湘潭市与张家界市。常德市等 5 个城市经济发展水平相当，都在 0.30～0.40，但与前 3 个城市差距相对较大，说明这 5 个城市还有待进一步提升经济发展综合实力。

表 5-46　2017 年湖南省各市（州）经济发展水平

行政区	经济发展水平	行政区	经济发展水平
长沙市	0.61	永州市	0.33
湘潭市	0.59	怀化市	0.29
张家界市	0.53	郴州市	0.29
常德市	0.37	株洲市	0.23
衡阳市	0.36	岳阳市	0.22
娄底市	0.34	益阳市	0.18
邵阳市	0.33	湘西自治州	0.09

如图 5-15 所示，湖南省经济发展水平均值为 0.34，5 个市的经济发展水平高于全省平均水平，主要包括长沙市、湘潭市、张家界市、常德市和衡阳市；其他 9 个市（州）的经济发展水平低于全省平均水平，主要包括株洲市、邵阳市、湘西自治州等。

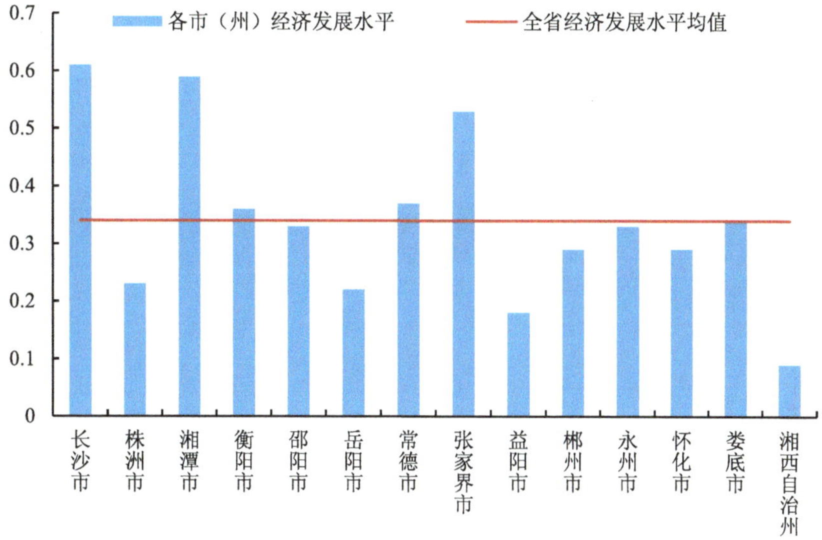

图 5-15　2017 年湖南省各市（州）经济发展水平与全省平均水平比较结果

（2）区位条件

如表 5-47 所示，岳阳市的区位条件全省最高为 0.75；其次，从结果来看，长沙市作为省会城市，其人文区位条件是全省最好的，而常德市和益阳市的自然区位条件明显优于长沙市，所以这 3 个城市的整体区位条件相当；区位条件最差的是湘西自治州，仅为

0.01，其自然区位条件与人文区位条件均是相对较低的得分，尤其是其人文区位得分为全省最低。

表 5-47　2017 年湖南省各市（州）区位条件

行政区	区位条件	行政区	区位条件
岳阳市	0.75	娄底市	0.25
常德市	0.68	郴州市	0.23
长沙市	0.68	永州市	0.22
益阳市	0.68	邵阳市	0.16
株洲市	0.47	怀化市	0.09
湘潭市	0.44	张家界市	0.03
衡阳市	0.28	湘西自治州	0.01

与湖南省的区位条件均值相比，6 个市的区位条件高于全省平均水平，主要分布在长株潭地区以及岳阳市、常德市等（图 5-16）；其他 8 个市（州）的区位条件低于全省平均水平，主要包括湘西自治州、衡阳市、邵阳市、张家界市等。

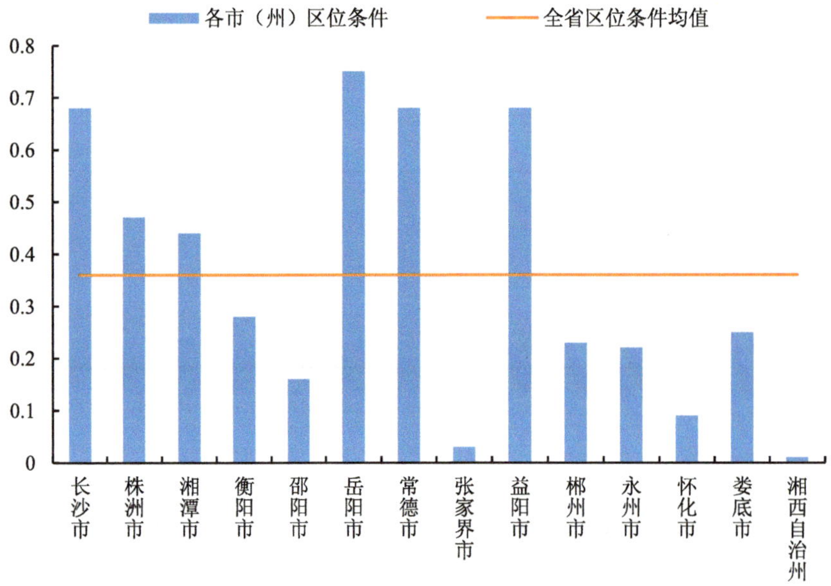

图 5-16　2017 年湖南省各市（州）区位条件与全省均值比较结果

（3）交通条件

在交通条件方面，长沙市作为全省的铁路、公路、航空运输交通中心，其整体得分为 0.82，明显高于其他市（州）（表 5-48）。益阳市与湘潭市整体交通条件相当，但两个城市的交通优势不同：益阳市拥有港口，具有较大的交通干线影响力；湘潭市则缺乏港口、机场等交通中转站，但其交通网络密度全省最高。交通条件最差的 3 个市（州）是张家界市、邵阳市和湘西自治州。

表 5-48　湖南省各市（州）交通条件

行政区	交通条件	行政区	交通条件
长沙市	0.82	郴州市	0.27
益阳市	0.60	岳阳市	0.27
湘潭市	0.58	怀化市	0.26
株洲市	0.50	永州市	0.15
常德市	0.42	张家界市	0.14
衡阳市	0.42	邵阳市	0.05
娄底市	0.32	湘西自治州	0.02

如图 5-57 所示，湖南省的交通条件平均水平为 0.34，高于全省交通条件均值的城市共有 6 个，包括长株潭地区以及衡阳市、常德市等；其他 8 个市（州）的交通条件低于全省平均水平，主要分布在邵阳市、岳阳市、湘西自治州等地区。

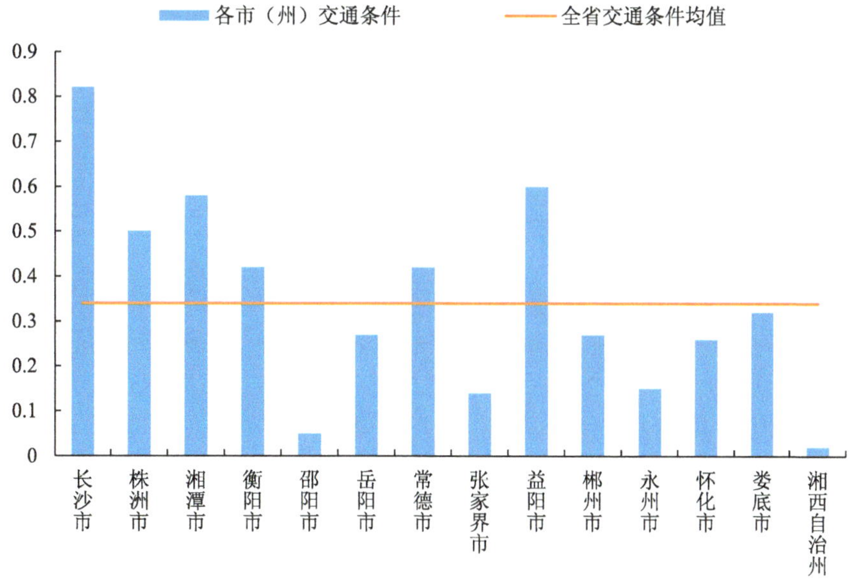

图 5-17　2017 年湖南省各市（州）交通条件与全省均值比较结果

（4）资源保障水平

如表 5-49 所示，湘西自治州的资源保障水平全省最高，为 0.87，且该得分明显高于其他市；其次为张家界市与怀化市，其中，张家界市虽然人力资源指数全省最低，但其水资源指数与植被指数都很高。资源保障水平最低的 3 个市是长沙市、娄底市与湘潭市，最小值为湘潭市的 0.09。虽然长沙市的人力资源指数在湖南省得分最高，但是其绿地指数值与水资源指数得分都较低，故其资源保障水平还是不高。

表 5-49 湖南省各市（州）资源保障水平状况

行政区	资源保障水平	行政区	资源保障水平
湘西自治州	0.87	常德市	0.31
张家界市	0.62	株洲市	0.29
怀化市	0.61	邵阳市	0.27
郴州市	0.50	衡阳市	0.25
永州市	0.48	长沙市	0.23
岳阳市	0.42	娄底市	0.22
益阳市	0.37	湘潭市	0.09

与湖南省的区位条件均值相比，6 个市（州）的资源保障条件高于全省平均水平，主要分布在湘西自治州、岳阳市、张家界市等（图 5-18）；其他 8 个市的区位条件低于全省平均水平，主要包括长株潭地区及衡阳市、邵阳市、常德市等。

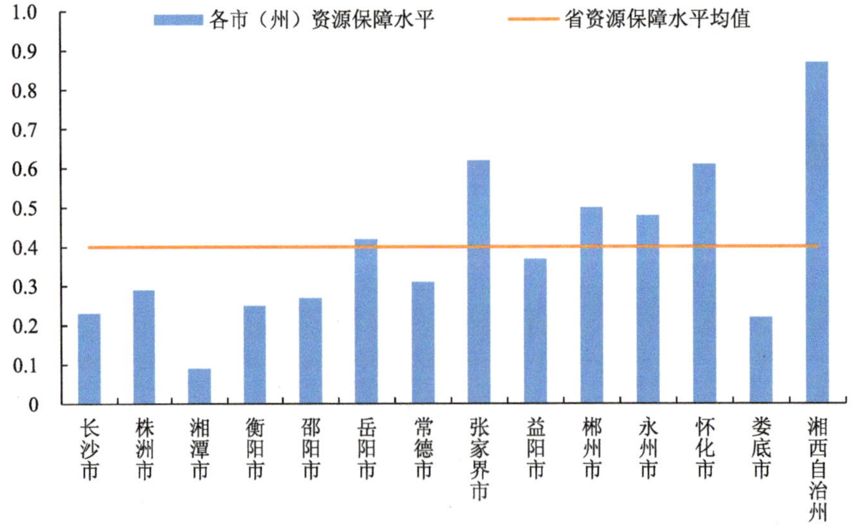

图 5-18 2017 年湖南省各市（州）资源保障水平与全省均值比较结果

（5）土地利用状况

从全省来看（表 5-50），长沙市与湘潭市的土地利用状况分别为 1.00、0.83，要明显优于其他市（州）；土地利用较小的 3 市（州）是怀化市、张家界市与湘西自治州。与湖南省的土地利用状况均值相比，7 个市的土地利用状况高于全省平均水平，主要包括长株潭地区以及衡阳市、岳阳市、常德市等（图 5-19）；其他 7 个市（州）的区位条件低于全省平均水平，主要包括湘西自治州、邵阳市、张家界市、郴州市等。

表 5-50　湖南省各市（州）土地利用状况

行政区	土地利用状况	行政区	土地利用状况
长沙市	1.00	益阳市	0.34
湘潭市	0.83	郴州市	0.22
娄底市	0.55	邵阳市	0.19
株洲市	0.46	永州市	0.14
衡阳市	0.44	怀化市	0.05
岳阳市	0.43	张家界市	0.05
常德市	0.40	湘西自治州	0.00

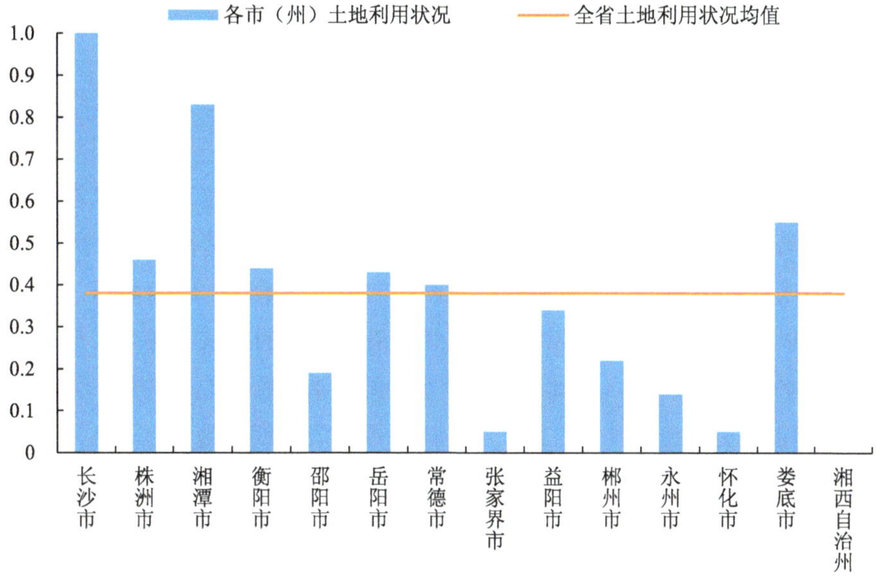

图 5-19　2017 年湖南省各市（州）土地利用状况与全省均值比较结果

（6）经济潜能综合结果分析

湖南省 14 个市（州）区域经济潜能综合得分差距明显，如表 5-51 所示。

表 5-51 湖南省各市（州）区域经济潜能综合得分

行政区	综合得分	排序
长沙市	0.84	1
湘潭市	0.63	2
常德市	0.54	3
益阳市	0.53	4
岳阳市	0.51	5
株洲市	0.46	6
衡阳市	0.41	7
娄底市	0.39	8
郴州市	0.33	9
张家界市	0.29	10
永州市	0.29	11
怀化市	0.27	12
邵阳市	0.21	13
湘西自治州	0.18	14

长沙市得分为 0.84，其经济潜能综合得分远高于其他市（州）。这也表明作为湖南省的省会中心城市，长沙市的经济发展在湖南省具有全省核心的地位。总体来看，长沙市和湘潭市的经济潜能最强；其次，常德市、益阳市、岳阳市为经济潜能较强的区域；再次，衡阳市、娄底市、郴州市为区域经济潜能较弱的区域；最后，张家界市、永州市、怀化市、邵阳市以及湘西自治州为湖南省区域经济潜能最弱的区域。各市（州）与湖南省区域经济潜能平均水平（0.42）相比，有 6 个市的经济潜能得分高于均值，其余 8 个市（州）区域经济潜能得分都低于均值，且主要分布于湖南省的西部地区。该结果表明，在湖南省的西部地区的区域经济潜能较低，有必要根据实际情况采取相应激发湖南省中西部地区的区域经济潜能。此外，区域经济潜能最高区域（长沙市）得分近似为区域经济潜能最低得分区域（湘西自治州）的 4 倍，这足以说明湖南省东西部经济发展存在较严重的不协调问题。湖南省 14 个市（州）区域经济潜能在 5 个评价准则层得分差异较大，从各评价指标的权重值来看，对于湖南省经济发展潜力影响最大的是土地利用状况，其

次是区位条件与交通条件。

5.4　小结

本章重点介绍了地理国情监测在城市扩张、土地利用、自然资源空间分布、基本公共服务等方面的系列空间分析方法，阐述了综合统计分析指标体系构建的原则，围绕地表资源、公共服务、城镇发展、生态环境、区域经济等重大国计民生主题，探索性构建综合分析指标体系。以湖南省为例，从地表自然资源分布与利用、基本公共服务均等化、城镇发展、地表生态格局和区域经济潜能 5 个方面进行测度，形成描述省级尺度地理国情综合分析指标体系。基于湖南省地理国情监测数据，融合经济社会等其他专题数据，开展综合统计分析，形成了系列成果图表，从地理空间的角度，揭示各区域内资源与人口、经济、社会等要素在地理空间上的相互作用、相互影响的内在关系，实现了监测成果向深度应用转化，为湖南省生态文明建设、经济社会发展提供重要依据。

第6章

专题性地理国情监测内容与方法

专题性地理国情监测是面向自然资源管理和生态文明建设，对地表覆盖和某一区域、某一类型自然资源的特征指标进行动态跟踪，掌握地表覆盖及自然资源数量、质量等变化情况。本章将从自然资源管理监测、空间规划与实施监测、资源保护与节约利用监测、生态环境保护与修复监测、城镇化发展监测、灾害性地理国情监测六大部分论述专题性地理国情监测内容，并简要介绍专题性地理国情监测的主要技术方法。

6.1 监测对象与内容

6.1.1 自然资源管理监测

深入挖掘自然资源管理的需求，按月度、季度或年度为周期，开展违法用地监测、耕地保护监测、耕地种植属性监测、建设用地批后监测等。

（1）违法用地监测

以月度为周期，以第三次国土调查成果为本底，以违法用地行为“月发现、月预警、月处置”为目标，基于基础监测中形成的变化图斑，以国土空间规划、生态保护红线、永久基本农田保护线、城市开发边界等各类刚性管控界线和相关审批数据为依据，初步判定月度疑似违法用地图斑（面积大于 1 亩[*]），通过违法用地监管系统，将违法图斑下发至各市（州）、县（市、区），由各县（市、区）对所有疑似违法图斑的实际使用情况开展外业核查。对于建设用地图斑、设施农用地图斑、临时用地图斑，核实建设类型、建设范围、记录土地用途、用地主体、项目名称等信息，核实是否为先行用地、国家或省重点工程、保障性安居工程、合法有效采矿地等特殊情况，形成外业核查记录表。对于

[*] 1 亩≈667 m^2。

实地未变化图斑、农村道路图斑、不改变原用地性质的光伏项目用地图斑，及时上传照片，在系统填报说明。省级层面负责对各县（市、区）填报数据和举证材料的真实性、完整性进行审核，并结合野外调查情况进行合法性判定，确定违法用地清单，提出分类处置方案。

（2）耕地保护监测

以季度为周期，按照“月发现、季小节、年总结”的总体工作模式，根据耕地保护的监测需求，将基础监测中形成的变化图斑数据与耕地管理数据进行套合，提取变化图斑，开展相关监测工作：①重点监测三调耕地图斑和永久基本农田范围内的地类类型、面积、范围、分布等变化情况。②监测补充耕地项目、增减挂钩项目、即可恢复土地恢复为耕地、临时用地恢复为耕地和违法用地恢复为耕地等新增耕地和永久基本农田的类型、面积、范围、分布等变化情况。③监测村民建房、农村道路、临时用地、经国务院和省政府批准建设用地、设施农业用地和其他建设占用等减少耕地和永久基本农田的类型、面积、范围、分布和质量等别等情况，季度内实现 200 m^2 以上农村建房用地监测，年度内实现 100 m^2 以上农村建房用地监测，结合各县（市、区）实地举证情况，将农村建房用地统一纳入全省耕地指标占补平衡工作体系。④监测洪涝灾害、地质灾害等自然因素造成损毁耕地的类型、面积、范围、分布等情况。⑤监测耕地后备资源的类型、面积、范围、分布等变化情况；形成耕地保护监测数据，编制统计分析报告，为耕地保护政策制定和管理提供数据支撑。

（3）耕地种植属性监测

为及时、准确地掌握重要农业生产数据的监测需要，利用水稻等主要农作物生长周期内的长时间序列影像数据，开展耕地种植情况监测，客观准确掌握耕地的种植情况（包括早稻、中稻、晚稻和撂荒等情况），形成耕地种植属性监测数据，编制统计分析报告，为政府落实粮食安全政策提供客观准确的数据支撑。

（4）建设用地批后监测

全面整合历年来建设用地审批数据和供地数据，以月度为监测周期，与多频次遥感影像套合，开展建设用地报批、供应、开发利用全过程监测，在有合法建设用地批文区域中提取批而未供及闲置土地图斑，标注各图斑“批而未供成因”“已完成征地面积”“批次信息”等基本属性，形成月度批而未供、闲置土地图斑，评估国土空间规划、土地储备、土地供应、土地利用和土地管理等的合理性，实现对土地资源土地全生命周期监测，进而实现土地资源有效配置和合理利用，全面提升土地节约集约用地水平提升。

6.1.2　空间规划与实施监测

为构建以空间规划为基础、以用途管制为主要手段的国土空间治理体系，开展国土空间规划编制、主体功能区规划实施、城镇开发边界监测、城市与新区规划实施等监测。

（1）国土空间规划编制

国土空间规划是国家空间发展的指南、可持续发展的空间蓝图，是各类开发保护建设活动的基本依据。建立国土空间规划体系并监督实施，将主体功能区规划、土地利用规划、城乡规划等空间规划融合为统一的国土空间规划，强化国土空间规划对各专项规划的指导约束作用，是党中央、国务院作出的重大部署。围绕各级国土空间规划编制，基于地理国情成果、“三调”成果等现状底数和底图基础，开展各地资源环境承载力和国土空间开发适宜性评价工作，确定生态、农业、城镇等不同开发保护利用方式的适宜程度，结合主体功能区划分，对国土空间开发保护目标、国土空间开发强度、建设用地规模，生态保护红线控制面积、自然岸线保有率，耕地保有量及永久基本农田保护面积，用水总量和强度控制等指标进行核算，实现主体功能区划分，城镇开发边界、生态保护红线、永久基本农田等各类空间管控要素精准落地，逐步形成各级国土空间规划“一张图”，推进政府部门之间的数据共享，以及政府与社会之间的信息交互，全面提升国土空间治理体系和治理能力现代化水平，基本形成生产空间集约高效、生活空间宜居适度、生态空间山清水秀，安全和谐、富有竞争力和可持续发展的国土空间格局。

（2）主体功能区规划实施

主体功能区规划作为全国国土空间开发的战略性、基础性和约束性规划，目前已进入有序实施阶段，根据规划要求，需要对其实施进行持续监测和评估。基于地理国情成果、资源环境和社会经济等专题数据，以国家及地方主体功能定位为依据，确立优化开发区、重点开发区、农产品主产区和重点生态功能区的规划实施监测与评估指标体系，重点对优化开发区的城市建成区发展、工业用地和城郊农业用地变化、公共服务设施和基础设施的空间分布进行监测；对重点开发区开展国土利用变化、公共服务设施空间分布、基础设施空间分布等监测；对农产品主产区开展农业用地空间分布及变化、主要作物类型分布、各类基础设施空间分布及配置程度等监测；对重点生态功能区开展地表覆盖类型的变化，林地、草地、水域湿地覆盖情况等监测；对禁止开发区域开展自然保护区的保护力度监测；实现对主体功能区规划实施持续性监测和评估，有利于构筑区域经济优势互补、主体功能定位清晰、国土空间高效利用、人与自然和谐相处的区域发展格局，服务于国家和地方各级国土空间格局优化发展的需要。

（3）城镇开发边界监测

以季度为周期，根据城镇开发边界管控的监测需求，将土地利用现状监测变化图斑数据与城镇开发边界和国土空间总体规划数据进行套合：①监测城镇开发边界内土地利用的类型、面积、范围、分布等变化情况，形成城镇开发边界监测数据，编制统计分析报告；②监测现行总体规划区域内土地利用的类型、面积、范围、分布等变化情况，形成现行土地利用总体规划实施情况监测数据，编制统计分析报告。

（4）城市与新区规划实施

随着城市化的发展，以及经济、人口和用地规模的扩大，出现了一系列经济、社会和环境问题。建设城市新区，成为现代城市发展的必然选择。基于地理国情监测数据，结合各新区规划、自然资源、交通、教育、卫生等相关部门专题资料及社会经济统计资料，选取能够充分反映城市与新区土地开发、城乡建设、基础设施、生态环境等具有典型指标意义的内容开展城市与新区的现状监测、变化提取和对比分析，掌握城市与新区开发状况及动态，分析城市和新区的建设用地规划实施效果，更好地监测城市和新区规划的实施、城市的运行，更好地优化人与空间资源的配置，服务于人民，让人民生活更幸福。

6.1.3　资源保护与节约利用监测

重点围绕矿产资源、森林资源、水资源、风景资源、岸线资源等，开展资源空间分布状况和利用监测，分析评估各类资源保护与节约集约利用水平，促进人口、经济、资源环境协调发展。

（1）矿产资源监测

以季度为周期，根据矿产资源勘查开发利用的监测需求，将土地利用现状监测变化图斑数据与矿产资源现状数据进行套合，监测露天矿山无证非法勘查开采、越界勘查开采、非法采用一面墙式开采和开采面积变化等情况，形成矿产资源勘查开发利用的监测数据，编制统计分析报告；通过对开发活动痕迹、堆矿（石）区、植被覆盖、水域、交通等对象的空间分布、范围、形态和数量信息进行监测，反映能源矿产开发区域的人类活动强度变化、生态环境质量及发展趋势等，为能源矿产开发区的绿色、安全、高效开采及社会经济可持续发展提供服务。

（2）森林资源监测

以地市级行政区为监测对象，利用多源遥感影像、基础地理信息成果数据等，结合各地森林资源清查成果、地理单元普查成果等，开展森林资源空间分布、面积比例、活立木蓄积量、单位有林地蓄积量等变化监测，为实现森林资源保护、林区经济转型发展等提供依据。

（3）水资源监测

对长江、洞庭湖等重要河湖的监测需求，开展相关监测工作：①以年度为周期，监测湖泊生态经济区范围内湖泊水面、砂石码头、建（构）筑物、围湖圈地、内湖养殖和疑似污染源、洲滩湿地以及欧美黑杨等变化情况；②以季度为周期，监测重要河流范围内砂石码头、建（构）筑物、网箱网围、河道围垦、畜禽养殖、废水排泄口、工业污染源、饮用水水源保护区等变化情况。监测近年来的重要河流、湖泊、水库、重要水源地相关指标的变化，综合分析地表水体变化情况、中小河流治理、抗旱设施现状、水毁灾毁水利工程历史和现状等，服务于国家、部门和各地水资源保护的政策及措施的制定，以促进水资源合理利用。

（4）风景资源

针对自然、文化保护区，自然、文化遗产，风景名胜区，森林公园，地质公园，博物馆，民族风情、现代建设新城，红色旅游等自然风景和人文景观旅游资源，开展旅游资源的数量、类型、密度、空间分布等变化监测，分析评估旅游环境变化对旅游资源的影响，满足当地旅游资源管理的需要。

（5）岸线资源

围绕河口湿地保护，沿海滩涂合理开发利用，红树林、珊瑚礁、海草床等保护和恢复，开展岸线长度、岸线资源类型、空间分布等监测，分析评估岸线资源对居民生产生活的影响，为岸线资源保护提供基础。

（6）自然资源资产离任审计

利用地理国情普查、基础性地理国情监测及各类自然资源监测成果，服务于各地自然资源资产负债表编制、领导干部自然资源资产离任审计等工作。利用地理国情普查成果中耕地、园地、林地、草地、自然保护区等详细的数据，对市（县）行政区域内实物量规模发生较大变化的自然资源包括土地资源和矿产资源等进行变化监测，摸清年度存量和变量，并套合主体功能区规划、土地利用总体规划、矿产资源总体规划等数据，发现耕地变化（城市周边建筑用地侵占耕地、退耕还湿）、湿地变化（国家级和省级保护区范围内重点排查）、林地变化情况（毁林开荒、退耕还林）等，对耕地、基本农田、建设用地、林地、露天采矿、矿山生态环境恢复治理等审计要点和指标进行核算，为地理国情普查和监测数据应用于领导干部自然资源资产离任审计提供依据和数据支撑。

6.1.4 生态环境保护与修复监测

围绕重点生态功能区、生态保护红线、自然保护区、湖泊湿地区域、沙漠、冰川等开展地理国情监测，保障国家和区域生态安全，促进经济社会可持续发展。

（1）重点生态功能区自然生态监测

结合国家或省重点生态功能区的地域分布，选取县级行政区作为监测地区，采用多源、多时相中高分辨率多光谱遥感数据、地理国情普查的高分辨率遥感影像数据及资源三号卫星影像、基础地理信息数据等，监测近年来主要地表覆盖类型的变化，掌握林地覆盖率、草地覆盖率、水域湿地覆盖率、耕地和建设用地比例等与自然生态指标相关的信息，反映监测地区水域涵养、生物多样性维护、防风固沙等类型的自然生态指标变化，评估监测地区自然生态保护情况，分析自然生态保护与经济发展的相互关系等。

（2）生态保护红线监测

以季度为周期，根据生态保护的监测需求，将土地利用现状监测变化图斑数据与生态保护红线、自然保护地和生态保护红线等数据进行套合，提取变化图斑，开展相关监测：①监测生态保护红线范围内土地利用的类型、面积、范围、分布等变化情况；②监测自然保护地范围内土地利用的类型、面积、范围、分布等变化情况，进行分析形成生态保护红线监测数据，编制统计分析报告。

（3）湖泊、河流、水库、湿地生态环境监测

选择具有代表性的主要湖泊、河流、水库、湿地（如洞庭湖、鄱阳湖、青海湖、湘江、三峡水库、扎龙湿地、黄河三角洲湿地等），利用多时相的中、高分辨率多光谱遥感数据、地理国情普查的高分辨率遥感影像数据及资源三号卫星影像、基础地理信息数据等，结合激光测深、声呐测深数据，开展湖泊、河流、水库、湿地面积和水体体积变化监测，分析湖泊、河流、水库、湿地面积和体积变化与流域植被状况、经济发展、人口增长等的相互关系。

（4）典型沙漠变化监测

利用中、高分辨率多光谱遥感数据、地理国情普查的高分辨率遥感影像数据及资源三号卫星影像、基础地理信息数据等，按照面积变化较大、人类活动频繁、综合意义大等原则，选择具有代表性的主要沙漠或沙地（如浑善达克沙地、科尔沁沙地、毛乌素沙漠、古尔班通古特沙漠等）进行分布范围和面积变化监测，分析沙漠范围的变化趋势和沙漠变迁对当地居民生产生活的影响，着重分析沙漠向农田过渡区域的土地利用/覆盖类型变化、人口迁徙和相关的政策影响，评估气候变化对沙漠的作用及其次生影响等。

（5）典型冰川与永久积雪变化监测

对于典型冰川与永久积雪覆盖的区域，可以利用多时相、多源的遥感影像和激光测高数据，结合国家西部1∶50 000地形图空白区测图工程成果、第二次冰川资源调查成果数据等，利用自动提取与解译技术，辅以人机交互解译手段，采集冰川与永久积雪信息，调查冰川、冰湖、冰碛的名称、位置、范围、表面面积，调查永久积雪的雪盖表面面积、雪线高程等信息，提取冰川的表面面积和分布范围，获取冰川进退的位置、范围和表面面积等覆盖变化信息，分析冰川进退与全球气候变化、地区经济社会发展等的相互关系。

（6）自然保护区环境监测

在充分利用国情普查成果的基础上，结合已有不同时期的基础地理信息成果资料和高分辨率影像数据以及其他相关部门专题资料，围绕各类自然保护区，对其范围进行地表变化情况监测，同时结合自然保护区分级规划，对保护区界限变化进行核准及清查，解决功能区划界限不清、土地权属纠纷、管控监测及评估等问题，为自然保护区建设的监督、监管、违法查处提供支撑，为政府制定决策提供依据和服务。基于物联网模式的

传感设备环境监测，形成一套“天地”一体化精细环境指标监测体系，丰富监测的宽度与深度，对自然保护区的重要自然生态要素监测、开展自然生态状况评价和生态环境综合评价，实现对自然保护区环境动态监测。

（7）污染源（大气、水体、土壤）监测

环境污染主要是大气污染、水污染和土壤污染，影响人们日常生活的衣食住行各方面（如水污染影响居民饮水、土壤污染导致粮食受到污染、空气污染影响人的呼吸等）。开展污染源监测，利用先进的卫星遥感数据处理技术、内外业一体化调查技术对污染源（大气、水体、土壤）的位置、范围、空间分布进行准确定位，对污染源排放污染物的种类、排放量、排放规律进行监测，应用 GIS 统计分析技术对污染源的面积变化，影响人口数量、范围和人群暴露相对风险进行分析，为区域环境管理、环境规划、环境科研提供依据。

（8）绿心区保护

生态绿心地区作为城市的“绿肺”，为实现及时监测生态环境变化、定期监测破坏绿心行为、辅助可建项目准入审批、促进生态产业协调发展，利用绿心区遥感影像及基础性地理信息数据以季度或月为周期，对生态绿心区范围内生态环境、违法违规、查处跟踪、产业引导、规划协调等内容进行了动态监测，及时、准确的数据可作为各项督查和执法的关键依据。

（9）矿山地质环境

为改善矿区生态环境，推进矿山地质环境保护，基于地理国情成果、多期连续高分遥感数据、矿山地质环境专题资料等，利用遥感技术开展监测，确定矿山污染源、扩散范围、污染边界等，开展矿山环境质量评价提供客观数据，对矿山环境恢复与治理工程如矿山复绿等进行实时监测，为矿山地质环境改善提供数据支撑和决策支持。

6.1.5 城镇化发展监测

围绕县级以上城市、城市群等热点对象和热点区域的城市扩展、城市土地覆盖变化、“两违”执法、海绵城市、历史风貌、重要基础设施监测等开展城市地理国情监测，服务于国家、各省（区、市）推进新型城镇化建设的需要。

（1）城市扩展动态监测

各地根据存档的数据资料情况，利用多时相的航空航天遥感影像，并结合不同时期的基础地理信息数据及土地利用数据、城市规划数据、地籍测绘数据等专题资料，开展城市空间格局监测，遵循“市域境界线限定、中心城区锁定、城市形态吻合”三大原则，提取城市建成区边界和城市内部结构、可利用土地资源数量和空间分布及变化等，结合城区及其周边的经济状况变化、人口迁移、土地利用变化、政策导向变化等因素，开展城市空间布局变化形态、扩张速率、模式、驱动力等综合分析与评价，为城市空间格局优化、城镇化建设、城市规划、土地利用规划提供科学依据。

（2）城市土地利用与土地覆盖变化监测

针对特定的城区，基于长时间跨度的多时相、多源、多分辨率的城市区域遥感影像（尤其是高分辨率遥感影像）资料，结合相关土地利用监测成果和人口经济数据，展开进行城市区域土地利用/覆盖变化监测研究，统计各类型地表覆盖的面积、占比、人均面积等，深入分析其变化强度、变化趋势分析、转移矩阵，揭示城市土地利用与土地覆盖变化机制和驱动力，为城市管理和发展提供决策支持。

（3）海绵城市建设监测

准确掌握城市自然山体、河湖湿地、耕地、林地、草地等空间分布信息，探索在快速的城市化背景下，以研究区土地覆盖的年际变化时间尺度开展城市热岛的强度和空间布局对土地覆盖变化响应关系的定性和定量研究，以揭示城市热岛与土地覆盖变化的内在联系，揭示海绵城市对城市热岛效应的作用。为建设海绵城市、提升水源涵养能力、优化城市绿地布局等提供决策依据。

（4）历史风貌修复监测

掌握城市历史文化街区和历史建筑的空间分布信息，为有序实施城市修补和有机更新，解决老城区环境品质下降、历史文化遗产损毁等问题提供数据支撑。

（5）重要基础设施监测

对城市范围内的重要基础设施如交通基础设施（包括道路，车站、码头等交通枢纽，停车场、高速出入口等交通附属设施）和基础公共服务设施（包括教育机构、医疗机构、福利机构等）的空间布局与变化情况进行综合分析评价，可为促进城市公共服务设施均等化提供数据支撑，使居民的出行、就学、就医更便利，解决城市资源环境配置问题。

（6）新型城镇化监测

以典型区域、特色城镇为例，结合自然资源分布、经济发展状况、产业结构、人口布局、交通状况等，围绕监测区内建设用地、生态用地、重要基础设施等的建设现状与变化情况进行监测，从城镇规划实施效果、对外交通优势度、城乡一体化发展效果、土地利用情况，以及工业园发展状况等方面进行综合分析，从多方面评估新型城镇化建设进程和实施效果，为新型城镇化建设的监督、监管提供支撑，为节约集约利用土地资源提供客观的监测信息和有力的技术保障。

6.1.6　灾害性地理国情信息监测

利用无人机等先进测绘装备，形成快速获取、快速处理、快速解译与分析、快速构建服务系统的一体化测绘应急监测体系，实现对灾前、灾期、灾后全过程进行动态监测，为国家和相关部委提供及时的监测成果，满足抢险救灾、灾害评估和灾后重建规划的迫切需求。

（1）重点区域地表沉降动态监测

地表沉降是我国平原地区的主要地质灾害，已成为制约我国社会、经济可持续发展的重要灾种之一。开展全国存在大面积沉降的重点城市的主城区、六大平原、采矿采煤形变易发区等地表沉降监测，监测地表形变的累积形变量、平均形变速率等信息，获取地表形变区域的表面面积和范围，分析形变中心的时空变化及发生、发展规律，为政府部门掌握区域地面沉降的空间分布及变化规律、制定科学有效的沉降防控措施提供基础信息。

（2）地震、洪涝、干旱、火灾、滑坡等灾害监测

监测地震灾害的范围，获取地震形变场信息，监测摧毁农田、房舍、伤害人畜、毁坏森林、道路以及农业机械设施和水利水电设施的数量及分布；基于多时期地震数据，分析地震灾害的分布规律并预测其发展趋势。监测洪涝灾害的受灾面积，受灾农田、房舍、森林的面积、道路以及农业机械设施和水利水电设施的数量及受灾人口数。监测干旱灾害的受灾面积，受灾耕地、林地、草地、园地等的面积；水域的面积变化及受灾人口数。监测森林火灾的过火面积，统计损失森林的株数及森林的生物蓄积量。监测滑坡、泥石流的滑坡的规模、滑移速度、滑移距离及其蓄积的位能；监测泥石流的容量、流速、流量等信息；监测滑坡、泥石流摧毁农田、房舍、伤害人畜、毁坏森林、道路以及农业机械设施和水利水电设施的数量及空间分布。

6.2 主要技术方法

专题性地理国情监测主要利用地理国情普查和基础性监测成果、多时相高分辨率遥感影像、经济社会专题数据等，通过数据融合与配准等处理，形成变化监测数据集，采用变化检测与变化分析技术，开展国情信息的定量化、空间化连续监测，形成内容丰富、形式多样、准确可靠的地理国情监测成果。专题性地理国情监测工作引入了众多测绘地理信息的前沿技术，主要包括航空航天遥感、多源数据融合与快速处理、地理国情信息提取与解译、快速变化检测、成果质量检测、数据挖掘与分析、国情数据库管理、成果展示等技术。

6.2.1 航空航天遥感技术

地理国情监测以满足时相要求且分辨率优于 1 m 的航空航天遥感影像数据为主要数据源。航空航天遥感技术在地理国情监测中，具有探测范围大、信息获取迅速、实时动

态监测、受地面影响干扰小等其他技术方法无法比拟的优势。遥感不仅可以快速观测地理国情资源的分布特征、探测地理国情的物化特性、监测地理国情的动态变化，还可以定量分析地理国情利用涉及的人地关系。如在城市地区，可将高分辨率航空遥感数据与高精度 DSM 数据相结合快速找出高程降低和增高信息，从而准确提取地表覆盖变化区域的轮廓，提取城市内部结构信息（如建筑物现状与变化空间信息，建筑物楼层、占地面积等）。对于光学影像获取困难的地区，利用同一季相的多时相机载或星载 SAR 影像作为监测数据源，利用多时相 SAR 变化检测技术，采用自动或半自动方法提取变化信息。利用卫星雷达干涉测量（InSAR）、时间序列 InSAR 等遥感技术，结合水准和 GPS 观测等获取的少量点上的形变测量值，获取覆盖研究区的面状地表形变速度和形变量信息，进行地表沉降监测。

目前，我国基于“天空地”一体化的遥感综合观测系统已形成，以遥感、传感器、物联网等为主体的调查监测评估技术体系已建立，实现了调查数据的采集、传输、处理、分析、应用、服务的全流程信息化。大数据、人工智能与调查业务深度融合，以数据驱动助推转型发展，形成了完善的地理国情信息服务体系。同时，自然资源部遥感技术装备力量雄厚，形成了航空遥感飞机网络系统，拥有高精度摄影相机、高光谱成像仪和水深激光测量仪等先进装备，截至 2020 年年底，我国在轨自然资源遥感卫星达 19 颗，已获取全球超过 450 万景国产卫星影像数据，为遥感技术在地理国情监测应用奠定了坚实基础。2020 年 8 月 20 日，我国首颗民用亚米级高分辨率光学传输型立体测绘卫星——高分七号正式投入使用，高分七号（GF7）通过立体相机和激光测高仪复合测绘的模式，能够获取 5 谱段高空间分辨率立体测绘遥感数据，地面像元分辨率优于 0.8 m，幅宽优于 20 km，可实现 1∶10 000 航天立体测图。

随着越来越多的高精度摄影相机、高光谱成像仪和水深激光测量仪等先进仪器随星升空，在各类自然资源调查与监测工作中，航空航天遥感发挥了重要先行作用，为地理国情监测、生态文明建设和自然资源监管工作提供了重要决策依据。如在土地动态变化监测中，以第三次全国国土调查数据为基础，以年度变更调查为先行手段，运用遥感图像处理与识别技术，快速监测耕地、未利用地、建设用地等的变化状况，从而实现对土地利用变化情况的宏观掌握和精准监管。在地表生态植被和水、土资源监测中，针对不同生态功能区、典型流域或自然地理单元，综合利用大幅宽多光谱卫星的高重访能力和高光谱卫星的地物光谱探测能力，先行开展大范围、长时序的宏观监测，实时获取植被覆盖度、叶面积指数和净初级生产力（NPP）等物化指标，定量分析植被覆盖空间分布特征及生态状况时空演变趋势。在水资源调查中，可实现对全国一级到三级河流、面积 1 km^2 以上湖泊和水库每年两次动态监测，区域降水量和蒸散发等水循环要素实时监测，各类冰川、江河湖库塘面积及体积的精准监测。在城乡规划调查和生态文明评价中，利用不同分辨率的遥感影像可提取城乡空间规划所需要的资源、环境、生态、灾害等要素信息，如在规划前期，卫星遥感可提供基础底图数据作为规划基础；在规划实施中，卫星遥感可以对实施效果进行监测监管；规划实施后，卫星遥感可以对规划结果进行宏观评估和效率评价。在生态文明评价中，遥感技术可多尺度探测“水-土-气-生”要素的变化状况，支撑建立生态地质调查体系，准确查明防护林退化、湖泊萎缩、土地沙化、石漠化等生态问题及信息变化数据，为破解重大资源环境问题、支撑生态科学保护修复提供服务。在灾害调查监测中，采用多频段、多参数的“天空地”一体化观测技术，有效判读灾害孕灾背景、灾害特征、变形速率和发展趋势等信息，进一步为灾害早期识别、监测、预警、防治、评价以及突发灾害应急处置等提供了基础资料与决策依据。

6.2.2 多源数据融合与快速处理技术

采用多源遥感影像数据融合与集群分布式处理、地面调查数据实时动态处理、专题数据与空间数据融合处理等技术手段，实现地理国情监测数据的快速、高效处理。

根据国家地理国情监测实施方案要求，需要以满足时相要求且分辨率优于 1 m 的航空航天遥感影像数据为主要数据源开展基础性地理国情监测工作。为实现符合时相要求、分辨率优于 1 m 影像的全国范围全覆盖，需要充分利用各种分辨率多种来源的遥感影像包括北京二号、资源三号、高分系列等国产影像，以及国外商业卫星 SPOT 系列、IKONOS、QuickBird、WorldView 系列、GeoEye、Pleiades 等传感器获取的影像，还有无人机、雷达、高精度航空摄影影像等。卫星或航天器拍摄的具有不同光谱和空间分辨率的遥感影像，可作为融合操作的源数据，应用数据融合技术后得到关于目标更为全面、综合的信息解释。多源遥感影像数据融合是涉及传感器技术、图像处理、计算机应用和信号处理等多方向的边缘交叉学科，主要处理步骤包括遥感影像预处理、影像融合及融合效果评价 3 个方面，遥感影像预处理包括校正和配准等操作，以消除遥感影像在分辨率等方面的不同。影像融合即输入经过预处理后的多源遥感影像，进行融合操作，经过算法、模型的处理，获得融合结果影像图，提高目标识别的准确性与可解释性。

集群式的遥感影像处理是将分布式影像生产流水线式自动化算法技术如影像导入、影像控制点自动采集、批量影像正射纠正、影像自动镶嵌、自动融合、批量格式转换、立体采集等，与计算机图形处理器强大的影像处理能力结合起来，能有效满足海量遥感影像数据的自动化生产，可以在保证处理精度的同时大大提高数据的处理速度和处理效率。如对原始的全色和多光谱卫星遥感影像通过与参考影像进行密集点匹配的方式得到高精度的控制点，通过掩膜矢量文件和选权迭代算法优化控制点，再通过区域网平差技术提升影像整体精度，最后通过全色锐化算法最大限度保持全色的高分辨率和多光谱的光谱特性，并形成单景融合成果，再经过波段重排、位深调整、匀光匀色、镶嵌拼接、分幅等处理，形成县域分幅成果。

专题数据与空间数据融合处理是通过专题数据与地理实体的关联融合所实现的，采取“软件自动化+人工干预”的处理方式，经过数据清洗整理、地名地址匹配、空间信息挂接等过程实现专题数据空间化。专题数据与地理实体的关联可采用以下 5 种方式：①专题数据中含有地址项，但地址信息不标准，将地址信息标准化之后，根据标准地址进行关联；②专题数据中含有位置坐标项，通过与地理实体位置信息进行空间分析关联匹配；③专题数据中含有空间实体名称项，通过实体名称进行关联；④专题数据中含有空间实体标识码项，通过实体标识码进行关联；⑤专题数据中含有个人的身份证号或企业的统一社会信用代码，通过身份证号或统一社会信用代码与其他已空间化的数据进行关联。

在地理国情监测中根据具体监测内容和数据源，选取监测基准时间，采用直接类别合并和空间分析的方法直接从地表覆盖普查、历史专题数据整合成果中归并得到一些目标类别，通过多源遥感影像数据融合、集群分布式处理、地面调查数据实时动态处理、专题数据与空间数据融合处理等技术手段处理，形成变化监测数据集，以此作为重要地理国情信息变化监测的本底基础图件。

6.2.3　地理国情信息提取与解译技术

遥感影像信息提取是地理国情监测的关键技术环节，人工判读影像提取信息的方式难以满足高效、快速提取信息的需求。综合利用航空航天遥感技术、地理国情信息普查成果、历史专题数据和国家基础地理信息成果，建立地理国情要素典型特征库，构建解译规则集，利用面向对象分类策略，通过计算机辅助识别与人工识别相结合的方法，在分布式网络环境下实现网络分布式信息提取与解译判读。

利用遥感影像进行自动解译时，有效获取影像中代表不同类别的特征进行决策判断，是影响自动解译结果正确性与可靠性的关键因素。由遥感影像派生得到的多种特征是承载自动解译的主要载体，包括光谱、空间、纹理、特征因子等种类的特征，构建的特征集包括以下 5 个：①光谱特征，包括原始影像红、绿、蓝、近红外 4 个波段。②空间特征，包括边缘、梯度等。③纹理特征，包括均值、标准差、均匀性、对比度等。④特征因子特征，包括归一化植被指数（NDVI）、归一化差异水体指数（MNDWI）、建筑用地指数（IBI）；⑤形状特征，包括长宽比等。融合多种特征可以提高自动解译精度，为了降低不同特征的维度和数值之间的差距，对各特征进行优势互补，可将模糊集理论运用于多维空间中不同形式特征的融合，构建解译规则集，提高影像自动解译精度。

在影像分割和特征提取的基础上进行信息提取，可采用 SVM 分类器和 RF 分类器两种分类模型来进行信息提取。SVM 算法是一种非参数分类器，适合解决复杂的分类问题，适用于维度较高的特征空间和小样本数据，具有较强的稳定性，已普遍应用于识别、分类等领域。若采取考虑地块整体特征的策略进行面向地物区域的分类，训练样本将会大大减少，这时 SVM 算法就可以充分发挥其自身优势，可提取耕地、道路等信息。RF 算法是一种基于集成学习方法的组合型分类器，是决策树衍生出来的新型分类模型。随机建立多个决策树，分类时根据多个决策树对样本进行投票，选择最优决策树决定样本所属的类型。RF 算法能在有效处理大量数据的同时避免过度拟合，具有训练样本快、分类精度高、抗噪性强等优点，因此被广泛应用于遥感分类领域，利用 RF 算法可实现水体和人工表面信息的提取。

地理国情信息提取与解译需针对不同自然、人文地理要素的特点，建立地理要素特征库与解译知识库，构建地理国情监测信息提取等级体系，采用典型自然地理要素提取与解译技术、重要人文地理要素提取与解译技术等，建立多维动态遥感数据形态、时态、纹理和空间关系等特征提取及其优化组合方法，实现网络化信息提取与解译判读。

6.2.4 地表覆盖与地理要素变化检测技术

如何快速发现地表变化，提高地理国情监测工作中变化区域识别的自动化程度及效率，成为常态化地理国情监测的迫切需求。采用变化检测等技术手段，获取重点区域地表覆盖和重要地理要素的变化信息，准确揭示空间分布及发展变化规律。变化检测技术的主要特点是处理和分析不同时间所获取的覆盖同一地区的多幅遥感影像，其所处理的数据量更多（多时相影像）、数据异质性更强（成像条件不同所带来的数据差异）、地物情况更复杂（变化地物和未变化地物相互混杂）。

变化检测基本流程可以大致概括为以下 4 步：①预处理。通过预处理步骤进行数据的配准和辐射校正，减弱外界成像环境影响从而简化变化检测问题。②变化检测。分析多时相数据中地物的光谱、空间、纹理等特征差异，提取变化强度或“from-to”变化类型等信息。③阈值分割。将连续的变化强度利用阈值分割的方式转化为离散的变化信息，生成变化/未变化等语义结果。④精度评价。全面、准确地评价变化检测结果的精度。变化检测技术在 5 个方面还具有很大的潜力：①场景变化检测，在语义层次对土地利用变化情况进行检测和分析；②高光谱变化检测，结合光谱混合模型实现非监督的变化类型分析与亚像素变化检测；③分类变化检测方法的改进，充分利用多时相影像间的时空相关性提高多时相分类结果的一致性和“from-to”变化信息检测精度；④多源多分辨率变化检测，研究通用的变化检测理论与方法，充分利用不同观测机理和不同分辨率的多时相遥感数据；⑤深度学习变化检测，用深度神经网络提取多时相影像的光谱/空间一致性特征，获得高精度的变化检测结果。

现阶段变化检测方法已有许多研究成果，变化检测方法主要包括历史矢量与新时期遥感影像的变化检测、双时相影像变化检测、历史矢量与双时相影像的变化检测、历史影像/矢量与新的多源影像、不同时相点云或数字表面模型的三维变化检测、时间序列影像变化检测 6 类。第一类方法将矢量与影像进行叠加，构建知识库，运用基于知识的匹配识别方法进行变化检测；第二类方法利用直接比较、先分析后比较、统一模型等方法检测前后两个时刻地面的变化；第三类方法将矢量与双时相影像进行叠加，通过多尺度分割，运用分类前比较或者分类后处理的算法进行变化检测；第四类方法将多源影像数据融合获得质量更好、信息更丰富的融合影像，利用该影像进行变化检测；第五类方法将高程信息发生变化纳入考虑范围，利用激光扫描或立体影像获取的不同时相点云或数字表面模型进行三维变化检测；第六类方法可以分解为若干个双时相影像变化检测处理后再集成分析，也可以将时间序列影像作为一个整体，采用长时间序列分析法处理，分析地表覆盖随时间的变化规律。在专题性地理国情监测中，可根据实际情况选择合适的变化检测方法。

针对地理国情普查成果的特点与监测需求，以多时相遥感影像处理分析为基础，构建了针对地理国情监测的变化检测方法体系，提出了像元-对象结合的多时相影像变化检测、基于对象实体统计分析的变化识别方法，实现了综合地理国情普查成果和遥感影像的地理国情变化检测与数据更新。基于像元-对象结合的多时相影像变化检测首先根据传统的变化矢量分析法提取基于像元的变化检测结果，再以地理国情普查的矢量对象为统计单元计算对象内变化像元的比例，以此判断该矢量对象是否发生了变化，并根据变化像元的比例计算其变化强度。基于对象实体统计分析的变化检测方法直接以地理国情矢量为对象进行特征提取和差异构造，再将差异影像进行阈值分割得到基于地理国情对象的变化检测图。最后，根据变化检测结果，对变化区域进行面向对象分割，并从上一期未变化区域选取训练样本训练分类器模型以得到变化区域的地表覆盖类型，将变化区域与未变化区域结合得到更新后的地理国情矢量图。

6.2.5　内外业一体化调查技术

笔记本电脑、GPS 定位设备及外业调绘平板等设备的普及，为地理国情普查内外业一体化生产作业模式提供了设备保障。在内业高精度遥感影像判读的基础上，采用野外数字化调绘系统等设备，进行地理国情要素移动式、网络化外业调查和验证，提升采集和编辑外业调查数据的效率。如在内业判读与检查的基础上，对变化信息解译成果进行检查、修正等，必要时对内业无法准确判断的区域进行外业核查。主要流程包括：①影像制作。利用分辨率优于 1 m 的多源航空航天遥感影像数据作为主要数据源，分别制作分幅及分景数字正射影像图，作为后期普查数据生产的工作底图。②外业踏勘及解译样本数据采集。为了解测区的地形、地貌、主要植被类型，进行测区内题资料收集、野外踏勘及特殊或典型地物类的样本拍照等工作。③内业判读解译及外业底图制作。采用人机交互、多源信息辅助判读解译的方式进行，初步形成地表覆盖分类数据及地理国情要素数据，导入相应的外业调查核查设备，形成普查外业工作底图。④外业调绘核查。首先应对地表覆盖分类数据及地理国情要素数据进行沿途调查，确定其类型、位置、范围及属性的正确性，并通过一定的统计方法检验地表覆盖数据分类的准确性，同时对新增或变化图斑和要素进行补测补调，补充收集专题资料和解译样本数据。⑤内业编辑与整理。根据普查底图、外业调查成果、遥感影像解译样本数据及补充收集的专业资料等，对地表覆盖分类数据及地理国情要素数据进行编辑、入库前检查、数据拼接、解译样本数据内业整理及元数据制作等工作。⑥元数据制作。数据内容包括成果数据基本信息、数据源、数据采集、外业调绘核查、数据整理编辑、质量检查、成果验收、负责单位以及成果总体精度 8 个方面的内容。地理国情普查内外业一体化生产作业模式实现了国情监测内外业一体化协同作业，大幅提高了外业调查效率和数据成果质量。

6.2.6 专题性地理国情监测时空数据库

在专题性地理国情监测的基础上，基于时空数据模型、采用面向对象的方法和 UML 建模语言进行地理国情专题监测数据库的设计，采用服务器/客户机架构模式（C/S）模式设计并开发数据库管理系统，建立面向对象的专题性地理国情监测时空数据库，并与历年监测成果集成，进一步优化完善数据库管理系统功能和性能，实现专题性地理国情监测数据集成管理、成果展示、更新维护等方面的功能，纳入自然资源三维立体时空数据库体系。数据库成果及时提供给相关单位和各省级自然资源主管部门，为开展专题性地理国情信息时空分析、数据挖掘、应用服务等提供基础。

关键技术主要包括以下 3 种：①地理国情时空数据管理技术。在地理国情监测成果数据建库时，将变化数据与版本数据同时入库。将普查或最新一年的基础性监测成果数据作为最新基态数据，每年监测本底数据作为历史基态，增量更新数据（变化数据）作为历史变化量，基态数据层存储整个范围数据，变化数据层仅存储变化数据。将最新基态数据作为现状数据库，历史基态和变化数据作为历史数据库，根据基态和增量更新数据（历史变化量）回溯地理国情历史数据，现状数据和历史数据相对独立存储，既实现了地理国情现状数据库的高效查询应用，又保证了历史数据的快速回溯、查询。②栅格数据动态镶嵌与管理技术。将影像数据的元数据、影像编目、影像范围线、镶嵌线以及影像实时处理的一些设置参数存储在数据库中；在存储设备中对各种不同传感器、分辨率、坐标系统的影像数据文件以及各影像金字塔文件进行管理。在地图窗口中显示时，将边界线、轮廓线和影像组合显示。通过 ArcGIS 镶嵌数据集进行存储管理，在数据库中只建立影像的索引，影像文件仍采用文件形式进行存储。同时，为了提升浏览过程中影像的显示速度，通过对原始影像的抽取，逐级创建镶嵌数据集的概视图和金字塔。③基于数据库驱动的地理国情快速图件制作技术。通过图数联动机制，建立了统计数据源、指标计算结果与统计成果之间的业务关联；通过“数据源—模板—成果”关联模型、报告成果模板化、统计成果的一键式输出等技术，实现了统计分析报告中图件成果的自动生成。成果模板与统计成果之间的关联关系固定下来；同时通过可配置界面将统计分析报告中图件、文字、表格等的数据获取条件保存到统计分析报告模板。当统计数据源发生变化时，可通过该模型实现报告中图件、文字、表格内容的联动更新和一键化输出。

6.2.7 地理国情信息统计分析、数据挖掘与模拟预测技术

地理国情信息统计分析以地理国情大数据为基础，融合其他专业部门的统计数据，采用地理信息科学、空间经济学、计算机科学等多学科的理论与技术方法，基于不同地理国情统计单元，利用综合分析、模拟预测、信息挖掘等手段（如包括地表精准建模、近似计算、多时态数据变化分析、多源数据综合分析），从不同的维度综合分析资源、环境、生态、经济、人口等要素的内在空间特性及其相互作用，揭示它们的分布规律和发展趋势，从而提取有用的国情信息并形成结论，为科学决策提供依据或建议。如在监测成果基础上，面向不同业务需求，开展统计，形成建设用地、耕地、园地、林地、草地等变化图斑数据集，服务于相关管理工作。同时，利用监测成果开展监测分析，围绕国家对永久基本农田、生态保护红线、城镇开发边界 3 条控制线严格管理、监督、考核的需要，对 3 条控制线开展监测分析；围绕京津冀协同发展、长江经济带发展、粤港澳大湾区建设、长三角一体化发展、黄河流域生态保护和高质量发展、成渝地区双城经济圈建设、海南自由贸易港建设等国家重点战略区域开展监测分析；围绕国家公园、风景名胜区、自然和文化遗产、自然灾害频发区域、边境地区等重要领域开展监测分析；围绕国家重点项目开展监测分析。各监测单位和各省份可结合自身技术优势和区位特点，统筹开展监测分析工作。

6.2.8 地理国情监测图件编制

图件是专题性地理国情监测的重要成果形式之一，面向不同用途和对象主要分为报告用图、桌面用图、挂图和图集。专题性地理国情监测图件的编制，是在确定数学基础、制图区域、比例尺、主题内容、表达形式的基础上，开展地理底图编制、监测数据综合、统计图表编制等工作。专题性地理国情监测图件应主题鲜明地展示专题性地理国情要素空间分布现状，以各种地图语言真实、科学、美观地反映各级统计单元内及统计单元间要素的数量与构成指标，并与其他行业部门数据相结合，深入地反映专题性地理国情监测要素的分布规律及其与其他社会经济和自然地理要素的相互关系。

图件编制流程包括以下 8 个：①数据预处理。数据预处理包括国情要素更新、数据提取和处理、投影转换 3 部分。②数据缩编。完成点、线、面等人工与自然地物综合与制图的全要素自动缩编，以及要素之间的空间关系协调。③地图符号化，制图编辑。利用自动化制图综合处理后的数据，人工进行主图编辑加工整理。在编辑整理中，需遵循避让原则，即人工要素避让自然地理要素，次要要素避让主要要素，其他要素避让独立地物，要素重要性相当时，根据周围环境可以移动一方，也可以双方同时移动，正确处理各要求之间的关系。④附图附表制作，文字说明撰写。附图按设计要求和试验样图，编制位置图、地势图、坡度图；附表是利用基本统计数据，制作各类柱状图、饼状图等统计图表。同时编写各类图表的制作说明，其内容包括统计数据、计算公式、计算结果、柱子高度、饼图扇形角度等，以便检查验收；按规定内容和字数，撰写文字说明。⑤图面配置，地图整饰。合理安排附图、附表、文字说明、图例的位置，突出表达地图主题，且生动活泼、灵活多变，并按统一设计要求进行地图整饰。⑥元数据制作。元数据存放有关数据源、产品归属、空间参考系、数据量等方面的信息。⑦检查验收。⑧打样、出片、印刷。

6.3 小结

专题性地理国情监测需面向自然资源管理和生态文明建设，适应新趋势和新特征，坚持需求导向和问题导向，主动对接政府决策和管理需求，在监测对象和内容确定、监测成果分析和应用等环节，找准服务大局的切入点和着力点，不断扩展深化地理国情监测服务领域。为更好地开展地理国情监测服务，现有地理国情监测技术需尽快突破一批关键技术（如时间、空间和属性一体化的自然资源高精度调查技术、大数据支撑下的自然资源开发利用三维动态监测技术、大区域多尺度自然生态空间质量综合分析与评估技术、数字地图成果制作等）。还需面向自然资源开发利用和保护、空间规划体系建立与实施等，构建统一的各类资源调查与监测标准体系，实现监测对象、内容指标和分析评价方法等协调一致。未来地理国情监测技术发展主要为相关监测技术的集成发展、数据源多样性、监测时效性、监测成果按需提供、监测设备先进等趋势，将为我国生态文明建设和经济社会发展提供更科学、及时、准确的地理国情监测服务。

第 7 章

专题性地理国情监测典型案例

本章重点介绍湖南省具有代表性的专题性地理国情监测典型案例，内容涵盖重大战略和重大工程实施、空间规划与实施、资源节约利用、生态环境保护、城镇化发展等方面，详细介绍了典型案例的监测内容、技术方法和重要成效。

7.1　洞庭湖生态经济区地理国情监测

洞庭湖生态经济区地跨湘鄂两省，处于东部沿海地区和中西部地区过渡带、长江开放经济带和沿海开放经济带接合部。洞庭湖是我国第二大淡水湖、湖南的“母亲湖”、长江流域重要调蓄湖泊、亚洲最大内陆湿地和国家重要商品粮棉油、畜禽、水产品生产基地，区位优势独特，生态功能突出，担负着保障国家粮食安全和长江流域水生态安全的重大责任。洞庭湖的生态环境保护和治理是整个生态文明建设中的重要标识。洞庭湖生态经济区地理国情监测作为常态化监测项目已被列入《湖南省“十三五”国土资源发展规划》，自 2014 年起，围绕洞庭湖的水资源、水环境、水生态等方面连续开展监测，基本查明了洞庭湖的湖泊萎缩、洲滩演变、湿地保护等情况。

7.1.1　监测内容

（1）监测范围

监测范围包括洞庭湖平原区及湖区所在县（市、区）的山丘地区、荆江北部江汉平原的荆州市所辖区域，即湖南省岳阳市、常德市、益阳市，长沙市望城区和湖北省荆州市，共 33 个县（市、区），面积 6.05 万 km^2。其中湖南省 25 个县（市、区），面积 4.63 万 km^2。

（2）监测目标

根据洞庭湖生态经济区地理国情监测的总体要求，在基础性监测成果的基础上，以测绘遥感技术为支撑，整合并充分利用各类测绘地理信息资源和专题数据资料，开展洞庭湖生态经济区水资源监测、河湖水域岸线监测、水污染与水环境治理监测、水生态保护监测、国土空间开发监测、重大事件遥感应急等监测，构建洞庭湖生态经济区地理国情信息数据库，形成数据、图件、报告等系列成果，为《洞庭湖生态经济区规划》实施的中期评估提供客观资料和依据，为“河长制”的全面推进提供基础数据，同时，为洞庭湖水环境专项整治提供基础数据。

（3）工作任务

洞庭湖生态经济区地理国情监测围绕水资源监测、河湖水域岸线监测、水污染与水环境治理监测、水生态保护监测、国土空间开发监测、重大事件遥感应急监测 6 个专题，根据监测内容涉及的监测区域和监测频次的不同开展相关监测。2014 年监测内容主要包括湖泊萎缩与河道变迁监测、洲滩和河道扩张演变监测、湖泊水面和湖容变化监测、湖区湿地保护区地表覆盖变化监测、血吸虫钉螺孳生环境的分布及变化监测、湖区潜在污染源（排污口）现状调查，2015 年新增了湖区排污现状（废气）监测、城乡建设用地情况监测、重要水源地（铁山水库，地处新墙河上游）监测，2016 年新增了县级以上城市扩张监测、洪涝灾害应急监测，2017 年新增了河湖采砂、水体富营养化监测，2018 年在 2017 年基础上增加了血吸虫钉螺孳生环境的分布及变化监测，各年度监测内容见表 7-1。

表 7-1 洞庭湖生态经济区地理国情监测内容

序号	监测内容		监测范围	监测基期	监测频次	往年监测情况
1	水资源	湖泊萎缩	洞庭湖、零星湖泊	1896 年	1 次/5 年	2014 年、2019 年
		湖泊水面	洞庭湖	1992 年	1 次/月	2014—2020 年
		洲滩演变	洞庭湖主要河流	1992 年	1 次/5 年	2014 年
		重要水源地	铁山水库等水源地	1972 年	1 次/季度	2014 年
2	河湖水域岸线	河湖水域岸线建筑物	洞庭湖、主要河流	2016 年	1 次/年	2016—2020 年
		围湖圈地	洞庭湖、主要河流	2010 年	1 次/季度	2014—2020 年
		河湖采砂	洞庭湖、主要河流	2017 年	1 次/年	2017—2020 年
		河道崩岸	主要洪道与荆江河段	2016 年	1 次/年	2016—2018 年
3	水污染与水环境	沟渠与坑塘	洞庭湖生态经济区	2016 年	1 次/5 年	2016 年
		畜禽养殖	洞庭湖生态经济区	2016 年	1 次/年	2016—2020 年
		疑似污染源	洞庭湖生态经济区	2014 年	1 次/年	2014—2020 年
		水体富营养化	洞庭湖	2017 年	1 次/季度	2017—2018 年

序号	监测内容		监测范围	监测基期	监测频次	往年监测情况
4	水生态	湿地保护区地表覆盖	湿地保护区	2014 年	1 次/年	2014—2020 年
		血吸虫钉螺孳生环境	洞庭湖平原区	1987 年	1 次/5 年	2014—2018 年
5	国土空间开发	城乡建设用地	洞庭湖生态经济区	2014 年	1 次/年	2014—2018 年
		县级以上城市扩张	县级及以上城镇	1954 年	1 次/5 年	2016 年
		新增耕地的耕作状况	洞庭湖生态经济区	2010 年	1 次/5 年	2015 年、2019 年
6	突发重大事件	洪涝灾害、地质灾害等重大事件	洞庭湖生态经济区	2015 年	准实时	2016—2018 年

7.1.2 技术方法

7.1.2.1 主要技术方法

（1）遥感影像处理技术

基于多源多时相遥感影像、DEM 数据，采用纠正、配准、融合、镶嵌与增强等遥感影像处理技术，生成项目所需的正射影像。

（2）信息提取与解译技术

根据监测因子（湖泊萎缩、河道变迁与堤坝变化监测、洲滩扩张演变、洲滩地表覆盖变化监测、血吸虫钉螺孳生环境变化监测等）的特征，主要采用计算机自动处理与人机交互解译、多源信息辅助判读与解译方法，采集各类目标信息。

（3）内外业一体化调查技术

在内业高精度遥感影像判读的基础上，对影像特征不明显的地物进行针对性的外业核对，完善采集内容。

野外核查采用电子调查底图，在 ArcGIS Server 平台下将调查影像及室内解译的矢量数据切片，导入外业核查设备 IPAD，调查时启动 GPS 定位系统，记录野外调查轨迹。根据疑问图斑分布、监测对象的野外调查比例等因素规划野外核查路线，并对典型区域、重点区域进行高覆盖度核查。调查形成野外调查记录手簿和野外现场照片集等野外成果，并根据野外调查发现的问题对矢量数据进行修正。

（4）数据库建设方法

矢量数据库按照监测内容分图层的方式进行建设。每个监测内容建立一个图层，图层中的字段按设计书中的字段名称、字段类型、字段长度等属性建立。图层中每个图元（图斑、线、点）的信息根据具体监测内容的解译情况在编辑状态下进行填写。影像数据库按文件方式进行组织，除收集的高分遥感正射影像成果以外，其他的按照影像获取时间-类型进行命名。文件类型包括影像文件、投影文件等。

（5）统计分析、数据挖掘技术

采用纵向比较、横向对比、类比分析、模型构建等方法，开展洞庭湖湖泊水面与湖容变化监测、湿地保护区地表覆盖现状监测、血吸虫钉螺孳生环境现状监测、洞庭湖排污现状监测、城乡建设用地监测，挖掘出湖区生态环境信息的变化及其变化趋势。

7.1.2.2 技术流程

项目在充分收集相关遥感信息源资料、基础地理资料和行业资料的基础上，以地理国情普查的调查底图为遥感图像处理的平面控制，通过系列航空航天遥感图像处理、成果资料的坐标系转换和数据格式转换，开展各年度监测因子信息的提取，对影像特征不明显的地物进行有针对性的外业核对，对以往成果开展综合分析，对数据库进行更新和完善，编制洞庭湖生态经济区地理国情监测系列成果图件。技术流程如图 7-1 所示。

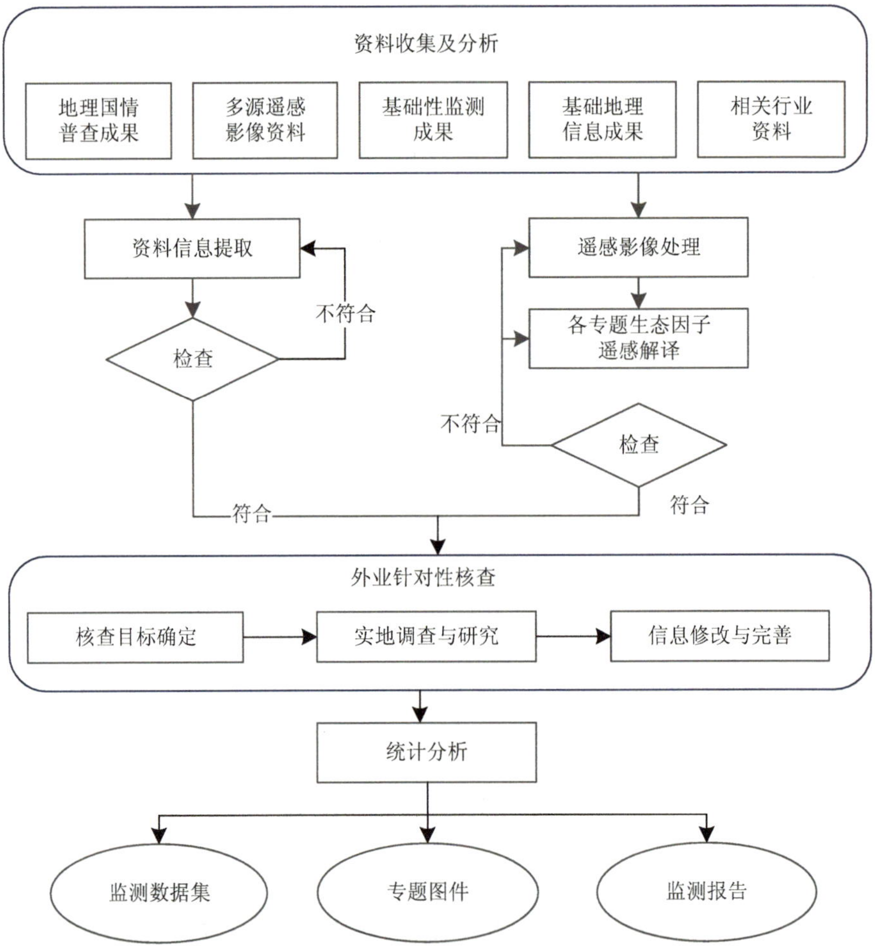

图 7-1 技术流程

7.1.3　监测成效

7.1.3.1　主要监测结果

（1）湖泊萎缩变化监测

洞庭湖湖泊面积由 1897 年的 5 146.71 km^2 萎缩到 2014 年的 2 582.52 km^2，减少了 2 564.19 km^2，萎缩约一半，年均减少 21.92 km^2。其中，1897—1978 年的 81 年是洞庭湖面积的锐减时期，面积减少了 2 520.96 km^2，约为 117 年中面积总减少量的 98.31%。其中，1897—1954 年的 57 年减少 1 501.09 km^2，年均减少 26.33 km^2；1954—1978 年的 24 年减少 1 019.87 km^2，年均减少 42.49 km^2。1978—1998 年的 20 年，洞庭湖面积略有减少，减少量为 23.45 km^2，年均减少 1.19 km^2。1998 年洞庭湖特大洪涝灾害之后至 2012 年，洞庭湖面积基本稳定，为 2 601.11 km^2。

（2）洲滩扩张演变、洲滩地表覆盖变化监测

1978—2014 年，洞庭湖枯水季节相近水位下的湖泊洲滩面积从 1 836.53 km^2 增加到 2 083.91 km^2，增加 247.38 km^2，年均增加 6.87 km^2。近年来，湖泊洲滩呈萎缩趋势。东洞庭湖泊洲滩从 2010 年的 1 128.49 km^2 减少至 2014 年的 1 111.73 km^2，年均减少 4.19 km^2；南洞庭湖泊洲滩从 2007 年的 664.01 km^2 减少至 2014 年的 628.90 km^2，扣除 2012 年沅江市围筑塞湖洲垸占用洲滩 20.09 km^2，年均减少 2.15 km^2。

无论是湖泊洲滩还是河道洲滩，地表覆盖物均以杨树和芦苇地为主，占洲滩总面积的 80.00%左右；杨树和芦苇地也是自 1978 年以来变化最大的地表覆盖，两者呈此消彼长的增减状态。自 1978 年以来，湖泊洲滩的人工利用程度从 65.37%上升到 89.72%，进一步综合利用的难度越来越大。

（3）血吸虫钉螺孳生环境变化监测

20 世纪 80 年代末期—90 年代末期，洞庭湖的钉螺孳生环境的面积以年均约 1%的速度逐渐减小；1998 年特大洪涝灾害后的连续 4 年，钉螺面积以每年 0.86%的速度迅速扩大；三峡水库运行后，钉螺面积扩大的速度得到一定抑制，但仍然以年均 0.36%的速度缓慢扩大。

2014 年洞庭湖区共有钉螺孳生环境面积 2 305.12 km^2，其中最适宜钉螺孳生的区域（Ⅰ级）26.59 km^2，基本适宜钉螺孳生的区域（Ⅱ级）584.99 km^2，可能适宜钉螺孳生的区域（Ⅲ级）1 693.54 km^2。

（4）水污染与水环境治理监测

截至 2020 年 11 月底，在洞庭湖区饮用水水源保护区范围内养殖建筑物共计 114 处，总面积 904.93 亩。其中正在养殖的 42 处，面积 297.66 亩；已退养的养殖场 70 处，面积

573.33 亩；已拆除的养殖场 2 处，面积 33.94 亩。各自然保护地中，从正在养殖的畜禽养殖场来看，畜禽禁养区内养殖场最多的是岳阳市铁山水库饮用水水源保护区，有 18 处，面积 54.30 亩；其次是东洞庭湖国家级自然保护区，有 8 处，面积 74.26 亩；湘阴县湘江饮用水水源保护区内有 3 处，面积 16.80 亩。

（5）国土空间开发监测

2016—2018 年洞庭湖生态经济区已验收的土地整治项目总面积 110 089.61 hm^2，实际用于耕作的土地 80 115.36 hm^2，耕作利用率为 72.77%，非耕作的土地 29 974.25 hm^2，占总面积的 27.23%。非耕作利用土地中，养殖水面面积最大，占总面积的 9.15%，主要原因是水产养殖尤其是近几年小龙虾养殖经济效益高于粮食种植，受市场导向和政策鼓励的影响，利用耕地挖池进行水产养殖是湖区农民增产增收的主要手段；植树造林面积 7 045.88 hm^2，占土地整治项目总面积的 6.4%，由于优质耕地后备资源越来越少，近年来开发的新增耕地耕作条件较差，尤其是水源不足的山地坡地，旱作物经济效益低，改为种植经济林木的情况较普遍；另外，休耕抛荒与经济园地分别占土地整治项目总面积的 4.01%、2.69%，其他土地利用占土地整治项目总面积的 4.98%，主要包括交通道路用地、房屋建筑用地等。

7.1.3.2 监测效益

洞庭湖生态经济区地理国情监测项目反映了 1896 年至今 120 余年洞庭湖的沧桑变化，包括湖泊萎缩、河道变迁与堤坝变化，洞庭湖区 1978 至今钉螺孳生环境的分布及变化，分析了三峡水库运行对洞庭湖洲滩发育的影响，查清了近年来湖区范围内的潜在污染源情况，发现了湖区水面非法建筑、非法围垸等情况，查明了其地理位置、规模等，为相关执法部门提供了依据，并为汛期洪涝灾害的应急救灾和灾后重建工作提供了及时服务。

7.2 长株潭城市扩张与用地变化动态监测

长株潭城市群是我国两型（资源节约型和环境友好型）社会改革试验区，为推动长株潭城市群两型社会建设，促进长株潭城市群协调发展和区域生态环境综合治理，2015 年启动了长株潭城市扩张与用地变化动态监测。项目系统地开展了长株潭主城区改革开放以来 8 845 km^2 范围的城市空间扩展、土地利用结构变化、城市热岛、大气污染源空间分布等重要地理国情信息的监测与分析，丰富的监测成果在长株潭城市群优化国土空间开发格局、管理与监督自然资源、保护生态环境、制定和实施发展战略与规划等方面起到了重要作用。

7.2.1　监测内容

7.2.1.1　监测范围

长株潭城市群主城区，包括长沙市主城区、望城区、长沙县、湘潭市区、湘潭县、株洲市区及株洲县的行政范围，位于东经 111°～114°、北纬 26°～29°，总面积约 8 485 km^2，占长株潭城市群面积的 16.94%。

7.2.1.2　监测目标

利用 2015 年湖南省第一次地理国情普查成果，结合历史各时期遥感影像、基础地理信息成果资料和相关专题数据资料等，围绕长株潭城市群生态文明建设、城市空间格局优化等方面，开展长株潭城市群主城区空间扩张和土地利用结构变化监测，识别主城区自改革开放以来的城市扩张模式及其驱动因素，在分析土地利用的结构变化及其生态保护功能演化特征的基础上，结合自然和人文地理要素，开展城市扩张及其生态环境效应的评估、模拟预测与分析，形成长株潭城市群重要地理国情信息监测成果，为促进与监督长株潭城市群的国土开发、城市空间规划管理及两型社会建设任务的推进等提供有力保障。

7.2.1.3　监测任务

（1）城市空间扩张和土地利用结构变化监测

综合利用长株潭城市群主城区 2015 年地理国情普查成果数据和 1978 年、1990 年、1994 年、2000 年、2006 年、2010 年各时相土地利用及光学卫星遥感数据，结合基础地理信息数据及城市规划、地籍测绘数据等专题资料，开展长株潭主城区县级以上城市城区边界提取，统计城市轮廓范围和面积变化。同时，依据 2015 年地理国情普查成果相关规定与实际工作需求拟定土地利用分类体系，查清主城区 1978 年、1990 年、1994 年、2000 年、2006 年、2010 年、2015 年各土地利用类型面积、数量、空间分布以及主要变化区域。

（2）综合分析与评价

利用 7 个年度的变化监测成果，结合城区及其周边地区的经济状况变化、人口迁移、政策导向变化等因素，完成城市空间扩张特征分析、土地利用结构演化特征分析、土地利用生态保护功能分析、土地利用变化的城市热岛效应分析、土地利用变化的大气污染效应分析。

（3）模拟预测

利用监测期内土地利用类型、数量、空间结构演化特征成果，综合考虑自然地理条件、社会经济发展政策、环境保护方案、土地利用规划等因素，分自然情景、经济高速发展情景、低碳情景、生态保护情景，模拟长株潭主城区 2020 年、2030 年的土地利用格局，分析上述各情景下不同土地利用类型的范围、面积、空间分布特征与差异。

7.2.2 技术方法

7.2.2.1 数据源

遥感影像数据主要包括 1974 年所有遥感影像资料，1973 年、1978 年、1979 年、1990 年、1994 年、2000 年、2006 年、2010 年、2013 年、2015 年 Landsat 系列遥感影像，MODIS 气溶胶产品。

基础地理信息数据主要包括全要素数字线划图、30 m 分辨率 DEM 数据、1∶100 000 土地利用数据、1∶10 000 DEM 数据、长沙市、株洲市、湘潭市 3 市 2015 年地理国情普查成果数据，包括地表覆盖分类数据和地理国情要素数据。

专题资料主要包括气象数据、环境数据、地表温度实测数据、人口数据、经济数据、交通数据。

7.2.2.2 监测方法

（1）城区初始边界提取技术

针对高分辨率遥感影像，主要通过应用遥感影像解译和判读知识，并借助相关的参考资料对城市的形态和扩展模式进行综合分析，初步提取出初始城区边界。

针对低分辨率遥感影像，通过融合多光谱遥感数据（Landsat）提供的光谱、纹理、不透水面指数等信息和夜间灯光遥感数据（DMSP-OLS）提供的灯光指数信息，自动选取城区正负训练样本完成有监督的城市边界提取。

（2）城区精细边界提取技术

对于高分辨率遥感影像，制定了高分辨率遥感影像城区判别规则；对于低分辨率遥感影像，制定了低分辨率遥感影像城区判别规则，对初始城市边界矢量文件进行编辑修改。

（3）信息提取与解译技术

通过有监督分类方法进行土地利用分类，分类精度采用分类混淆矩阵进行评定。对于已有详细土地利用数据或地理国情普查数据，进行重分类。基于扬尘地表的采集原则，建立解译样本标志，提取出扬尘地表的图斑边界。

（4）统计分析、数据挖掘技术

采用质心、分形维数、紧凑度来反映城市形态变化特征和结构变化；采用凸壳原理，将城区扩展面积分为填充和外延两类，研究城市扩展模式类型；根据蔓延式扩展、轴向式扩展、跳跃式扩展模式分析城市空间结构演化模式；采用研究年度内市辖区建设用地年均增长率与非农业人口年均增长率进行关联分析，来测度不同时期城市扩展协调性。利用产业结构相似系数研究不同地区产业结构的协调性，表示两个不同区域产业结构的相似程度，进行城市扩展过程中的空间竞合分析。

利用相关性分析、缓冲区分析、灰色关联分析以及模型指标构建分析等方法，研究土地利用结构演化特征、土地利用生态保护功能、土地利用变化的城市热岛效应、土地利用变化的大气污染效应。

7.2.2.3　技术路线

利用 2015 年地理国情普查成果，结合 1978—2015 年多时空分辨率遥感影像、灯光遥感数据、基础地理信息和专题数据，采用人机交互影像处理、多源信息辅助判读解译、外业调查、内业整理及统计数据空间化等技术与方法，内外业结合开展变化监测数据集的构建与综合分析评价，在此基础上模拟预测未来不同土地利用情景下长株潭主城区扩张变化趋势，形成数据集、专题图和专题报告等监测成果（图 7-2）。

7.2.3　监测成效

7.2.3.1　主要监测结果

（1）城市空间扩张监测

城市空间扩张监测利用 1978 年、1990 年、1994 年、2000 年、2006 年 6～30 m 的中高分辨率遥感影像，2010 年、2015 年 0.5～2 m 的高分辨率遥感影像，结合基础地理信息数据，以及规划部门专题数据资料等，采用变化检测、内业解译和编辑、外业核查、统计分析等技术方法，开展了 1978—2015 年长株潭主城区城市边界、城市面积、扩展面积、扩展速度和扩展强度监测，分析了 37 年长株潭主城区 15 个区（县）的城区空间扩张过程，形成了长株潭主城区地理国情监测成果，旨在为长株潭两型社会发展提供有力的保障。

监测结果显示：长株潭主城区 15 个区（县）1978 年、1990 年、1994 年、2000 年、2006 年、2010 年、2015 年的城区面积分别约为 53 km^2、105 km^2、135 km^2、156 km^2、268 km^2、381 km^2、514 km^2，城镇化发展迅速，平均每 10 年同比增长超过 50%，改革开放以来增长约 8 倍。37 年间，长沙市、株洲市以蔓延式和轴向式扩张为主，湘潭市以蔓延式扩张为主，呈现快速扩展势头。在扩张过程中，2010—2015 年，长沙市、株洲市、湘潭市城区面积年均增长率远超非农人口增长率，土地城镇化与人口城镇化进程不协调趋势加剧。截至 2015 年，长沙市、株洲市和湘潭市在规划边界（2020 年）内已经建成的

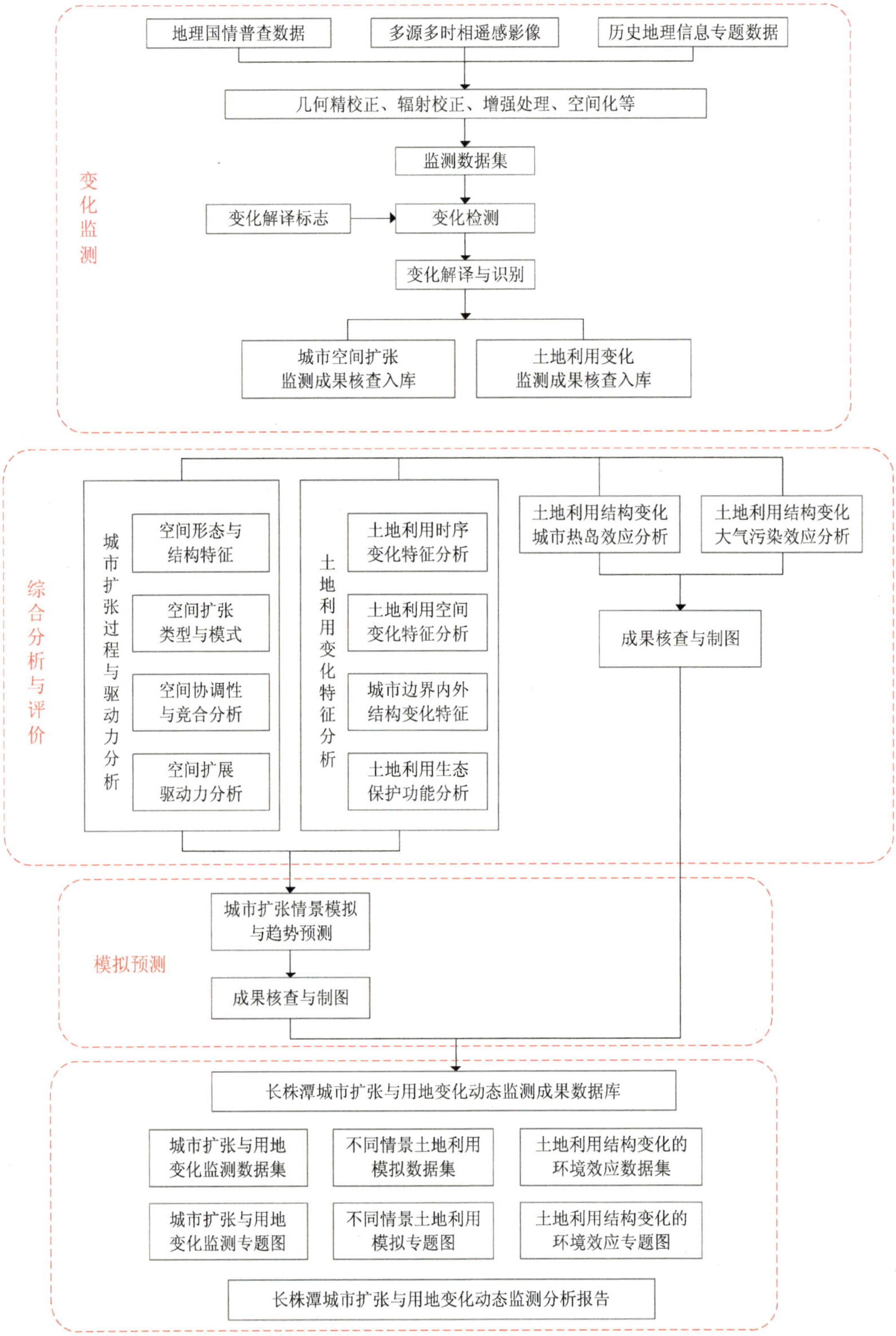

图 7-2　长株潭城市扩张与用地变化动态监测技术流程

城区面积占规划总面积的比例依次约为 50%、65%、42%。按现阶段发展速度，各市城区空间范围至 2020 年仍将处于规划边界内。规划期内，长株潭主城区城市扩展空间潜力主要分布在长沙市岳麓区的西部片区、高铁站片区、开福区的北部片区、望城区西南片区，株洲市天元区和芦淞区的南部片区，以及湘潭市岳塘区的西北片区。

（2）土地利用结构变化监测

利用 1978 年、1990 年、1994 年、2000 年 6～30 m 中高分辨率遥感影像，2006 年、2010 年、2015 年 0.5～2 m 高分辨率遥感影像，结合土地利用数据等，运用遥感影像计算机分类与变化检测技术，开展了长株潭主城区以及辖区内各地级市、各区（县）土地利用类型面积的数量与变化量、变化速率、城市边界内外土地利用变化等监测，分析了 1978—2015 年长株潭主城区、长沙市、株洲市、湘潭市以及 15 个区（县）的土地利用结构变化情况。

监测结果显示：长株潭主城区建设用地、林地、耕地在 1978—2015 年发生了显著变化。例如，建设用地面积一直呈持续上升趋势，从 1978 年的 80 km^2 增长到 2015 年的 1 252 km^2，年均增长速率达 31%，总量增加十余倍。

改革开放以来，长株潭主城区土地利用类型空间分布存在明显的区域性特征。建设用地主要集中在长沙市、株洲市和湘潭市的中心城区；林地主要集中在长沙县、望城区、岳麓区、株洲县和湘潭县；耕地主要集中在长沙县、望城区、株洲县和湘潭县。受生态活力下降和生态压力持续上升双重因素影响，长株潭主城区生态服务功能在 1978—2015 年呈现出“先下降后恢复”的变化特征，但 3 市之间生态绿心区的保护仍需引起高度关注。

（3）城市热岛监测

城市热岛监测主要利用 1994 年、2000 年、2006 年、2010 年和 2015 年 5 期 120 m 分辨率遥感影像，采用遥感地表温度反演方法，结合土地利用、城市扩展边界等基础地理信息数据和地表温度、气温等专题数据，开展了 1994—2015 年长株潭主城区地表温度、热岛强度、热岛面积、热岛等级的监测，分析了热岛与土地利用的关联关系，形成了长株潭地区城市热岛监测成果，旨在为长株潭两型社会建设提供决策支撑。

监测结果显示：1994 年长株潭主城区全域空间范围热岛强度约为 3℃，2015 年达到 7℃左右。其中，热岛强度增加速度最快的阶段为 1994—2000 年，2000—2006 年次之，2006—2010 年热岛强度增速最低。长株潭主城区城市热岛由 1994 年的以低等级（1、2 等级）为主，逐渐发展为以中等级（3、4 等级）为主，高等级（5、6 等级）不断出现的新格局，热岛面积持续增加，但热岛面积增长速度整体上趋缓。

在长株潭 3 市中，低等级（1、2 等级）热岛主要发生在耕地、林地和水域面积比例大的区域；高等级热岛主要发生在建设用地面积比例大的区域。城区内部，草地、水域和未利用地对城市热岛强度的“负效应”关系作用明显，增加这 3 类用地的比例可有效缓解城市热岛现象的发生。

（4）城市大气污染源空间分布监测

空间视角的城市大气污染监测主要利用 2015 年地理国情普查成果、2013 年航空遥感多光谱影像和 2006 年 30 m 分辨率遥感影像数据，结合 $PM_{2.5}/PM_{10}$ 定点观测浓度等专题数据，运用遥感影像计算机分类、变化检测技术与地理信息系统时空建模技术，开展了长株潭主城区扬尘地表污染源面积与空间分布监测，分析了长株潭主城区 2006 年、2013 年和 2015 年 PM_{10} 浓度以及 2013 年、2015 年 $PM_{2.5}$ 浓度的空间分布格局与时空变化，形成了长株潭主城区大气颗粒物地理国情监测成果，旨在为长株潭两型社会大气污染防控提供决策支持。

监测结果显示：2015 年长株潭主城区各类扬尘地表污染源总面积约 269 km^2，比 2013 年增加了 19 km^2。其中碾压踩踏地表和建筑工地是长株潭主城区扬尘地表污染源的主要类型，两者合计占比超过 80%。2013—2015 年，长株潭主城区建筑工地类型面积增加明显，新增面积约 37 km^2，碾压踩踏地表面积减少约 11 km^2。3 市扬尘地表污染源面积大小依次为长沙市、湘潭市和株洲市，雨花区、天元区、开福区、芙蓉区 4 区扬尘地表污染源面积占所在区辖区面积的比例最大，均超过 6%。

监测期内长株潭主城区全域空间范围 PM_{10} 和 $PM_{2.5}$ 年平均浓度呈下降趋势，各下降约 27%和 28%，2015 年年均浓度值分别降到 82 $\mu g/m^3$ 和 51 $\mu g/m^3$。PM_{10} 浓度在雨湖区、雨花区降幅最大，芦淞区降幅最小；$PM_{2.5}$ 浓度在望城区、岳麓区、岳塘区降幅最大，长沙县降幅最小。主城区内，PM_{10}、$PM_{2.5}$ 浓度空间差异与土地利用类型显著相关，浓度随建设用地面积占比增加显著升高，园地、林地对 $PM_{10}/PM_{2.5}$ 浓度的“负效应”显著，扬尘地表中碾压踩踏地表、建筑工地、露天采掘场对 $PM_{10}/PM_{2.5}$ 浓度空间分布有一定影响。

7.2.3.2 监测效益

利用长株潭城市扩张与用地变化动态监测成果，全面揭示长株潭城市空间土地利用的基本格局和变化过程，预测区域经济社会发展过程中的各种用地需求，了解区域生态与环境状况优劣及分布情况，制定有针对性的区域城市开发、土地利用管理与环境保护措施，优化生态环境保护方案，不仅可以节约财政资金，还可以充分挖掘地理国情监测成果对城市热岛和大气环境质量空间分布等公众关心热点问题的解决方案，服务于长株潭城市群资源节约型和环境友好型社会的建设，经济社会效益显著。

项目形成了一套较为完善的城市空间扩张与土地利用结构变化监测技术标准、工艺流程。项目形成的长株潭主城区城市扩张与用地变化监测成果，掌握了该地区不同时期重要地理国情的变化过程，为建立定期报告和监督机制奠定基础，为长株潭生态文明建设、空间规划管理和防灾减灾等提供有力保障，对推进重大战略实施和重大工程建设具有积极作用。

7.3　湖南省主体功能区实施情况地理国情监测

加快实施主体功能区战略，是优化国土空间开发格局和生态文明建设的重要支撑。2015 年，湖南开展了主体功能区实施情况地理国情监测，借助地理国情普查与监测形成的海量数据成果，开展重点开发区、农产品主产区、重点生态功能区、禁止开发区 4 类主体功能区规划实施监测与评估工作，旨在动态掌控主体功能区运行状态，客观评价主体功能区规划实施效果，并为今后规划更好地实施提出适当的优化和调整建议。

7.3.1　监测内容

7.3.1.1　监测目标

（1）动态掌控湖南省主体功能区运行状态

主体功能区规划实施监测是规划方案的重要一环，是对湖南省主体功能区发展的行为、特征、趋势等进行监测。通过考量不同类型的指标，分析评价指标达到的效果，掌握主体功能区规划落实情况，同时加入时间序列分析，能够了解湖南省主体功能区的动态演化过程及未来发展趋势，并动态掌控湖南省主体功能区运行状态。

（2）评价主体功能区规划实施效果和效益

主体功能区规划实施监测与评价是对主体功能区发展现状与规划设计目标吻合程度的评判，是评价主体功能区规划实施效果和效益的基础。主体功能区规划实施监测与评价能够确保一些引导性和约束性指标真正完成，提高规划实施的效率和科学性，督促地方政府切实按照主体功能区规划来制定经济社会发展政策，引导和约束其他相关规划的编制和实施。

（3）提出湖南省主体功能区规划适当调整的建议和方案

主体功能区规划实施监测和评价是主体功能区规划调整修订的重要依据。地理国情普查，系统掌握权威、客观、准确的地理国情信息，是制定和实施国家发展战略与规划、优化国土空间开发格局和各类资源配置的重要依据。依托地理国情普查资料，对主体功能区规划实施进行动态监测和系统评价，有利于监督和引导经济布局、人口分布真正与资源环境承载力相适应，促进人口、经济、资源环境的空间均衡；有利于及时并善于发现规划实施中存在的问题和突发情况，使规划能根据实际情况的变化作出适时和适当调整，以便更好地指导经济社会健康协调可持续发展。

7.3.1.2 监测内容

重点开发区在优化结构、节约资源、保护环境的基础上，重点支持要素集聚、土地集约和人口集中，重点监测国土利用变化和基础设施改善两个方面。农产品主产区在国土空间开发中限制大规模、高强度的工业化城镇化开发，重点监测农用地利用状况、农业生产和农业设施建设情况。重点生态功能区强调在国土空间开发中限制大规模、高强度的工业化城镇化开发，以保持并提高生态产品供给能力，重点监测主要生态用地的地表覆盖类型变化及建设用地占用生态用地情况。禁止开发区严禁不符合主体功能定位的各类开发活动，强调引导人口逐步有序转移，实行污染物“零排放”，重点监测自然文化保护区、风景名胜区、森林公园、湿地保护区、地质公园及行、蓄、滞洪区等地表覆盖及变化情况。湖南省主体功能区监测评价的重点和主要内容见表 7-2。

表 7-2 湖南省主体功能区监测评价的重点和主要内容

功能区类型	重点	主要内容
重点开发区	对国土利用变化、基础设施等情况进行监测	重点监测可利用土地资源数量及质量、开发园区建设用地规模及分布、建设用地、交通网络等情况及其变化
农产品主产区	对农业生产、国土利用状况、农业设施建设情况进行重点监测	重点监测农业用地空间分布及变化、建设用地占用主要农用地、农业设施分布等
重点生态功能区	重点监测近年来主要地表覆盖类型的变化情况	重点监测主要地表覆盖类型的变化、主要生态用地覆盖率、建设用地占用主要生态用地比例及变化情况等
禁止开发区	突出自然保护区、风景名胜区、森林公园、湿地保护区、地质公园、文化和自然遗产区地表覆盖的监测	重点监测各类禁止的面积变化、土地覆盖类型变化等

7.3.2 技术方法

7.3.2.1 数据源

湖南省地理国情普查成果，可以支撑 2015 年度湖南省开发强度、可利用土地资源、交通网络布局、各地表覆盖类型面积比重、农业设施用地比重、建设用地占用主要农用地比重等指标的监测与评价。

基础地理信息数据主要包括 2005 年湖南省土地利用变更数据、2010 年湖南省第二次土地调查数据、2010—2014 年湖南省土地利用变更数据、基本农田数据等，主要用于支撑 2005 年和 2010 年两个年度各地表覆盖类型面积比重、基本农田面积比重、交通优势度、开发强度、人均可利用土地资源等指标的监测与评价。

相关行业辅助数据主要涉及国土资源部门、发展和改革部门、生态环境部门、农业农村部门等。其中，与主体功能区规划实施情况地理国情监测密切相关的数据有地质公园、森林公园等信息、地形坡度高程等资料，主要用于适宜建设用地面积、禁止开发区面积等指标的监测；能源消耗量、废气、废水、固体废物排放量、农业基础设施建设基本情况、农业发展基本概况等基础数据和资料，主要用于单位 GDP 能耗、每万元工业增加值污染物排放指数、农作物播种面积比重、农作物有效灌溉面积比重、大宗农产品地均产量、农业总产值占第一产业比重等指标的监测和评价。

社会经济统计数据主要包括湖南省第三次全国经济普查等成果资料、社会经济统计相关资料、湖南省第六次全国人口普查成果，国家统计局及湖南省统计局官方网站发布的统计资料，如统计年鉴、统计公报等，主要用于经济集聚度、城镇化率、农村居民人均可支配收入等指标的监测与评价。

7.3.2.2　监测指标体系

根据湖南省主体功能区监测评价的重点和主要内容的不同，对重点开发区、农产品主产区、重点生态功能区和禁止开发区构建了不同的指标体系分别进行监测。

（1）重点开发区

重点开发区主要监测建设用地、可利用土地资源、开发园区建设用地、交通覆盖等的数量和空间变化情况，重点开发区监测指标体系见表 7-3。

表 7-3　重点开发区监测指标体系

序号	监测对象		数据来源		
			2005 年	2010 年	2015 年
1	建设用地		土地利用现状数据	土地利用现状数据	国情数据
2	可利用土地资源	适宜建设用地	土地利用现状数据	土地利用现状数据	国情数据
3		已有建设用地	土地利用现状数据	土地利用现状数据	国情数据
4		基本农田	基本农田数据库	基本农田数据库	基本农田数据库
5	交通覆盖		土地利用现状数据	土地利用现状数据	国情数据
6	开发园区建设用地		土地利用现状数据	土地利用现状数据	国情数据

（2）农产品主产区

农产品主产区主要监测耕地、园地、草地、基本农田、建设用地占用主要农用地、农业设施用地的数量和空间变化情况，农产品主产区监测指标体系见表 7-4。

表 7-4 农产品主产区监测指标体系

序号	监测对象		数据来源		
			2005 年	2010 年	2015 年
1	耕地	水田	土地利用现状数据	土地利用现状数据	国情数据
		旱地	土地利用现状数据	土地利用现状数据	国情数据
2	园地		土地利用现状数据	土地利用现状数据	国情数据
3	草地		土地利用现状数据	土地利用现状数据	国情数据
4	基本农田		基本农田数据库	基本农田数据库	基本农田数据库
5	建设用地占用主要农用地（耕地、园地、草地）	建设用地	土地利用现状数据	土地利用现状数据	国情数据
6		耕地	土地利用现状数据	土地利用现状数据	国情数据
7		园地	土地利用现状数据	土地利用现状数据	国情数据
8		草地	土地利用现状数据	土地利用现状数据	国情数据
9	农业设施（河渠、水库坑塘）用地		土地利用现状数据	土地利用现状数据	国情数据

（3）重点生态功能区

重点生态功能区主要监测林地、耕地、草地、水域、建设用地占用耕地、建设用地占用林地、荒漠与裸露地表的数量和空间变化情况，重点生态功能区监测指标体系见表 7-5。

表 7-5 重点生态功能区监测指标体系

序号	监测对象	数据来源		
		2005 年	2010 年	2015 年
1	林地	土地利用现状数据	土地利用现状数据	国情数据
2	耕地	土地利用现状数据	土地利用现状数据	国情数据
3	草地	土地利用现状数据	土地利用现状数据	国情数据
4	水域	土地利用现状数据	土地利用现状数据	国情数据
5	建设用地占用耕地	土地利用现状数据	土地利用现状数据	国情数据
6	建设用地占用林地	土地利用现状数据	土地利用现状数据	国情数据
7	荒漠与裸露地表	土地利用现状数据	土地利用现状数据	国情数据

（4）禁止开发区

禁止开发区主要监测林地、耕地、草地、水域、建设用地、荒漠与裸露地表、建设用地的数量和空间变化情况，禁止开发区监测指标体系见表 7-6。

表 7-6　禁止开发区监测指标体系

序号	类型	监测对象	数据来源		
			2005 年	2010 年	2015 年
1	自然文化保护区	林地	土地利用现状数据		国情数据
		草地	土地利用现状数据		国情数据
		荒漠与裸露地表	土地利用现状数据		国情数据
		建设用地	土地利用现状数据		国情数据
2	风景名胜区	林地	土地利用现状数据		国情数据
		建设用地	土地利用现状数据		国情数据
		荒漠与裸露地表	土地利用现状数据		国情数据
3	森林公园	林地	土地利用现状数据		国情数据
		建设用地	土地利用现状数据		国情数据
4	地质公园	荒漠与裸露地表	土地利用现状数据		国情数据
		建设用地	土地利用现状数据		国情数据
5	湿地保护区	水域	土地利用现状数据		国情数据
		草地	土地利用现状数据		国情数据
		荒漠与裸露地表	土地利用现状数据		国情数据
		建设用地	土地利用现状数据		国情数据
6	行、蓄、滞、洪区	水域	土地利用现状数据		国情数据
		建设用地	土地利用现状数据		国情数据

7.3.2.3　总体技术路线

项目对主体功能区规划中的重点开发区、农产品主产区、重点生态功能区和禁止开发区进行动态监测，本着“先监测，后评价”的原则进行具体监测与评价，即对湖南省 122 个县（市、区）进行监测的基础上，根据各主体功能区开发原则，设置重点监测内容和监测指标体系，重点采用德尔菲法、结合综合指数法和层次分析法等方法对各项指标赋予不同的权重，然后对不同评价指标的得分进行加和，综合计算得出不同类型县（市、区）的得分，并进行排名与综合评价，分析主体功能区实施情况，并提出规划适当调整的建议。具体技术流程见图 7-3。

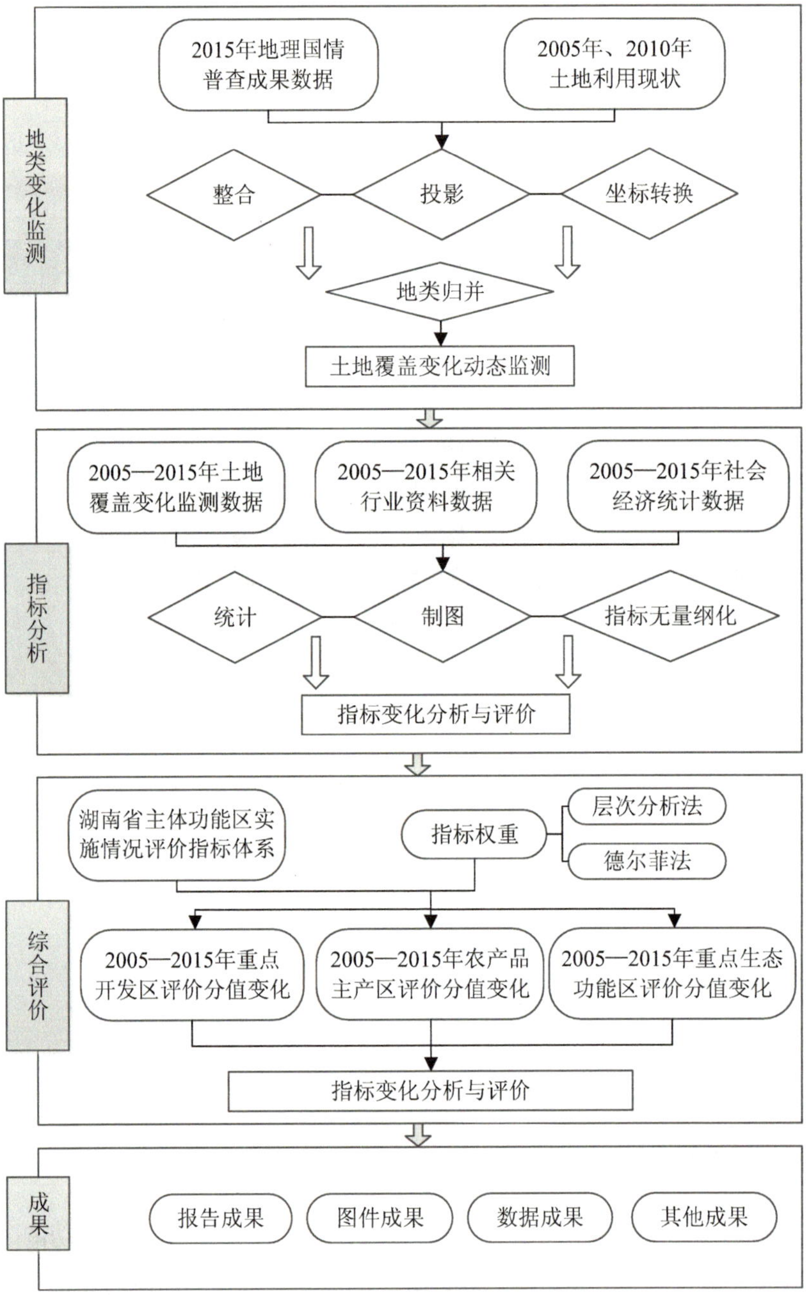

图 7-3 主体功能区实施情况地理国情监测技术流程

7.3.3 监测成效

7.3.3.1 主要监测结果

以国情普查数据为基准，对全省主体功能区规划实施情况的监测结果总体来看，湖南省各区域主体功能更加凸显，经济结构得到了战略性调整，经济发展方式得到了转变；人口不断向城镇集聚，加速推进新型城镇化；交通网络建设加速推进，高速公路和高速铁路通车里程分别居全国第五位和第一位，湖南步入“高铁时代”；经济布局与资源环境更相适应，促进人口、经济、资源环境的空间均衡；加强了对生态屏障和生态脆弱区的保护，从源头上遏制生态环境恶化趋势，促进资源节约和环境保护；区域发展更加协调，区域管控更加科学精细。

（1）重点开发区

湖南省重点开发区呈集聚极化，环境效益与发展质量明显提升。通过对综合经济发展、社会发展、环境效益和开发潜力四大类指标评价表明：规划实施后，区内占全省人口比重由 2005 年的 31.20%逐年上升至 2015 年的 34.61%，上升了 3.41 个百分点，人口集聚效应进一步增强；占全省 GDP 比重由 2005 年的 53.63%逐年上升至 2015 年的 61.25%，上升了 7.62 个百分点，经济集聚效应进一步凸显。

（2）农产品主产区

湖南省农产品主产区规划实施整体效应较好，区域效应差异明显。通过综合农业生产条件、农业产业化、人民生活水平的评价表明：湖南省农产品主产区发展地域分异特征较为稳定，“一圈一区两带”为主体的农业战略格局初步形成。规划实施后，区内占全省人口比重由 2005 年的 40.62%下降为 2015 年的 38.53%，人口向外转移趋向显现；占全省 GDP 比重由 2005 年的 28.74%下降为 2015 年的 24.32%，农产品供给能力进一步提升。

（3）重点生态功能区

湖南省重点生态功能区发展基本符合规划预期，地域分异不显著。通过综合生态保护、生态效益、生态环境和人民生活水平的评价表明：湖南省重点生态功能区发展的地域分异不显著，但“一湖三山四水”为主体的生态安全战略格局初步形成。规划实施后，区内占全省人口比重由 2005 年的 28.19%下降为 2015 年的 26.86%，人口向外转移趋向显现；占全省 GDP 比重由 2005 年的 17.62%下降为 2015 年的 14.43%，生态产品供给能力进一步提升。

（4）禁止开发区

禁止开发区监管得到加强，自然文化资源得到较好的保护。监测表明：湖南省自然保护区、风景名胜区、森林公园、地质公园、湿地保护区的数量、等级和面积有较大幅度的增长。各地基本均能依据有关法律法规和相关规划实行强制性保护，有效地控制了人为因素对自然生态和文化自然遗产原真性、完整性的干扰，严禁不符合主体功能定位的各类开发活动，引导人口逐步有序转移，人口向外转移趋向显现，改善了当地生态环境质量，自然文化资源得到较好的保护。自然保护区和风景名胜区荒漠与裸露地表面积及比重明显增加、风景名胜资源保护与过度开发的矛盾、森林公园的城市化倾向及建设用地增加、洞庭湖区湿地保护区日益严峻的“水危机”，导致的湿地萎缩、生物多样性锐减以及荒漠与裸露地表面积整体呈增加趋势等现象的出现，均为禁止开发区的保护和监管提出了预警启示，全省各级各部门今后都应在管控中予以足够重视。

7.3.3.2 监测效益

该监测动态掌控了湖南省主体功能区运行状态，评价了湖南省主体功能区规划实施效果，提出了规划适当调整的建议和管控措施。成果将主要应用于发现当前主体功能区规划实施中存在的问题和不适用于现实情况的部分，使规划能根据实际情况的变化作出适时和适当调整，以便更好地指导经济社会发展，有利于提高规划实施的效率，引导和约束其他相关规划的编制。随着“多规合一”国土空间规划体系建设推进，该监测项目中的相关技术方法也能较好地运用到“五级三类”国土空间规划的实施监督和预警评估中。

7.4 湖南省市（县）领导干部自然资源资产离任审计地理国情监测

近年来，湖南省积极探索在领导干部经济责任审计中对自然资源资产进行重点审计，出台了《湖南省开展领导干部自然资源资产离任审计试点实施方案》，规定审计对象为市、县两级党委、政府主要领导干部。根据湖南省地理国情常态化监测的要求，决定开展“湖南省市县领导干部自然资源资产离任审计地理国情监测”，旨在为湖南省领导干部自然资源资产离任审计提供数据、技术及人才服务。2017 年开展了一市两县（怀化市、武冈市、凤凰县）试点监测工作，2018 年在全省铺开，建立和施行经常性的审计制度。

7.4.1 监测内容

7.4.1.1 监测范围

怀化市、武冈市和凤凰县作为湖南省 2017 年度领导干部自然资源资产离任审计地区。

7.4.1.2　监测目标

根据湖南省领导干部自然资源资产离任审计相关要求，收集整理审计地区领导干部任职期的高分辨率影像数据及相关部门调查、规划及管理数据，对土地资源、森林资源、水资源、矿产资源、生态环境开发利用和保护情况进行套合比对和影像判别，寻找审计靶区、发现自然资源和生态环境保护和开发利用中存在的问题，为测绘地理信息技术应用于领导干部自然资源资产离任审计提供技术、数据及人才支撑。

7.4.1.3　监测任务

以审计地区领导任期为审计周期，针对土地资源、森林资源、水资源、矿产资源、生态环境等开发利用和保护情况，进行影像判读、套合比对及甄别，寻找审计地区各级自然资源管理部门在行使管理职责中的问题，为省审计厅进行领导干部自然资源资产离任审计提供数据支撑。

（1）土地资源监测

耕地和永久基本农田保护监测：收集中高分辨率遥感影像，并通过融合、纠正、配准等步骤生产数字正射影像图，套合土地利用变更调查中的耕地图斑，套合土地利用总体规划中耕地保有量和永久基本农田保护数据库，通过地理信息软件叠加对比分析，人机交互发现耕地图斑、耕地保有量和永久基本农田保护范围内的非耕种图斑，并进行图斑勾绘，辅以外业实地核查，建立以审计地区为基本单元的耕地和基本农田保护情况数据集，准确掌握审计地区耕地和基本农田面积保护情况。

建设用地情况监测：根据收集到的审批建设用地项目数据，套合数字正射影像图，提取批而未用建设用地图斑及疑似未批先建违法建设用地图斑，建立以审计地区为基本单元的批而未用及疑似违法建设用地图斑数据集，准确掌握建设用地情况。

（2）森林资源监测

根据数字正射影像图，套合林业二类调查数据库中的林地小班数据，通过地理信息软件叠加对比分析，人机交互发现森林变化区域，并进行图斑勾绘，辅以外业实地核实，建立以审计地区为基本单元的林地变化图斑数据集，统计林地面积变化情况，准确把握林地占用、植树造林及退耕还林情况。

（3）水资源保护和利用监测

根据数字正射影像图，套合地理国情普查中的水域水面图斑，通过地理信息软件叠加对比分析，人机交互发现因人为原因造成湖泊、水库、河道等水域的变化区域、河道采砂情况、水源地保护情况及水环境变化情况，并进行图斑勾绘，辅以外业实地核实，综合判断变化原因，统计水资源与水环境变化情况。

（4）湿地保护情况监测

根据数字正射影像图，套合地理国情普查中的湿地和地方收集湿地资源保护图斑，通过地理信息软件叠加对比分析，人机交互发现湿地资源变化区域，并进行图斑勾绘，辅以外业实地核实，综合判断变化原因，统计湿地资源变化情况。

（5）露天采矿情况监测

根据数字正射影像图，以土地利用现状分类体系为标准，通过地理信息软件叠加对比分析，人机交互发现露天采掘场图斑，并进行图斑勾绘，套合露天采矿权及范围数据，进行套合提取疑似越界开采、越界堆掘情况及越界占用地类情况，辅以外业实地核实，建立露天采矿越界开采数据集，统计露天采矿基本情况。

（6）生态环境保护情况监测

根据收集到的国家级、省级自然保护区、风景名胜区、文化自然遗产、地质公园、森林公园和生态保护红线相关资料，套合数字正射影像图，通过地理信息软件进行叠加对比分析，人机交互提取国家公园及生态保护红线区域建设情况，建立国家公园及生态保护红线区占用图斑数据集，并进行统计分析。

（7）其他情况核实

对规划协同、地类认定冲突及项目冲突等审计部门认为需要核实的情况，通过专业资料和数字正射影像，进行套合比对、影像判读及甄别，发现相关问题。

7.4.2 技术方法

7.4.2.1 数据源

本次监测充分利用土地现状调查、地理国情普查与监测成果数据、基础地理信息，高分辨率遥感影像数据，还包括湖南省主体功能区规划、矿产资源总体规划、土地利用总体规划、城镇体系规划及矿山生态环境恢复治理规划设计资料。其中，地理国情普查成果数据现势性为2015年和2016年，包括地表覆盖成果数据和地理国情要素成果数据，土地利用变更调查包括 2011—2016 年的数据，包括变更调查矢量数据及遥感影像数据，基础地理信息数据包括DLG、DEM数据，高分辨率遥感影像数据包括国外、国内卫星（如SPOT5、高分、资源等）遥感影像。

7.4.2.2 总体技术路线

根据工作目标及任务内容，技术路线主要包括收集高分辨率遥感影像及自然资源调查普查、规划及管理基础资料、对遥感影像进行检查，对收集自然资源数据进行坐标系转换、矢量转换、分析和整理工作，通过影像判别、套合比对、甄别及相关提取，对土地资源、森林资源、水资源、矿产资源、生态环境等开发利用和保护情况进行监测，抽取外业核查图斑进行外业调查核实，将结果进行统计和分析，提交至审计部门，编写相关总结报告（图 7-4）。

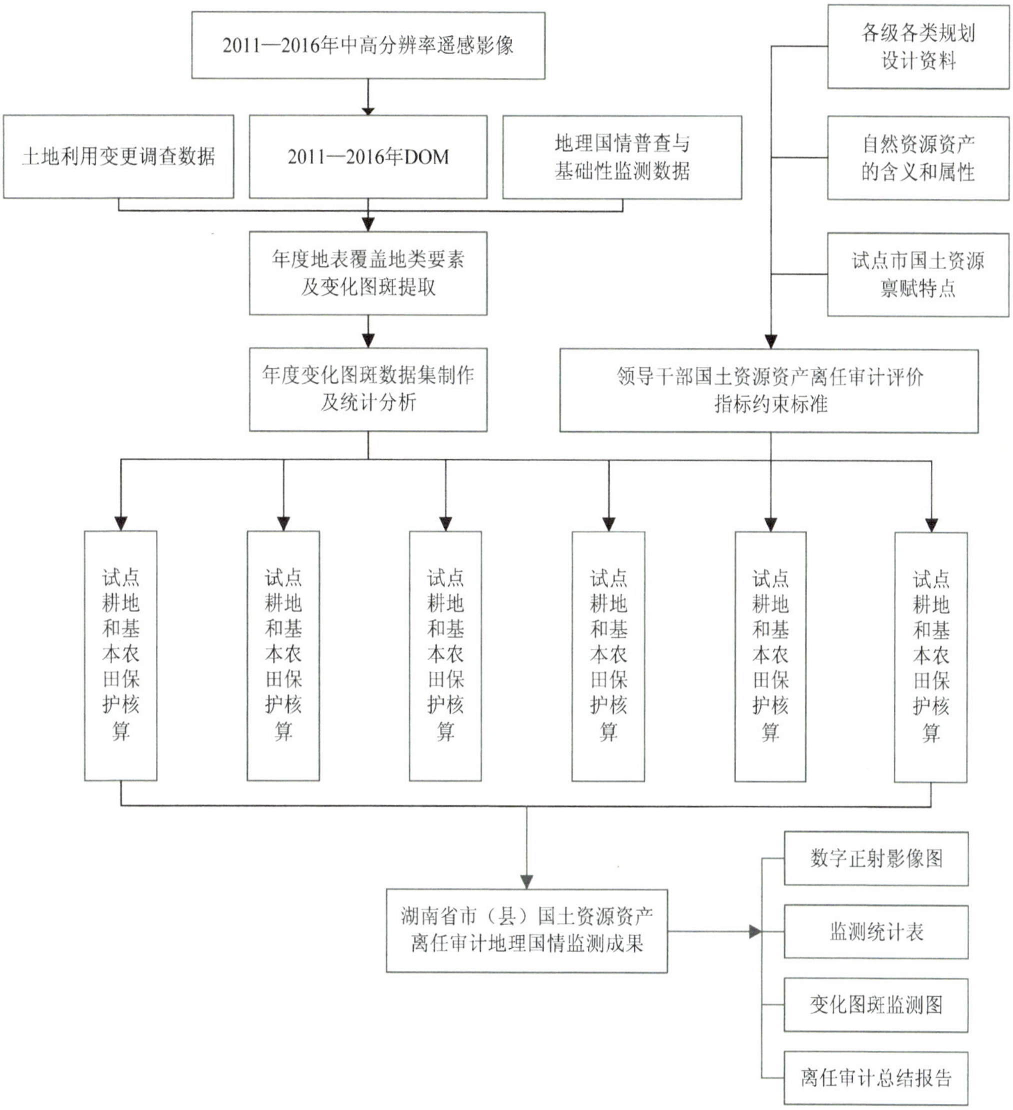

图 7-4　湖南省市（县）领导干部自然资源资产离任审计地理国情监测

（1）设计领导干部国土资源资产离任审计约束标准

根据国土资源资产的分类和有用性、可控性、区域性、系统性、更新性、时效性等特点，分析国土资源中各土地资源和矿产资源开发利用和保护的法律、法规、规划设计及政策性文件，结合试点市国土资源禀赋特点，针对耕地和基本农田保护政策落实情况、新增建设用地情况、林地、水域、矿产资源开发利用情况、矿山生态环境恢复治理情况等方面，编制出科学、完整的国土资源资产审计约束标准。

（2）地表覆盖要素采集与变化信息提取

根据生产的年度数字正射影像图，套合土地利用变更调查和地理国情普查中的地表覆盖要素图斑，以土地利用现状分类体系为标准，进行耕地、基本农田、建设用地、林地、水域水面、露天采矿、矿山生态用地图斑提取，形成年度现状监测成果，在此基础上对年度用地范围数据开展套合变化提取，形成年度用地变化监测成果，并进行外业调查核实，建立以县级行政区域为基本单元的年度变化图斑数据集，准确掌握用地面积变化情况。

（3）自然资源资产审计核算

根据各类自然资源变化图斑数据集及统计分析，对试点市 2011—2016 年重点国土资源变化情况进行核算。主要包括耕地和永久基本农田保护情况，新增建设用地使用情况，林地及乱砍滥伐情况，水域面积（包括湖面、湿地、坑塘、水库水面）和河道面积变化情况，露天采矿和矿山地质环境恢复治理情况等。

7.4.3 监测成效

根据各类数据套合比对、遥感影像判读和甄别，从数量层面上，寻找审计靶区，辅助审计部门，摸清领导干部任职前后所在地区主要自然资源资产实物量和生态环境状况质量变化情况，揭示自然资源在开发利用和生态环境保护过程中存在的突出问题和风险隐患，为审计部门开展工作提供技术支持。

由于审计工作具有保密性、规范性和专业性，且与地理国情监测之间尚存在技术壁垒，地理国情监测为审计提供的服务主要是基础数据的获取、统计和推送，非审计公职人员无法参与后续的审计取证、核实和质询及最终的审计结论，还需进一步深化地理国情信息服务，继续探索地理国情监测服务审计潜力，构建地理国情服务自然资源审计技术标准。

7.5 长株潭绿心区地理国情监测

7.5.1 监测内容

长株潭生态绿心地区是长株潭城市群的“绿肺”，为实现及时监测生态环境变化、定期监测破坏绿心行为、辅助可建项目准入审批、促进生态产业协调发展、进行各级各类规划对接，2015 年，湖南省启动了长株潭绿心地区地理国情监测项目，每年连续开展，利用绿心区遥感影像及基础性地理信息数据以季度为周期，对生态绿心区 522.87 km^2 范围内的生态环境、违法违规、查处跟踪、产业引导、规划协调五大板块 41 项内容进行了动态监测，每季度形成监测报告、监测影像、矢量数据、系统成果，及时、准确的数据被作为各项督查和执法的关键依据。

7.5.2　技术方法

①采用前后影像直接比对法对绿心地区 10 类要素进行卫星影像前、后变化信息比对，确定监测周期内生态绿心地区不同要素变化面积、引起变化的原因。

②以监测后时相影像为基础，采用规划要素范围比对法确定绿心地区各规划要素（基本农田范围、已批准项目范围、上一周期监测范围）空间位置和属性，确定基本农田保护面积变化量、违法违规临时用地等专项变化情况，完成相应专项监测。

③基于规划实施情况比对法完成 3 市绿心地区片区规划合规情况、绿心地区控规合规情况和可建项目选址、范围合规情况分析。

④利用实地调查比对法完成违规破坏绿心保护标识、违法违规水上餐饮、违法违规使用水泥、石材等修建永久性墓冢和生态农业监测。具体技术流程如图 7-5 所示。

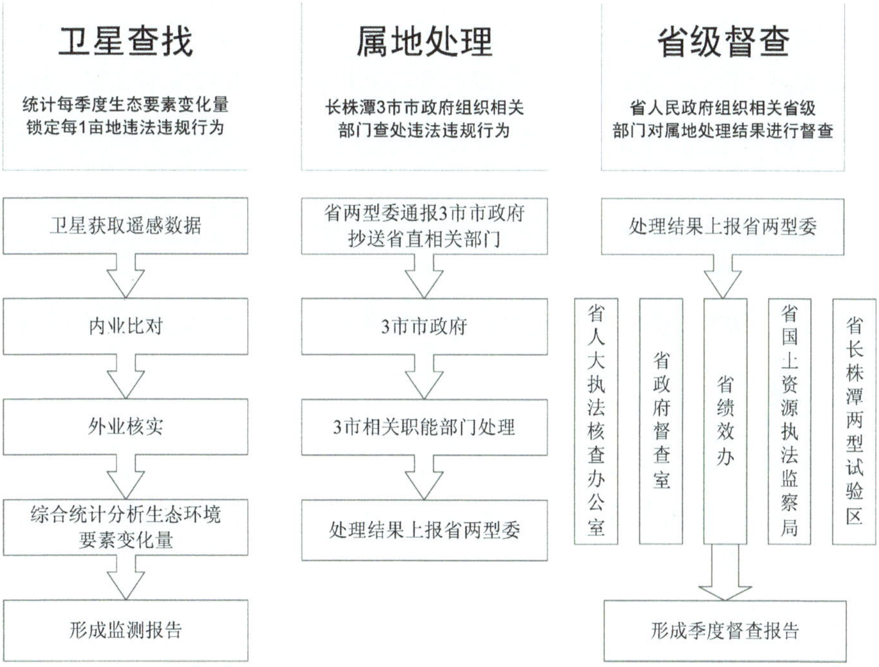

图 7-5　长株潭绿心区地理国情监测技术流程

7.5.3 监测成效

7.5.3.1 技术特色

（1）监测五大板块 41 项指标，实时掌握绿心变化情况

系统通过生态环境、违法违规、查处跟踪、产业引导、规划协调五大板块 41 项监测专项，达到实时监测生态环境质量，有效遏制破坏绿心行为，积极引导生态产业发展，加强规划协调对接引领的初步目标。

（2）开发绿心监测通，实现网上一体化监控

为满足长株潭城市群绿心地区监测服务快速推送与工作常态化需求，开发了信息化平台——绿心监测通，满足卫星发现、属地处理、省级督查网上数据传输的功能，真正实现“天上看、地上查、网上管”的监控模式。

7.5.3.2 创新点

（1）采用国产卫星数据，创新生态环境领域应用

系统根据省长株潭两型试验区管委会的监测需求，自主拓展了国产卫星影像在生态环境领域的应用，进一步推动了国产卫星影像在省级监测层面的应用发展，验证了国产卫星影像在省级生态环境监测领域的可行性应用效果，促进了国产影像助力湖南省生态文明的信息化、常态化建设。

（2）基于监控信息系统，探索了一套高效工作流程

系统利用遥感及现代信息技术建设监控信息系统，按照卫星查找、属地处理、省级督查等工作程序，对生态绿心地区进行监测，构建生态绿心地区生态保护网。

7.5.3.3 应用服务价值

系统全面掌握了生态绿心保护总体情况，及时锁定了生态绿心违法违规行为，有效保证了生态绿心总体规划实施。根据监测结果，长沙市、株洲市、湘潭市 3 市积极开展整治行动，高效创新了生态绿心保护制度机制，促进了湖南省生态文明建设与保护。

7.6 湖南省粮食种植面积遥感监测

为了抓好粮食生产、确保粮食安全，我国 2004 年建立了粮食直补机制，国家财政按一定的补贴标准和粮食实际种植面积，对种粮农户直接给予补贴。为了提高粮食补贴资金发放的精准性、指向性，实现该项目政策实施目的，保护粮食综合生产能力，2012 年

以来，湖南省利用遥感技术连续开展水稻种植面积遥感监测项目。

7.6.1　监测内容

通过基于抽样技术的地面调查与遥感影像分类相结合提取大面积作物种植面积信息的方法对湖南省粮食作物种植面积进行监测，准确掌握湖南省各县（市、区）粮食（早稻、中稻、晚稻）实际种植面积。为优化现行农业种粮补贴发放政策提供依据，并进一步提高补贴资金包干测算科学性，实行对湖南省粮食生产情况进行监督核查，为湖南省发展粮食生产服务。

7.6.2　技术方法

7.6.2.1　总体技术路线

本书在 2018 年度分为省级和重点县两个层面来开展调查，具体流程如图 7-6 所示，其中重点县选择水稻生产大县或者上报数据与监测数据差异较大的县。重点县的监测数据一是可以反映湖南主要产粮大县的种植情况，为其他种植大县的监测提供可参考的依据；二是可以通过获取更高精度的监测数据进一步查清差异较大县的实际种植情况，为湖南省的粮食生产规划布局提供辅助决策。

针对监测成果与实际上报成果相差较大的市县或水稻种植大县，即重点县区域，采用高分辨率遥感影像结合前沿的机器学习算法（如深度学习等）对水稻等农作物进行分类，对其他县则采用高分辨率影像与中等分辨率影像相结合的方式，对水稻等农作物进行分类。从空间分辨率与算法设计两个角度进行创新，从而提高全省水稻识别精度，为粮食补贴政策提供扎实的技术支撑。

7.6.2.2　主要技术方法

（1）多源遥感数据标准化处理

针对水稻种植面积遥感监测中所涉及的多源多尺度遥感数据，根据数据格式、波段设置、传感器性能以及相应的定量遥感反演算法互不兼容、所生产的定量产品具有同名异质性的特点，研发标准遥感数据产品在空间定位、辐射特性、时相物候特性的一致性预处理技术，主要包括遥感数据的格式转换、多尺度数据的投影转换和空间定位及空间定位的一致性匹配、辐射标定、数据拼接与标准分幅技术，为遥感监测反演提供标准化输入。

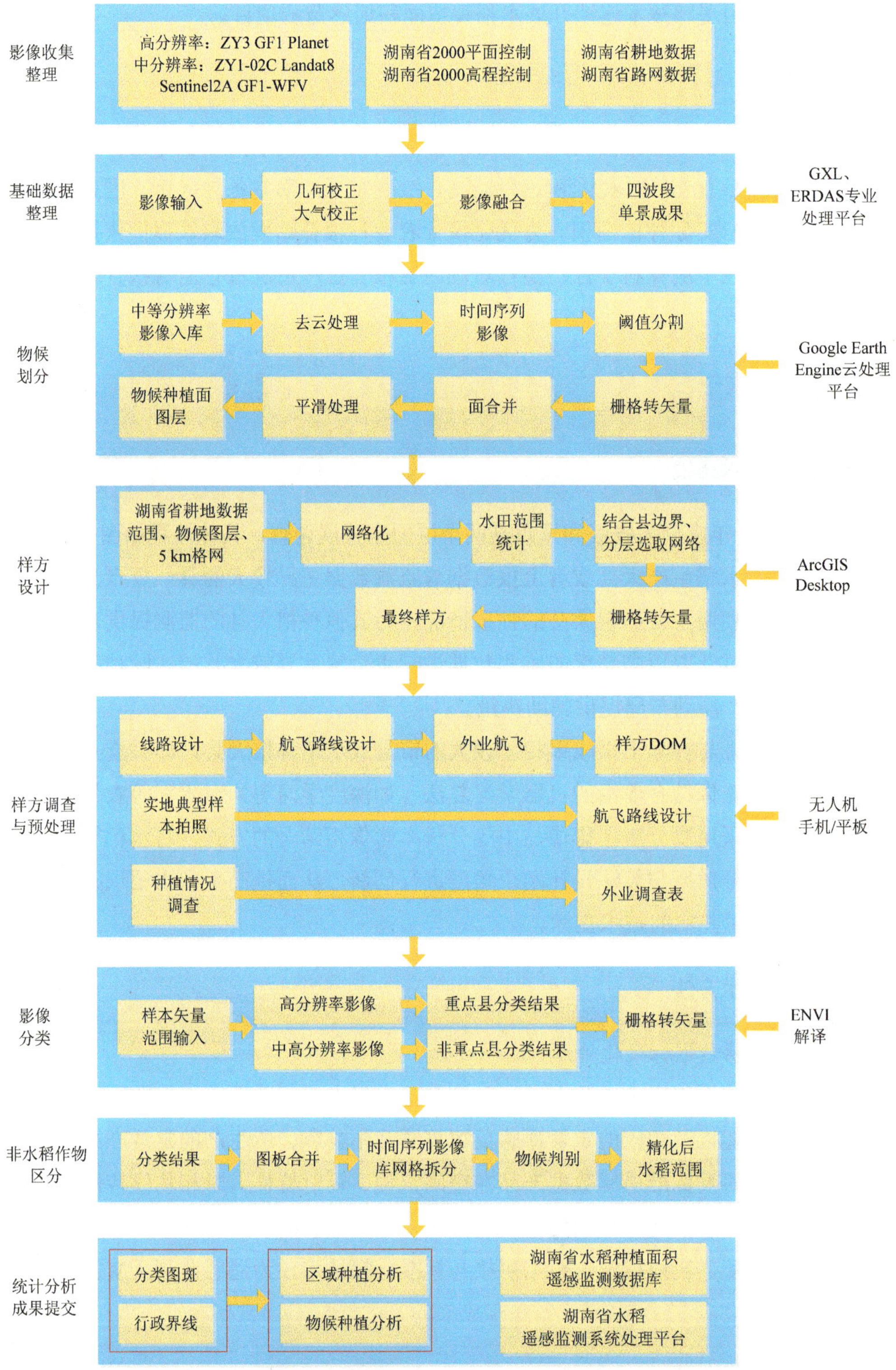

图 7-6　粮食种植面积遥感监测技术流程

（2）基于时间序列遥感影像的作物物候快速分析方法

准确、快速地掌握不同作物的实时物候规律对于作物分类具有非常重要的作用，常规的时间序列遥感影像分析手段通常需要复杂的本地处理，难以达到实时快速的分析目的，本项目实施引入一种全新的遥感影像快速分析云计算平台——Google Earth Engine，结合开源的 Landsat8、Sentinel2A 等遥感影像，开发一种高效简便的作物时间序列分析工具，用以辅助后续处理。

（3）水稻的光学遥感数据识别方法

在现有农作物光学遥感识别方法的基础上，设计专门用于粮食补贴的水稻光学遥感识别方法，主要包括数据源的选择、地面样方的确定、分类方法的选择、分类结果精化等内容，以满足水稻遥感识别的需要。

对于重点县，在数据源选择方面重点考虑高分辨率多光谱遥感数据，并尽量保证水稻生长季内能够实现全覆盖，实现多时相遥感数据的同时接收处理，以提高分类精度；在地面标志样本库建立方面，外业调查方式主要采用无人机航拍与人工外业实地采样相结合的方式，内业解译采用人工判读的方式，解译后结果作为训练样本，总体来说，该种方式可验证性更强，理论上能够有效提高分类精度。

（4）水稻种植面积遥感计算模型

在水稻精确识别的基础上，综合国土资源 2016 年度土地利用变更调查耕地数据，建立面向粮食补贴的水稻种植面积遥感计算模型与方法。在水稻的像元统计模型基础上，重点考虑耕地面积和种植结构，得到各报告单元的水稻种植面积。

7.6.3　监测成效

湖南省粮食种植面积遥感监测项目建立了全省粮食种植面积遥感监测数据库，直接为全省每年粮食补贴发放提供依据。项目实施多年以来，逐步完善形成适合湖南省的基于抽样技术的地面调查与遥感影像分类相结合提取大面积作物种植面积信息的方法，克服了全省耕地地块破碎、种植结构复杂、云雾天气较多难以接收到有效影像等多种不利因素的影响。

该项目监测成果得到了财政部门的充分肯定，通过科学的地理国情监测技术，为粮食种植补贴资金的准确发放提供了值得信赖的数据，对地方上可能存在的虚报甚至乱报粮食种植面积的行为，有明显的约束与警醒作用。项目成果的应用，既确保了湖南省种粮农民真正得到实惠，同时，也对制定国家农业政策、粮食安全分析、农产品市场调控提供了强有力的支持。

7.7 衡邵盆地干旱走廊地理国情监测

衡邵干旱走廊是湖南省粮食主产区之一，也是湖南水资源量最少的地区，受气候、地理以及不合理土地利用等因素的多重制约，水土流失严重，水旱、地质灾害频发，导致了贫困人口众多，湖南省扶贫办公布的2015—2020年全省8 000个省级贫困村的名单中，衡邵干旱走廊占27.5%，核心区邵阳市贫困村数量为全省最多。土地资源的不合理利用是灾害与贫困发生的主要原因，因此，衡邵干旱走廊水旱灾害的防治以及精准扶贫政策的制定与落实需要首先厘清土地利用动态变化规律，优化土地利用布局，防止水土流失，合理农业开发和配置水利设施，实现生态宜居、农业可行、灾害可控和精准扶贫可依。同时，衡阳市是全国第二批生态文明先行示范区建设地区之一，生态红线制度的建立和自然资源资产负债表的编制是生态文明先行示范区建设的核心内容，需要充分利用地理国情监测成果，面向政府和行业需要以及社会关注的焦点，开展更深入的地理国情监测，拓展监测成果应用领域。

以衡邵干旱走廊为监测对象，以土地利用动态变化监测为基础，面向规划、农业、扶贫和城镇建设等领域提供监测数据服务，以进一步开展生态调控、水旱灾害防治、农业用地优化、水利建设、城镇化建设和精准扶贫等应用，监测成果将充分发挥地理国情信息在水资源管理、土地利用格局优化、生态环境保护、水利设施建设、精准扶贫方案制订等方面的重要作用。

7.7.1 监测内容

7.7.1.1 监测范围

“衡邵干旱走廊”位于湖南省中部，监测范围包括衡阳市、邵阳市、娄底市全境和永州的祁阳、新田、东安等县（区），共计33个县（区），总面积5.12万km^2，占湖南省总面积的24%，其中耕地面积1 612万亩，是湖南省粮食主产区。

7.7.1.2 监测目标

衡邵干旱走廊地区由于特殊的地理环境、地质条件、气候条件和不合理的土地利用，生态环境脆弱，水旱、地质灾害频发。面向生态环境保护、旱灾防治、水利设施建设、土地利用调控等多个领域，开展衡邵干旱走廊地区地理国情监测对于保护区域生态环境，保障粮食安全等方面具有重要的现实意义，具体体现在以下3个方面：

（1）应对气候变化，保障生态安全，实现地区生态宜居

衡邵干旱走廊水土流失严重，石漠化程度高，严重威胁生态安全，通过地表覆盖分类动态变化监测，提供生态监测数据，有助于厘清生态安全的影响因子，最终实现土地利用调控和水土流失防治，保障区域生态安全。

（2）监测灾害过程，发现成灾规律，实现地区灾害可控

衡邵干旱走廊旱灾频发，夏秋气候有“十年九旱”之称，平均每 1～2 年发生 1 次旱灾，3～5 年发生 1 次大旱灾。通过对干旱灾害的监测与分析，有助于相关应用部门发现区域旱灾的成灾机理，实现灾害预测模拟，达到地区灾害可防可控、灾后救灾可依的目标。

（3）支持优化农业用地布局，指导农业生产，实现农业生产可行

通过地表覆盖分类动态变化、水土流失以及灾害的监测，有助于农业农村主管部门找出农用地布局不合理区域，结合土壤数据、水质数据，进一步优化农用地布局，保证区域土地可持续、高效能利用，让土地生长最合适的作物，对保障区域粮食安全具有重要意义。

7.7.1.3　工作内容

（1）地表覆盖分类变化监测

地表覆盖分类动态变化监测：利用衡邵干旱走廊 2015 年地理国情普查成果数据和 1985—2015 年以 5 年为间隔的 Landsat TM 遥感数据、土地利用数据，依据 2015 年地理国情普查成果相关规定与实际工作需要，拟定监测地表覆盖分类体系，提取各类地表覆盖分布，统计各地类面积，分析地表覆盖分类转化特征。

地表覆盖分类变化驱动因素分析与变化预测：利用地表覆盖分类动态变化检测结果，结合经济社会发展水平和趋势以及政策导向变化等因素，提取地表覆盖分类变化驱动因子，提取地表覆盖分类结构变化前后各类地物的空间关系、转换速率、转换关系，通过构建地表覆盖分类变化模型，模拟地表覆盖分类变化过程，为区域土地利用规划和优化提供重要的参考依据。

（2）干旱监测

旱情指数的建立和旱情监测：利用衡邵干旱走廊地表覆盖分类动态变化监测结果、2000—2015 年 EOS 卫星每年的 MODIS 遥感数据（EOS 卫星从 2000 年开始提供服务），结合气候水文历史数据，基于温度植被指数法提取区域的旱情指数。

旱灾预警模拟：结合地面气象站点观测数据、遥感与 GPS 观测数据、监测区历史干旱发生情况数据等，运用系统动力学干旱灾害模拟方法，构建衡邵干旱走廊旱灾预测预报模型。

灾情过程模拟：充分运用 RS 和 GIS 技术手段，建立监测区的干旱灾害损失定量计算模型。

灾害损失模拟：及时地收集灾害发生过程中的各种气象观测数据、遥感时相数据和相关经济损失数据等，构建干旱综合损失定量计算模型。

7.7.2 技术方法

（1）数据源

依据监测任务，项目方案需要的主要数据包括 2015 年地理国情普查成果数据，1985—2015 年多期历史 TM 遥感数据、2000—2015 年多期历史 MODIS 数据、土地利用数据、基础地理信息数据和相关专题数据等。

（2）总体技术路线

衡邵干旱走廊地理国情监测利用 2015 年地理国情普查成果，结合 1985—2015 年 Landsat TM 遥感影像数据、2000—2015 年 EOS MODIS 遥感数据、土地利用数据、基础地理信息数据，采用影像目视解译和计算机自动解译相结合的方法，结合内业整理以及统计数据空间化等技术，配合专业部门的干旱气象数据等，进行地表覆盖分类变化和干旱监测，基于植被指数法开展旱灾分析与模拟预测研究，以实现地理国情普查成果的综合应用（图 7-7）。

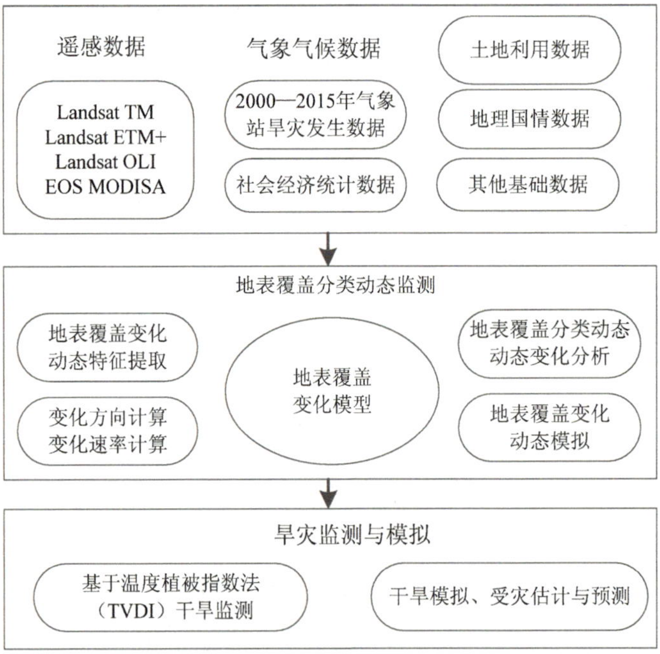

图 7-7　衡邵干旱走廊地理国情监测技术流程

7.7.3　监测成效

当干旱灾害发生时，通过建立监测区的干旱损失定量计算模型，输入衡邵干旱走廊的社会经济数据、农作物种植与长势等数据即可快速地模拟监测区受灾面积、受灾人口、承灾等级、经济损失等重要灾害情景，为决策部门及时地根据干旱灾害发生的过程和特征制定相应的应对机制提供决策参考。

当干旱灾害发生并结束后，通过构建干旱综合损失定量计算模型，从而模拟监测区灾害损失的等级与分布情况，为决策部门制定相关管理和救助机制提供参考。

7.8　湘南新型城镇化建设地理国情监测

推进新型城镇化，统筹城乡发展一体化是中国发展进程中的一个重大命题。党的十八大、中央城市工作会议和《中共中央关于制定国民经济和社会发展第十三个五年规划的建议》《国家新型城镇化发展规划（2014—2020 年）》等重要文件中均针对城镇化建设和城市群发展提出了具体要求。2015 年 9 月 9 日，中共湖南省委、湖南省人民政府发布的《关于印发〈湖南省新型城镇化规划（2015—2020 年）〉的通知》（湘发〔2015〕12 号），明确要求“开展城镇化动态监测，建立健全统计监测指标体系，适时开展规划中期评估和专项监测，重点分析规划实施中存在的问题，提出相应的对策建议，推动规划顺利实施”。

7.8.1　监测内容

7.8.1.1　监测范围

本项目监测区范围包括湘南地区 3 个地级市（衡阳市、郴州市、永州市）内的 15 个典型县（市、区），共分为中心城市城区、城乡复合发展县市区、扶贫开发县市区三大类。

第一类为中心城市城区，包括珠晖区、蒸湘区、雁峰区、石鼓区、北湖区；第二类为城乡复合发展县市区，包括南岳区、衡南县、苏仙区、资兴市、冷水滩区、零陵区、祁阳县；第三类为扶贫开发县市区，包括祁东县、桂东县、江永县。

7.8.1.2　监测目标

利用最新行政区划调整资料，结合湖南省第一次地理国情普查成果、湖南省 2016 年基础性地理国情监测成果，整合各类测绘地理信息资源和其他专题数据资料，以 2008 年、2012 年、2016 年为监测时期，利用湖南省第二次土地调查遥感影像、2012 年和 2016 年土地利用年度变更遥感影像数据以及相应年份高分辨率航空影像，辅以适当的外业调查，围绕监测区内建设用地、生态用地、基础设施和公共服务设施等的建设现状与变化情况进行监测。以湘南地区 15 个典型县（市、区）为对象，结合自然资源分布、经济发展状况、产业结构、人口布局、交通状况等，从城镇规划实施效果、对外交通优势度、土地利用情况以及工业园发展状况等方面进行综合分析，从多方面评估新型城镇化建设进程和实施效果，对新型城镇化建设的监督、监管提供支撑，为节约集约利用土地资源提供客观的监测信息和有力的技术保障，为政府决策提供依据和服务，实现地理国情信息更好、更有力地服务于政府、企业和公众。

7.8.1.3 监测任务

（1）建设用地监测与分析

根据《城市用地分类与规划建设用地标准》（GB 50137—2011），建设用地分为城乡建设用地和城市建设用地两类。建设用地监测分别对两类用地进行监测。

城乡建设用地包括城乡居民点建设用地、区域交通设施用地、区域公用设施用地、特殊用地、采矿用地等。基于地理国情监测地表覆盖图层数据、地理要素数据，按城乡用地中建设用地类别的定义，对各监测区城乡建设用地进行分类、整合，生成三期城乡建设用地数据集。在此基础上，分别对城乡建设用地总体情况和变化特征进行统计分析。

城市建设用地是指在土地利用总体规划确定的城市建设用地范围内，为实施城镇规划占用土地，既包括城镇住宅和公共建筑用地，也包括工矿仓储用地、商服用地和其他特殊用地等。基于地理国情监测地表覆盖图层数据、地理要素数据，按城市建设用地类别的定义，对各监测区城市建设用地进行分类、整合，生成三期城市建设用地数据集。在此基础上，对监测区城市建设用地现状与变化情况进行监测分析，包括对建成区总体规模、建成区扩展形态、建成区扩展效应、城市建设用地情况等内容进行分析。

（2）重要基础设施和公共服务设施监测与分析

基础设施和公共服务设施是指交通基础设施、基本公共服务设施，其中交通基础设施包括道路及交通附属设施，基本公共服务设施包括教育机构、医疗机构和福利机构。

以各监测区为统计单元，基于 2008 年、2012 年、2016 年的监测基础数据集的地理国情要素数据，包括 LRRL、LRDL、LCTL、LVLL、SFCP、SFCP1、SFCA1、BUCA、BUCP 等图层为基础，统计监测区范围内的基础设施和公共服务设施的建设现状与变化情况，包括交通基础设施和基本公共服务设施的总量、密度、人均拥有量及变化情况等。在此基础上，分析新型城镇化建设效果相关因子，包括交通通达性分析、对外交通优势度分析、教育资源配置分析、医疗机构配置分析等。

（3）生态用地监测与分析

基于 2008 年、2012 年、2016 年三期地理国情监测地表覆盖（LCA）图层与地理要素数据，统计监测区范围内各类生态用地面积、覆盖率、人均占有面积及变化情况，并以城镇绿地为重点，分析新型城镇化建设中生态用地的基本情况，包括人均生态用地变化分析、城镇绿地变化分析、“300 m 见绿”建设分析等。

7.8.2　技术方法

7.8.2.1　数据源

（1）影像数据

第一次地理国情普查影像，2016 年基础性地理监测影像数据，第二次土地调查影像，2012 年和 2016 年土地利用年度变更影像以及其他满足时相要求的分辨率高的航空影像，农村集体土地确权正射影像。

（2）矢量数据成果

第一次地理国情普查矢量数据成果，2016 年基础性地理国情监测成果，规划资料（包括城市总体规划数据、控制性详细规划数据、专题规划数据、土地利用总体规划数据）、第二次土地调查数据（包括城镇“二调”数据和农村“二调”数据），2012 年、2016 年土地利用年度变更数据库及增量包，基本农田数据，2016 年全国地级以上城市及典型城市群空间格局变化监测项目成果，2006—2020 年土地利用总体规划数据库，湖南省主体功能区实施情况地理国情监测数据成果。

（3）其他数据

15 个县（市、区）最新的城市总体规划数据、土地利用规划、城市交通总体规划、主体功能区规划、控制性详细规划数据（城镇规划中“三区四线”控制范围数据）、专题规划数据等，15 个县（市、区）2008 年、2012 年、2016 年经济数据。

7.8.2.2　技术路线

根据项目目标与任务，以 2008 年湖南省第二次土地调查、2012 年和 2016 年土地利用年度变更影像为主要数据源，结合湖南省第一次地理国情普查成果、湖南省 2016 年基础性地理国情监测成果以及基础地理信息数据、行业专题数据等参考资料，确定监测对象、监测范围、监测内容和本项目基础数据集的采集内容与指标体系，数据集中需要增加的图层及字段属性结构。

参考已有城市规划资料、土地利用规划资料、工业园区相关资料、社会经济人口数据等行业专题数据，提取监测区城镇规划边界、建成区边界成果和建成区内部结构信息成果；考虑监测区的特性和区域特点，基于监测对象的特征，结合监测内容和指标建立变化解译规则，采集监测对象在不同时段遥感影像上的变化信息，采用人工解译和自动解译相结合的方法进行变化信息解译和编辑，获取所需要的监测数据，形成监测数据集。

对各期监测数据进行空间分析，得出不同时期建成区扩展变化情况、建设用地变化情况、重要基础设施变化情况、生态用地变化情况等，并选择重点城镇、特色城镇为例，对新型城镇化建设实施效果进行相关因子分析，依据客观数据，有针对性地提出一些新型城镇化建设的合理建议，供政府部门决策参考（图 7-8）。

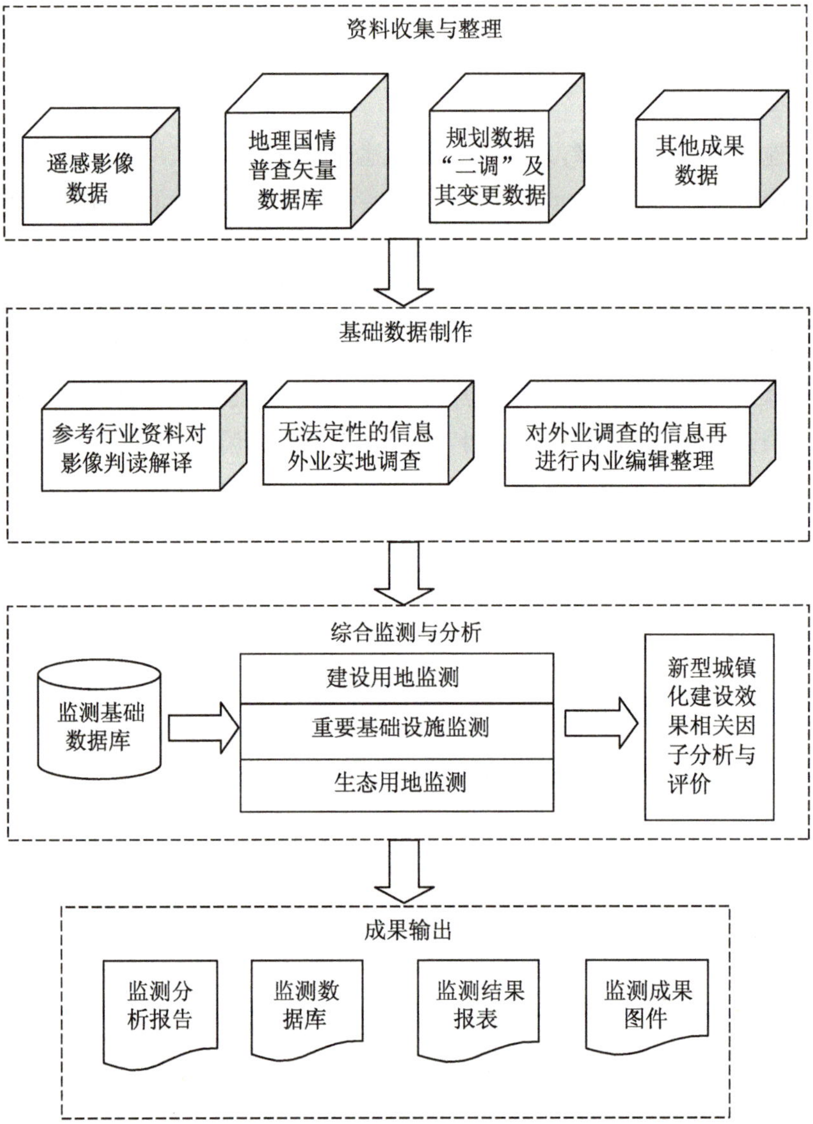

图 7-8 湘南新型城镇化建设地理国情监测技术流程

（1）建成区边界线提取

将监测区湖南省第二次土地调查影像、2012 年和 2016 年土地利用年度变更影像成果与相应地理国情监测矢量数据空间叠加，从历史变迁的视角综合分析所监测城镇的整体布局和扩展情况，提取城镇建成区边界。

（2）指标构建

在进行建设用地监测、重要基础设施监测以及生态用地监测时，分别针对各部分具体监测内容构建相应的指标，为后续监测评价提供依据；并在城镇规划实施分析中采用空间吻合度指标，采用空间紧凑度和空间形状分维数指标来描述建成区扩展形态，采用弹性系数指标来描述建成区扩展与经济社会之间的关系，采用交通通达性指标来分析监测区的道路通行力；教育资源配置分析计算各教育资源的空间覆盖度，医疗机构配置分析通过最近距离模型、机会累计模型指标表示空间可达性等。

（3）统计分析

本书监测内容指标计算及监测评价时，利用 ArcGIS 软件进行统计汇总，空间叠加、融合，缓冲区分析、空间分析等方法。

7.8.3 监测成效

7.8.3.1 监测结果与分析

（1）建成区监测与分析

湘南监测区建成区整体扩张明显，2008 年、2012 年、2016 年建成区面积分别为 175.41 km^2、227.57 km^2、262.45 km^2，面积增加约 87 km^2，面积增速前高后低。在 3 类监测区中，中心城市城区、城乡复合发展县（市、区）建成区扩张明显，扶贫开发县（市、区）建成区增加较少，增速均呈“前期快、后期慢”的特点。

针对湘南监测区建成区扩展形态，本书利用空间紧凑度及空间分形维数，分别对建成区区域紧凑度与边界复杂性两方面进行考察，如图 7-9 所示。

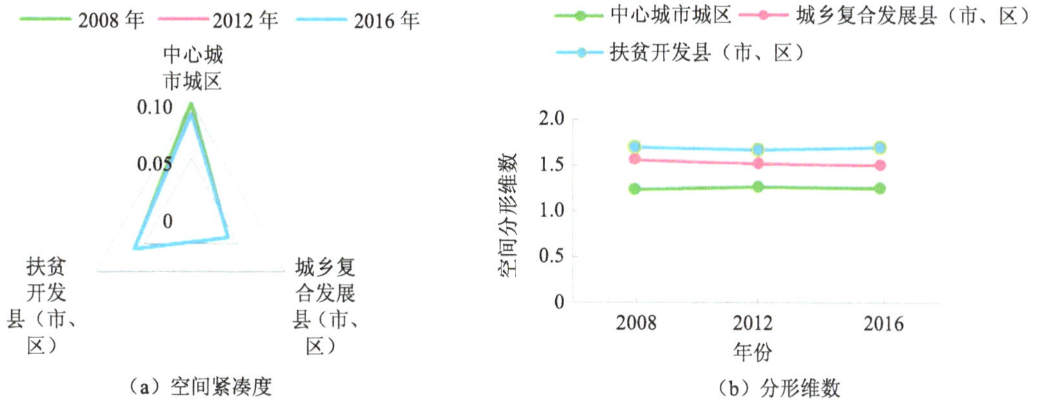

（a）空间紧凑度　　（b）分形维数

图 7-9 湘南监测区 2008—2016 年建成区空间分布及其变化

一方面，从湘南监测区的建成区空间紧凑度来看，2008—2016 年整体空间紧凑度均较低（小于 0.1），建成区扩展以向外扩张为主。其中，城乡复合发展县（市、区）与扶贫开发县（市、区）建成区空间紧凑度变化不大，建成区持续向外扩张；中心城市城区 2008—2012 年建成区空间紧凑度变化不大，但在 2012—2016 年略有增加，建成区出现由外部蔓延向内部填充的扩张趋势。

另一方面，分析湘南监测区的建成区边界复杂性，2008—2016 年整体空间分形维数略有下降（从 1.50 到 1.48），城市发展受规划限制，建成区边界复杂性有所下降，边界趋于规则。3 类监测区的建成区空间分形维数在 2008—2016 年变化不大，由高到低分别是扶贫开发县（市、区）、城乡复合发展县（市、区）、中心城市城区，对应建成区边界由复杂到规则，说明城市发展越成熟，规划实施越合理，建成区边界越规则，空间形态越合理。

综合以上两个方面，湘南监测区建成区整体仍处于持续向外扩张、边界不规则的现状。三类监测区中，中心城市城区建成区近年在城市发展规划的有效导向实施下，开始出现由向外蔓延到内部填充的扩张趋势，建成区边界较规则；但城乡复合发展县（市、区）与扶贫开发县（市、区）建成区仍处于持续向外扩张、边界复杂的状态，建议加强相关规划的制定与实施。

针对湘南监测区建成区扩展效应，本书利用人口-城镇弹性系数、结合城镇化水平考察区域人口增长与建成区扩张的协调性（图 7-10、表 7-1）。

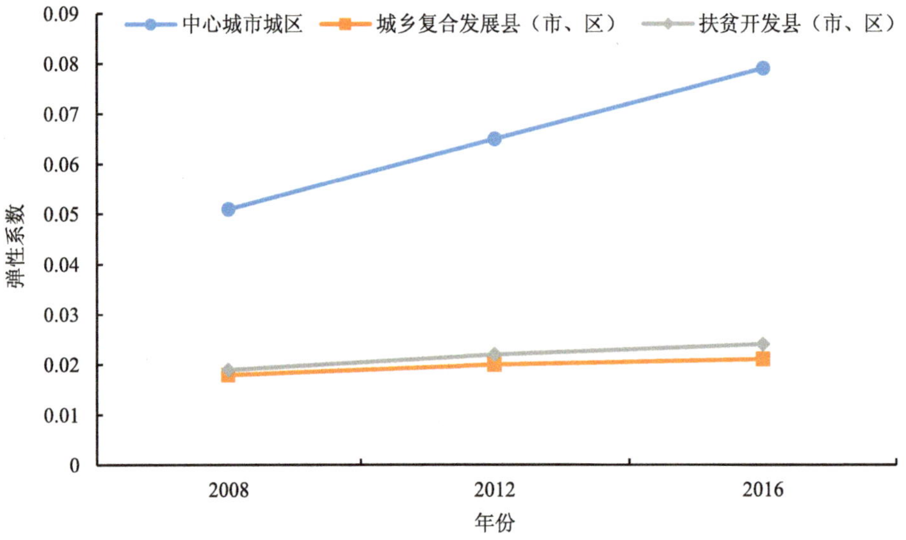

图 7-10　2008—2016 年湘南监测区建成区人口-城镇弹性系数

表 7-7　2008—2016 年湘南监测区土地城镇化和人口市民化水平

监测区	土地城镇化/%			人口市民化/%		
	2008 年	2012 年	2016 年	2008 年	2012 年	2016 年
中心城市城区	4.82	6.14	7.08	95.16	94.38	89.29
城乡复合发展县（市、区）	0.73	0.94	1.08	44.01	48.55	52.78
扶贫开发县（市、区）	0.39	0.54	0.64	30.74	35.19	39.44

可以看出，湘南监测区 2008—2016 年整体人口-城镇弹性系数约维持在 0.02 的低值水平，说明该时期土地城镇化水平远跟不上人口市民化水平，呈现人-地不协调式发展，且该不协调性在 2008—2016 年始终未能得到改善。由此建议提高湘南监测区建成区建设用地的密度与连续性，从而提高建成区土地城镇化率，实现人-地协调性发展。3 类监测区中，城乡复合发展县（市、区）和扶贫开发县（市、区）的人-地协调性与湘南监测区相同，中心城市城区由于城镇人口已经饱和且不再增长，建成区建设用地逐年增加，使建成区人口、土地城镇化率较为协调，且在 2008—2016 年呈人-地协调性逐渐升高的趋势。

（2）交通基础设施监测与分析

从 2008—2016 年湘南监测区交通基础设施类型长度及其变化分别来看，中心城市城区因其面积最小，区域内各类交通基础设施总长度最短，2008 年、2012 年和 2016 年分别为 2 597.38 km、2 965.73 km 和 3 048.16 km，而面积最大的城乡复合发展县（市、区）内各类交通基础设施总长度最长，2008 年、2012 年和 2016 年分别为 18 493.15 km、20 595.79 km 和 21 402.66 km。由于湘南监测区 3 类监测区中建成区面积较小，大部分非建成区内的交通基础设施以乡村道路为主，因此乡村道路在 3 类监测区中的长度均较长。城市道路主要分布于中心城市城区和城乡复合发展县（市、区），平均分别为 618.81 km 和 643.24 km。铁路、国道、省道在 3 类监测区中较短（图 7-11）。

2008—2016 年湘南监测区交通基础设施类型长度变化以乡村道路、城市道路和铁路为主。其中，城乡复合发展县（市、区）交通基础设施总长度增加最多（2 909.51 km），该时期乡村道路新增最多，城市道路、铁路其次；中心城市城区交通基础设施类型以城市道路新增为主；扶贫开发县（市、区）以乡村道路新增为主（图 7-12）。

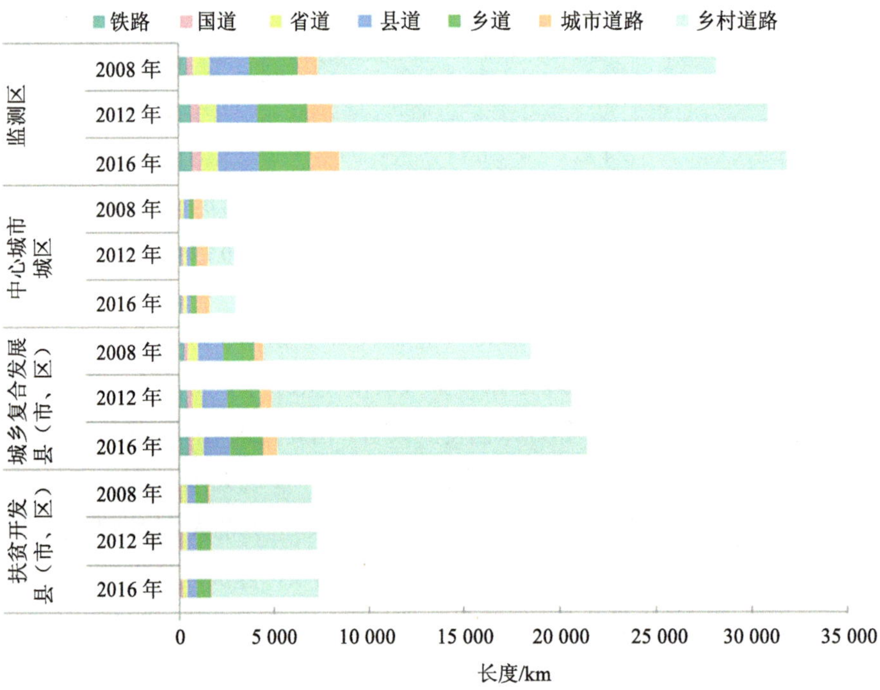

图 7-11 2008—2016 年湘南监测区交通基础设施类型长度

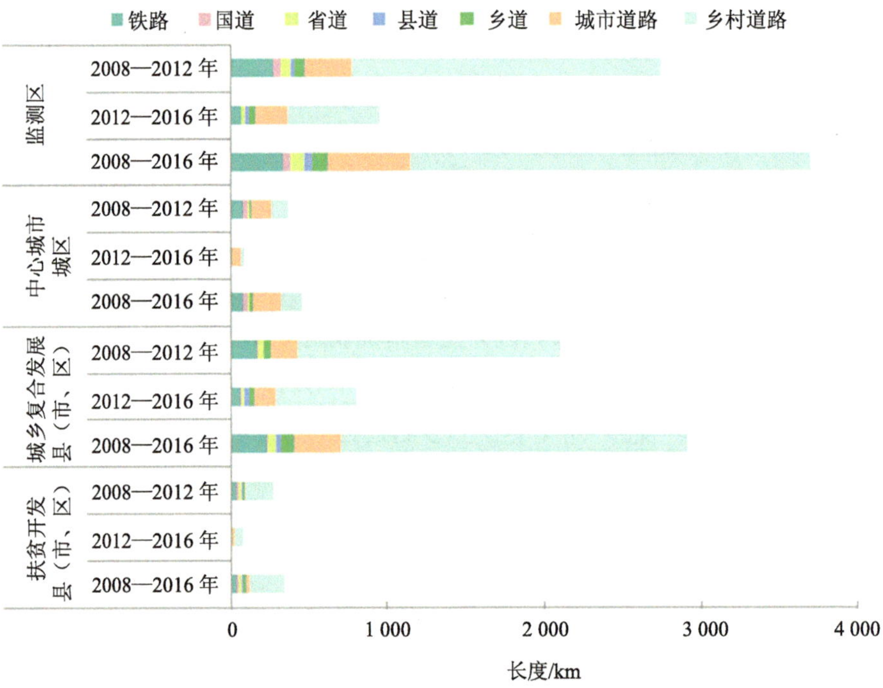

图 7-12 2008—2016 年湘南监测区交通基础设施类型长度变化

综合以上 2008—2016 年湘南监测区交通基础设施类型长度及其变化分析，可以看出，县道、乡道、城市道路和乡村道路覆盖了湘南监测区的大部分区域，铁路与省道建设有效带动了中心城市城区与城乡复合发展县（市、区）的城镇化发展，需进一步加强扶贫开发县（市、区）与外界联通的交通基础设施建设。

2008—2016 年湘南监测区对外交通优势度是衡量某监测区整体交通状况的综合性指标，包括交通网络密度、交通干线影响度和区位优势度 3 部分。其中，交通网络密度考察单位面积的交通基础设施与各等级公路长度，交通干线影响度利用权重区分各交通干线对对外交通优势度的贡献，而区位优势度则反映该区域的外部交通便利度，3 个指标均越高越好。在 3 类监测区中，中心城市城区的交通网络密度最高，扶贫开发县（市、区）最低；中心城市城区和城乡复合发展县（市、区）的交通干线影响度相当，且高于扶贫开发县（市、区）；3 类监测区的区位优势度均相当。中心城市城区整体对外交通优势度最高，城乡复合发展县（市、区）次之，扶贫开发县（市、区）最低。综上所述，城镇化水平与区位优势度一样，是影响县（市、区）对外交通优势度的重要指标之一。依据规划切实推进并落实区域城镇化发展，将有利于提高该区域的对外交通优势度。因此，建议开展湘南地区城市轨道交通可行性研究工作，规划建设衡阳、郴州和永州等城市间的城际铁路；加快对外大通道建设，构筑铁路对外通道、建设高等级公路对外通道，提高湘南地区对外交通优势度（图 7-13）。

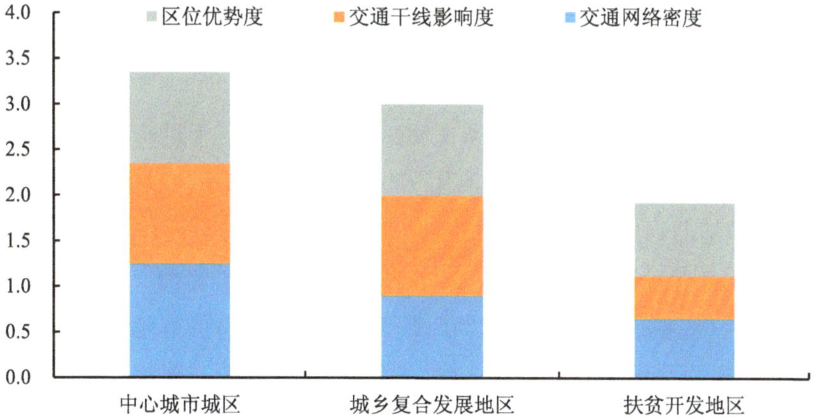

图 7-13　2008—2016 年湘南监测区对外交通优势度

（3）生态用地监测与分析

湘南监测区内绿地分布合理，“300 m 见绿”的居民点比例高于 98%，符合国家“300 m 见绿”等规划要求。扶贫开发县（市、区）、城乡复合发展县（市、区）及中心城市城区居民点 300 m 范围内的绿地覆盖率分别为 81.16%、77.57%及 49.24%，扶贫开发县（市、区）居民点最高，生态服务功能最好，中心城市城区的覆盖率最低，生态服务功能最差。从时间趋势上，各区县的绿地覆盖率逐年减少，2008年、2012年及2016年分别为76.97%、75.33%及74.46%，生态压力逐年增加。

7.8.3.2 监测效益

在2019年的国务院政府工作报告中指出："深入推进新型城镇化。坚持以中心城市引领城市群发展。抓好农业转移人口落户，推动城镇基本公共服务覆盖常住人口。城镇老旧小区量大面广，要大力进行改造提升，更新水电路气等配套设施，支持加装电梯，健全便民市场、便利店、步行街、停车场、无障碍通道等生活服务设施"。我国新型城镇化正在加快发展，现在全国有600多座城市，400多座是大中城市，其他是小城市。2018年常住人口城镇化率达59.58%，城镇化率每提高1个百分点，就有近1 400万人从农村转入城镇，不仅会增加城市公共服务设施投入，也会释放巨大的衣食住行等消费需求，同时为补齐发展短板，加快棚户区改造，加快城区老旧小区改造等，都将进一步释放巨大的潜在市场。

监测从多方面评估新型城镇化建设进程和实施效果，可为新型城镇化建设的监督、监管提供支撑，为节约集约利用土地资源提供客观监测信息和有力的技术保障，为政府决策提供依据和服务。

7.9 湖南省"矿山复绿"遥感监测

根据党的十八大提出"大力推进生态文明建设"的要求，为进一步推进矿山地质环境保护工作，改善矿区生态环境，根据《全国"矿山复绿"行动方案》(国土资厅发〔2012〕36号）和《地理国情监测内容指南》（国地普办〔2014〕15号）文件精神，湖南省设置"湖南省矿山复绿遥感监测"专题，将其纳入地理国情年度动态监测。在收集湖南省复绿矿山分布地区的高分遥感数据和湖南省"矿山复绿"规划资料的基础上，利用遥感技术手段开展湖南省"矿山复绿"遥感监测工作，获取矿山"是否开展复绿""已复绿范围、面积和类型"以及"矿山复绿率"等客观数据，编制统计报表和成果图件，形成成果报告，为湖南省地理国情监测和矿山地质环境保护与恢复治理提供基础数据和决策依据，为政府年度考核提供参考。

7.9.1 监测内容

（1）监测对象

湖南省"矿山复绿"遥感监测907座矿山（表7-8），来源于以下4种：省级"矿山复绿”行动矿山 409 座，市级“矿山复绿”行动矿山 466 座（除去省级复绿行动矿山），湘江流域保护矿山复绿 19 座（除去省级、市级复绿行动矿山），矿山复绿示范工程 13 座（除去前 3 种重复矿山）。上述 4 种监测矿山来源根据各级政府复绿行动要求编制并上报的，与发证部门没有直接关系。涉及全省 14 个市（州）79 个县（市、区），重点集中在“三区二线”区域，郴州市矿山分布最多，共 344 座。从矿种来看，能源矿有 324 座，金属矿 172 座，非金属矿山 411 座，能源矿主要是煤矿，金属矿主要是铅锌矿、锰矿、铁矿、锑矿、金矿等，非金属矿主要是建筑灰岩、砂岩以及黏土矿等。

表 7-8　湖南省“矿山复绿”遥感监测矿山来源统计　　单位：座

行政区	省级	市级	湘江流域	示范工程	合计
长沙市	11	4	2	0	17
株洲市	28	0	0	2	30
湘潭市	28	31	4	1	64
岳阳市	23	2	0	2	27
益阳市	2	71	0	1	74
常德市	45	1	0	0	46
衡阳市	17	29	5	2	53
邵阳市	42	1	0	1	44
娄底市	59	1	0	0	60
郴州市	59	284	0	1	344
永州市	30	20	8	1	59
张家界市	16	4	0	0	20
湘西自治州	13	17	0	0	30
怀化市	36	1	0	2	39
合计	409	466	19	13	907

（2）工作内容

利用遥感手段监测复绿矿山是否开展了复绿工作，圈定复绿地块的位置、范围并计算已复绿面积，分析复绿地块的分布变化情况，计算复绿率，评估矿山复绿效果，监测期为 2013—2016 年。

7.9.2 技术方法

7.9.2.1 数据源

（1）遥感信息源资料

2015年度遥感数据：2015年度土地年度变更调查遥感影像，2015年度地理国情普查统一时点核准遥感影像，湖南省矿产资源开发环境遥感监测遥感数据。

2012年度遥感数据：地理国情普查遥感数据（数据时相及数据源，且数据质量通过省测绘质检站检查验收，满足项目需求），2012年度土地年度变更调查遥感影像，湖南省矿山开发遥感调查与监测遥感数据。

（2）基础地理测绘信息资料

基础地理资料为湖南省矿山地质环境调查与评价项目地理底图。

（3）矿山复绿资料

收集了省级“矿山复绿”行动、市级“矿山复绿”行动、湘江流域保护工程、示范工程4类矿山907座，包括矿山名录、部分规划数据和矢量数据。

（4）矿权数据

收集了2005—2015年11年矿权数据，其中2005—2009年数据为Excel格式数据，2010—2015年为SHP矢量格式数量。

7.9.2.2 技术路线

本书在充分收集相关遥感信息源资料、基础地理资料和“矿山复绿”行动资料的基础上，以地理国情普查的调查底图为遥感图像处理的平面控制，通过系列遥感图像的处理、资料的坐标系转换和数据格式转换、已有成果资料分析与取舍，提取2013—2015年矿山复绿图斑信息，并开展野外核对，数据统计分析和综合分析，编制成果图件和建立专题数据库，编写成果报告与提交等。具体技术流程如图7-14所示。

①数据资料收集与处理。基础资料包括地形图、“矿山复绿”行动规划数据及其他相关资料。高分遥感数据包括土地年度变更调查遥感影像、不动产基础数据制作航摄的航片、地理国情普查及统一时点核准遥感影像等。

②室内信息提取。对照“矿山复绿”行动规划数据，提取矿山图斑信息，包括“是否开展复绿”“已复绿范围和面积”“已完成复绿率”、复绿方式等。

③野外实地调查验证。野外工作分为两部分：一部分在室内全面开展解译前，结合部分初步解译成果，进行野外调查，建立目标物遥感解译标志；另一部分在全面完成室内解译工作后，进行必要的补充、验证和检查。

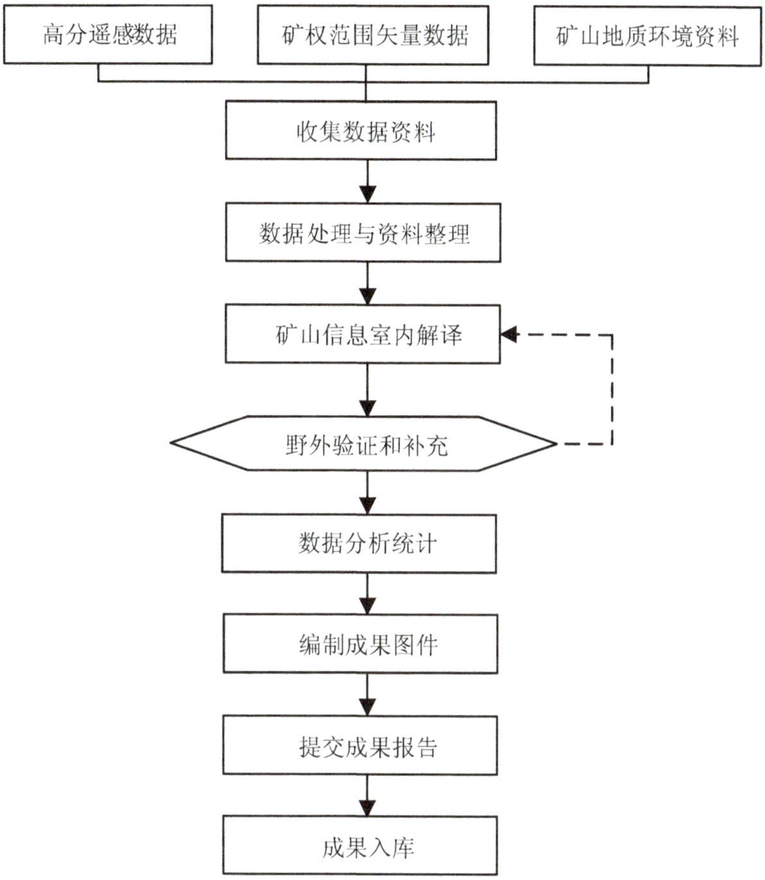

图 7-14 “矿山复绿”遥感监测技术流程

④数据整理与统计分析。结合遥感解译和野外验证的成果，对成果进行汇总和统计，掌握矿山复绿分布变化规律，编制系列信息统计表。

⑤成果编制与提交。编写成果报告、编制成果图件、完善成果数据库。向组织审查部门提交成果。

7.9.3 监测成效

7.9.3.1 复绿效果综合评价

自 2013 年开展湖南省“矿山复绿”行动以来，全省已有 448 座矿山监测到明显复绿区，总复绿面积为 2 211.59 hm^2，分别占湖南省监测矿山总数的 49.39%和监测总面积的 45.85%，以湘西自治州和邵阳市总体复绿行动进度最快。本次监测到的 448 座复绿矿山其“矿山复绿”行动开展的主要特征有以下 5 个。

①从复绿矿山数量分析，湖南省已闭坑的能源矿山在自然状态下生长的草地所涉及的矿山数量相对更多。

②从复绿面积分析，湖南省主要表现为以人工复绿方式对闭坑的地下开采金属矿山开展了面积更大的植树种草复绿工程。

③从复绿率分析，湖南省主要表现为通过人工复绿方式种植林木草地对金属矿山和能源矿山完成了较高的复绿率。

④从矿山来源分析，资金充沛程度和来源级别是影响矿山复绿效果的因素，示范工程由于资金充沛、重视度高、责任主体明确负责，其复绿工程开展系统最高。省级矿山和湘江流域矿山复绿数量比例好于市级矿山。

⑤从矿山类型分析，金属矿和能源矿的矿山复绿数量、复绿面积和复绿率均好于非金属矿山（主要为采石场），其复绿矿山占所有监测非金属矿山总数的 29.93%，复绿面积仅占监测非金属矿山面积的 11.77%。

同时，通过将各类别矿山复绿面积与对应矿山复绿数量的比值，得到各类别矿山平均复绿面积（表 7-9）。分析对比数据发现，从复绿方式和复绿地类来看，投入人为复绿行为越多，平均复绿面积越大，由此可知，人工复绿参与的多少是影响“矿山复绿”行动短期复绿效果最主要的因素。从矿种分类统计可以看出，金属矿山平均复绿面积明显大于其他类型矿山，说明在本次调查范围内金属矿在采矿过程中单个矿山对地质环境破坏面积一般大于能源矿和非金属矿开采破坏面积。

表 7-9 矿山平均复绿面积分类统计

类别		矿山复绿数量/座	矿山复绿面积/hm^2	平均复绿面积/（hm^2/座）
复绿方式	人工复绿	196	1 510.63	7.71
	自然复绿	215	443.93	2.06
	混合复绿	37	256.02	6.92
复绿地类	耕地	23	169.95	7.39
	草地	290	792.71	2.73
	林地	48	548.03	11.42
	草地、林地	59	626.22	10.61
	林地、耕地	1	17.37	17.37
	其他	27	57.30	2.12
矿种	能源矿	211	422.27	2.00
	金属矿	115	1 627.70	14.15
	非金属矿	123	161.62	1.31

7.9.3.2　综合评价

为合理评价各级行政区“矿山复绿”行动开展情况，引用“复绿成效”定量分析评价各级行政区矿山复绿效果。复绿成效以复绿率为最主要评价因子，同时考虑各行政区矿山复绿数量和复绿面积、对复绿行动的重视程度和积极性等因素综合评价。矿山开采现状、矿山类型、开采方式均为矿山特征，与复绿并无很大关系，同时本次只考虑是否复绿而与复绿地类无关，因此选取矿山复绿数量百分比、矿山复绿面积百分比、矿山复绿数量、矿山复绿面积和复绿方式 5 项指标进行评价。

（1）评价指标与定额

①矿山复绿数量百分比（P_1）：是反映“矿山复绿”行动复绿效果的重要评价依据，数值越大说明复绿效果越好。

②矿山复绿面积百分比（P_2）：是反映“矿山复绿”行动复绿效果最主要的评价依据，数值越大说明复绿效果越好。

③矿山复绿数量（P_3）：是反映“矿山复绿”行动中完成工作量多少和重视程度的直观数据之一。

④矿山复绿面积（$P4$）：是反映“矿山复绿”行动中完成工作量多少和重视程度的直观数据之一。

⑤复绿方式（P_5）：是“矿山复绿”行动短期复绿效果的主要影响因素，同时也可反映出对“矿山复绿”行动的重视程度和积极性。

（2）评价指标权重

采用层次分析法来确定评价指标权重，通过建立层次结构模型，构造判断矩阵，对判断矩阵一致性进行检验通过后得到各指标加权值，具体步骤如下：

①对任意两指标的相对重要性进行判断，并予以量化。

②构建判断矩阵，计算特征向量和最大特征值。

将列向量归一化即得特征向量 W 为

$$W=(0.09，0.49，0.06，0.22，0.14)^{T}$$

计算最大特征值$\lambda_{max}=5.41$

③一致性检验。

（3）评价方法

$$FI=P_1\times0.09+P_2\times0.49+P_3\times0.06+P_4\times0.22+P_5\times0.14$$

根据计算公式，复绿成效指数（FI）为 1.00～4.14，FI 越大，复绿成效越好，反之复绿成效越差。将复绿成效划分为 3 个不同等级并确定各等级 FI 为：FI≤1.8，复绿成效较差；1.8＜FI≤3.4，复绿成效中等；3.4＜FI，复绿成效好。

（4）评价结果

计算得到各市（州）的 FI 为 1.40～3.58。根据复绿成效评价方法以 FI 为依据确定各市（州）复绿成效，以邵阳市和湘西自治州复绿成效好，其复绿面积百分比均达到 80% 以上，其次郴州市、益阳市、长沙市等 11 个市（州）复绿成效中等。

7.9.3.3 监测效益

监测成果为湖南省下一步“矿山复绿”工作奠定了基础，也为湖南省矿山地质环境保护与恢复治理，提供了基础数据和决策依据。

7.10 武陵山片区扶贫开发实施与自然资源保护监测

党的十九大指出，坚决打赢脱贫攻坚战，让贫困人口和贫困地区同全国一道进入全面小康社会是我们党的庄严承诺。到 2020 年，我国现行标准下农村贫困人口实现脱贫，贫困县全部摘帽，解决区域性整体贫困，做到脱真贫、真脱贫。按照中央把集中连片特殊困难地区作为新阶段扶贫攻坚主战场的战略部署和国家区域发展的总体要求，国务院率先启动武陵山片区区域发展与扶贫攻坚试点工作，为全国其他连片特困地区提供示范。国务院扶贫开发领导小组办公室、国家发展和改革委员会共同编制了《武陵山片区区域发展与扶贫攻坚规划（2011—2020 年）》。国家规划的武陵山片区依据连片特困地区划分标准及经济协作历史沿革划定，包括湖北省、湖南省、重庆市、贵州省 4 省（市）交界地区的 71 个县（市、区），土地总面积为 17.18 万 km^2，是集革命老区、民族地区和贫困地区于一体，是跨省交界面大、少数民族聚集多、贫困人口分布广的连片特困地区，也是重要的经济协作区。

为服务于武陵山片区扶贫开发实施与自然资源保护，按照自然资源部办公厅《关于下达 2018 年国家地理国情监测项目生产计划和任务书的通知》安排，由中国测绘科学研究院牵头，湖南省国土资源厅承担完成“武陵山片区扶贫开发实施与自然资源保护监测分析项目”，项目实施周期为 2018 年 1—11 月。

7.10.1 监测内容

7.10.1.1 监测范围

湖南省武陵山片区 37 个县（市、区）作为整个武陵山片区的重要组成部分，包括湘西自治州、怀化市、张家界市及邵阳市的新邵县、邵阳县、隆回县、洞口县、绥宁县、新宁县、城步苗族自治县、武冈市，常德市的石门县，益阳市的安化县，娄底市的新化县、涟源市、冷水江市。片区内历史文化、旅游和生态资源、动植物和矿产资源、水利和农业资源等都具有明显的优势和突出的特色，发展前景十分广阔，但由于历史和地域等多种因素，还存在经济发展滞后、基础设施薄弱、基本公共服务不足、贫困面广程度深、生态环境承载能力较差等特殊困难和问题。

项目监测范围在国家规划的湖南省武陵山片区范围基础上做了扩充。依据湖南省发展和改革委员会、湖南省扶贫开发办公室出台的《湖南省武陵山片区区域发展与扶贫攻坚“十三五”实施规划》，项目监测范围包括湘西自治州、张家界市、怀化市、邵阳市 4 个市（州）全境，以及常德市的石门县和桃源县，娄底市的新化县、涟源市和冷水江市，益阳市的安化县，共计 43 个县（市、区），土地面积为 9.27 万 km^2，占湖南省土地总面积的 43.8%。

7.10.1.2　监测任务

（1）城乡建设用地增减挂钩监测

增减挂钩既可为搬迁农民安置提供用地保障，又能为搬迁农民建新居、农村基础设施建设和扶贫产业发展提供有力的资金支持，助推贫困地区脱贫摘帽。另外，复垦增加的耕地或通过流转促进农业适度规模经营，或交还原农村集体经济组织管理经营，提高用地效益；城镇新建地块支持了城市发展用地，提高了单位土地产出率和建筑容积率，有力助推节约集约利用土地。

项目通过深入开展监测需求调研，以武陵山片区内城乡建设用地增减挂钩项目为监测对象，结合土地利用年度变更数据，通过地理信息技术开展城乡建设用地增减挂钩监测，协助自然资源部门实现增减挂钩项目科学高效审核、验收和监管。增减挂钩监测包括辅助实施方案审批监测和辅助竣工验收监测，为各级自然资源主管部门监督管理提供决策依据。

（2）自然村道路监测

以武陵山片区内自然村道路为监测对象，实施自然村道路监测。利用自然村道路规划数据、基础性地理国情数据中交通要素数据，通过地理信息技术开展自然村道路监测。自然村道路监测包括自然村交通网络空间可达性监测、自然村规划道路实施监测和自然村道路影响力监测，通过自然村道路监测来分析片区内自然村交通网络状况。

（3）自然资源生态保护与修复监测

自然资源生态保护与修复监测包括石漠化生态治理监测与退耕还林监测两个方面内容。石漠化治理监测以武陵山片区内 15 个国家划定的石漠化重点治理县为监测对象，利用不同时期遥感影像数据和石漠化治理项目数据资料，开展石漠化治理监测。在此基础上开展样本调查，核实和完善监测成果内容。以客观反映石漠化治理区域生态环境变化，科学评价生态环境修复与治理工程建设的质量和成效，为兑现生态扶贫开发政策及工程管理提供决策依据。退耕还林生态工程也是生态治理的重要手段。在不同的坡度范围内，退耕还林减沙效应均显著大于减流效应，而且坡度越陡，减流减沙效应越强。而且，陡坡退耕还林后保土作用远远大于保水作用。退耕还林应尽快退掉25°以上的坡耕地。本书利用国情监测数据计算监测区域内退耕还林面积，同时明确划定适宜于退耕还林的范围界线，为林业和草原主管部门推进生态扶贫工作提供数据支撑。

（4）贫困村空间分布动态变化监测

武陵山片区（湖南区域）2017 年贫困村数量为 2 297 个，其中深度贫困村 512 个。贫困村空间分布动态变化监测包括贫困户信息统计查询、贫困村空间分布特征和贫困村扶贫项目实施情况监测 3 部分。通过监测对武陵山片区所辖范围 43 个县（市、区）贫困村退出进行基本统计分析与动态变化分析，客观、真实反映武陵山片区扶贫工作成效，为下一步扶贫攻坚工作决策提供数据支撑。

7.10.2 技术方法

7.10.2.1 数据源

（1）航摄及遥感影像数据

近年来，湖南省在全省范围开展了大量的遥感调查监测工作，积累了众多的多时相、多尺度、多光谱的历史航摄与遥感数据，这些影像数据是年度监测工作任务完成的重要信息源基础。主要数据如下：基础性地理国情监测影像数据、土地利用年度变更影像数据（2 m 分辨率）、不动产 1∶2 000 影像数据（0.2 m 分辨率）、湖南省 1∶10 000 基础地理信息更新影像数据（0.5～1 m 分辨率）、全国第三次土地利用调查影像数据（1 m 分辨率）、Sentinel-2A（哨兵 2 号）遥感卫星影像（10 m 分辨率）。

（2）基础地理信息数据

控制点资料：项目的控制点使用 2004—2006 年湖南省大地水准面精化项目布设的 C 级点，用于数据 80 坐标与 2000 坐标之间转换。

数字高程模型（DEM）资料：收集覆盖监测区的 1∶50 000 10 m 精细化数字高程模型数据（DEM），来源于第一次地理国情普查。该数据用于退耕还林监测时坡度提取、数据计算以及地貌晕渲制作。

基础性地理国情监测数据：收集监测区 2015 年第一次全国地理国情普查数据和 2016 年、2017 年、2018 年基础性地理国情监测数据，提取地表覆盖分类数据中耕地、林地范围用于退耕还林监测；提取地理国情要素数据中城市道路、等级公路、乡村道路等交通网络和飞机场、火车站、高速公路出入口等交通枢纽，用于自然村道路监测交通网络空间可达性计算、自然村道路影响力监测。

土地利用现状数据：利用各年度土地利用现状数据，用于辅助分析片区城乡建设用地增减挂钩监测和退耕还林监测。

农村集体土地确权数据：提取农村集体土地确权数据中的行政村矢量数据，用于贫困村空间分布动态变化监测。

（3）扶贫专题资料

城乡建设用地增减挂钩数据：收集监测区 2016—2018 年城乡建设用地增减挂钩项目实施方案，包括拆旧地块的土地勘测定界技术报告书、拆旧地块勘测定界图、界址点成果表等资料。收集监测范围区内 2014—2018 年上报至“国土资源部城乡建设用地增减挂钩在线监管系统”的增减挂钩项目数据。

自然村道路数据：收集自然村空间坐标数据和 2016—2019 年自然村通硬化道路项目规划数据。

石漠化治理数据：收集 2015 年石漠化治理图斑数据。

监测区贫困村和贫困户信息数据：2015—2017 年贫困村基本信息数据、贫困户建档立卡数据。

7.10.2.2　技术路线

收集武陵山片区（湖南区域）范围内地理国情数据、片区多期遥感影像数据、土地利用年度变更数据、DEM 数据、基础测绘数据、扶贫开发专题资料及其他相关资料，通过数据整合，完成监测区原始数据集的建设。

围绕城乡建设用地增减挂钩、自然村道路、自然资源生态保护与修复监测、贫困村空间分布动态变化 4 部分内容开展监测。利用监测区原始数据集，完成四大监测分析、并进行分项成果内容的编制；汇总分项成果内容，完成报告编写；最后，经过质量检查，完成所有成果的汇总。具体技术路线如图 7-15 所示。

7.10.3　监测成效

根据湖南省扶贫开发工作规划、部署、管理等方面的实际需求，利用各类测绘地理信息数据和片区扶贫开发实施专题资料，基于区域内历史遥感数据和最新航空航天遥感影像，围绕片区扶贫开发工作，开展城乡建设用地增减挂钩监测、自然村道路监测、自然资源生态保护与修复监测、贫困村空间分布动态变化监测，并对监测成果进行综合分析，形成科学客观、内容丰富的监测成果，客观、真实地反映扶贫开发工作实施与自然资源保护的现状和效果，协助政府部门精准掌握已实施的扶贫开发项目的效益，为扶贫攻坚工作决策提供数据支撑。

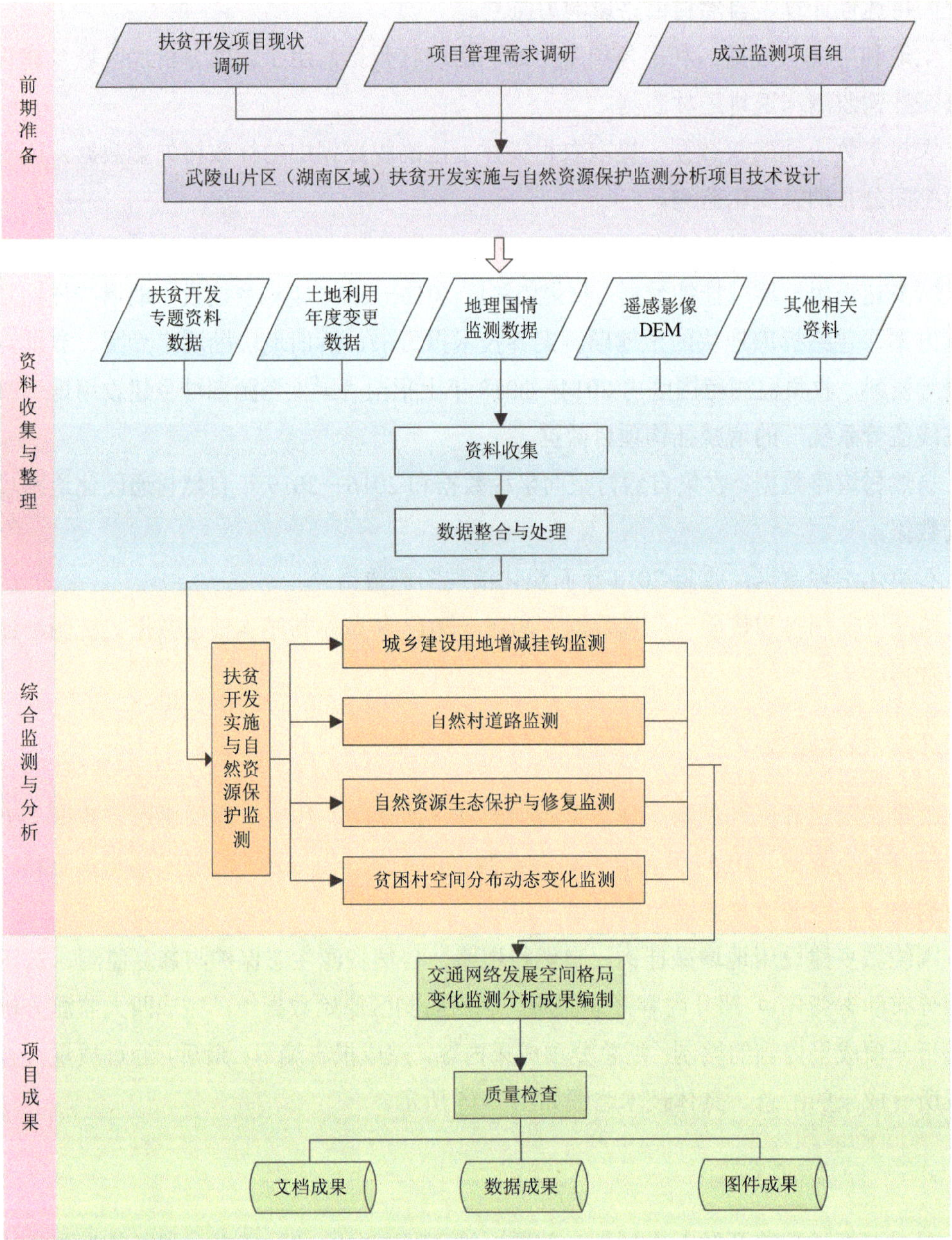

图 7-15　技术路线

7.11　小结

利用高分辨率卫星影像、国土调查及年度变更调查数据、基础性地理国情监测数据等融合成监测本底数据，并结合其他行业资料进行监测分析，依据多期影像进行数据的变化提取、影像纹理分析、外业实地核查、内业具体编辑等工作流程，对底图数据进行有的放矢地更新与细化整理，根据监测目标的不同要求，具体开展专题性地理国情监测。专题性地理国情监测主要以需求导向，在监测对象和监测内容确定、采用的技术方法、监测成果应用等环节，找准服务大局的切入点和着力点，可在维护国家粮食安全、自然资源开发利用、生态环境保护、空间规划与实时监测、资源节约利用等重点领域发挥积极成效。本章通过梳理总结湖南省历年来开展的具有代表性的专题性地理国情监测典型案例情况，旨在为读者在专题性地理国情监测方向、监测内容、监测技术和监测方法上提供参考和借鉴。

第 8 章

地理国情监测展望

“十四五”及今后一段时期，我国仍处于发展的重要战略机遇期，同时是资源环境约束加剧的矛盾凸显期。地理国情监测应用是核心，“五位一体”总体布局和“四个全面”战略布局对地理国情监测提出了更高、更全面的要求。加强自然资源监管、优化国土空间格局、保护生态环境、保障经济社会可持续发展，都需要准确掌握自然和人文地理要素的现状，分析这些要素的空间分布、空间结构、空间关系、地域差异等特征。因此，不断拓展深化地理国情监测应用，建立稳定的应用平台和顺畅的应用机制是地理国情监测常态化、业务化发展的关键和前提。同时，要提高地理国情监测成果的权威性和影响力，就必须具备严格的技术标准和工艺流程，重点在数据获取、综合分析等关键核心技术创新上下足功夫。

8.1　地理国情监测发展思考

8.1.1　充分融入自然资源监管

机构改革组建自然资源部前，相关部门分别开展了土地、森林、水资源、草地、海岸带和地理国情等各类自然资源调查、普查、清查工作，获得了大量数据，为国家重大决策部署提供了依据，为促进经济社会发展发挥了重要作用。但是，由于自然资源按类型分别由国务院各部门管理，致使调查监测缺乏顶层设计，标准和技术体系不统一，调查方法不同，导致相关部门获得的数据不一致，难以构建“一张底版”，直接影响目前各类自然资源管理职能的履行。

机构改革组建自然资源部后，自然资源调查监测迫切需要构建自然资源调查监测体系，统一自然资源分类标准，目的是实现调查成果能“一查多用”，最大限度发挥调查成果的综合效益，广泛应用于经济社会发展的各个领域。事实上，基础性地理国情监测的定位就是为各行业调查提供地理空间基底，常态化监测的内容中就已包含种植土地、林草覆盖、水等自然资源要素，形成了较成熟的资源分类体系，这些都是开展自然资源统一调查监测的重要基础。

因此，自然资源调查监测需将土地、林业、湿地等调查与地理国情监测进行融合，开展各类资源调查与基础性地理国情监测指标的衔接、互补、融合研究，探索构建统一的自然资源分层分类指标体系，形成自然资源“一张图”，以便全面、准确地掌握我国自然资源“家底”，为进一步开展统一的国土空间规划和国土空间用途管制奠定基础。

8.1.2　提供精准的专项监测服务

自然资源部组建后，成立了自然资源调查监测司，负责自然资源调查监测评价，实施自然资源基础调查、专项调查和监测，将定期组织实施全国性自然资源基础调查、变更调查、动态监测和分析评价，开展水、森林、草原、湿地资源和地理国情等专项调查监测评价工作。可见，专题性地理国情监测属于自然资源调查监测中的专项监测，相比关注自然资源数量、质量、分布等状况的自然资源调查监测，专题性地理国情监测的主要目的是分析各类自然和人文地理要素之间的相互关联和因果关系，更强调对复合性内容的综合分析及评价。

常态化开展的专题性地理国情监测的是面向基础性地理国情监测成果难以直接满足的特定应用或局部区域的需求，拓展地理国情信息内容体系或细化监测指标开展地理国情监测，或收集利用相适应的专题数据开展综合分析，选择特定监测对象开展比基础性地理国情监测更为深入和详细的监测，满足生态文明建设中特定方面对地理国情信息的个性需求。

要充分发挥专题性地理国情监测的作用。一是对准需求，与基础性地理国情监测不同，专题性地理国情监测所面对的是明晰的、直接的需求，找到行业“痛点”，需要紧密结合行业或局部性应用的个性化要求嵌入业务应用中，才能真正发挥作用，工作的组织实施需要有更强的针对性、灵活性和开放性，可以通过常年征集项目的方式建立项目库，基于社会化参与的方式甄选提炼高质量的项目进行实施。二是深化成果应用，一方面在项目实施的主体上不应限于测绘地理信息部门，而是需要提出机构与测绘地理信息机构的结合，测绘地理信息部门可以单独开展监测，或和行业部门联合开展监测，或可以为行业部门监测提供信息支持或辅助技术手段，使监测成果能解决更多的实际问题；另一方面通过地理国情信息在线服务平台，推动地理国情信息大数据开放共享，让社会公众和市场主体充分了解数据价值，并引导鼓励对地理国情信息的广泛应用，拓展地理国情信息公共服务的广度和深度。

8.1.3 完善地理国情监测体制机制

地理国情监测是公益性事业，是科学决策和政府管理的重要支撑，2017年修订的《中华人民共和国测绘法》确立了地理国情监测的法定地位，国家层面的系列顶层设计文件，为地理国情监测搭建了良好平台。同时，地理国情监测也是一项系统性工程，包括高清影像获取、全要素解译、实地核查、数据库建设、综合分析研究、产品制作等工作，具有工作量大、工作强度高、综合性强的特点。因此，必须进一步建立健全地理国情监测体制机制，加强相关地方性法规研究制定，将地理国情监测列入各级政府国民经济社会发展规划和年度计划，实行分级管理，确保监测经费稳定投入，以满足监测工作的需要。要建立监测需求获取机制，搭建稳定的应用平台，保持服务的权威性。要建立监测成效用户评价和反馈机制，及时发现监测工作存在的问题，持续优化和调整监测设计及实施。加强监测成果发布、信息共享与开发利用、信息安全等相关制度建设，提高监测成果服务水平。

8.2 关键技术创新

在加快实施创新驱动发展战略背景下，物联网、云计算、大数据等众多高新技术正在前所未有地快速发展和深度融合，为地理国情监测注入了强大动力。在地理国情监测技术创新方面，需要增强自主创新能力，提升“天空地”一体化实时获取和海量数据快速处理技术能力，增强遥感数据的科学分类和分析解译能力，突破时空大数据的综合分析能力，加快基于云计算模式的空间运行系统建设，构建地理国情监测技术体系，实现对全覆盖地理国情要素的现代化监管。

8.2.1 提升“天空地”一体化实时获取能力

遥感影像数据的精度高、现势性强，是地理国情监测的重要要求之一。我国幅员辽阔，地形、地貌、植被、气候差异极大，很难在短期内获取覆盖大范围的遥感影像资料，数据源获取成为地理国情监测的难点之一。这要求在国家层面上，要增强天、空基平台的数据获取能力，在省级层面上，充分发挥航空摄影方面的技术装备优势，获取各类航摄影像，增强空、地基平台的数据获取能力。通过完善自主卫星导航定位系统，发射满足测绘要求的高分辨率遥感卫星和其他测绘卫星，发展基于航天、航空遥感技术的基础地理信息数据快速获取装备，构建“天空地”协同观测的对地观测体系，既能保证数据获取的精细化，又能保证数据获取的时效性；既能实现区域尺度的大范围数据获取，又能实现对感兴趣区的实时数据采集。

8.2.2 加快基于云计算模式的空间运行系统建设

地理国情监测数据量大，要能够高精度、高效率处理多源、海量的遥感数据、矢量线划数据、DEM 数据、专题数据等，要建立一种更加灵活、高效、低成本的数据自动化处理模式。随着云计算时代的到来，通过建设基于集群计算机、大型服务器、高速存储传输网络的地理信息数据处理云平台，高效实现多频次、多类型海量遥感影像处理，包括影像融合处理、影像增强处理、影像正射纠正、影像镶嵌裁切等，实现从传统的局域网、人机交互的数据处理方式向资源高度共享、计算服务高度集中和自动化程度较高的数据处理方式转型。其中，建立云技术支持下的地理信息数据多任务并行处理系统和分布式数据存储服务系统是关键。

8.2.3 提升遥感数据的科学分类和分析解译能力

地理国情监测获取了大范围、多类型、多尺度的遥感影像数据，做好多种地理要素的科学分类与自动化解译是实现科学精准的目标识别、提高工作效率的基础。因此，需要根据我国不同地区地理环境的差异，采集遥感数据解译样本库，建立地理要素特征库与解译知识库，构建多维动态遥感数据形态、时态、纹理和空间关系等特征提取及其优化组合方法，如能自动识别粮食作物、非粮食作物和撂荒等耕地种植属性，并综合运用其他行业的专题数据，实现快速、科学的信息提取与分析解译。

8.2.4 加强地理国情综合分析研究

通过近 10 年持续监测，我国积累了大量监测数据成果，从国家到省级行政区都已建成了地理国情数据库及数据库管理系统，但对于这些数据深度开发还不够，须加强综合统计分析研究：一是要持续开展基本统计，保持该项工作的连续性，持续为领导决策提供了基础数据，同时需依据多年度统计分析成果开展地类转移的流量分析，掌握地表自然资源的结构性变化规律；二是要深入开展地理国情监测数据与国土“三调”数据的对比分析和衔接，为统一自然资源调查监测提供重要依据；三是要加强综合分析，坚持融合导向，采用定性、定量相结合的分析评价手段，构建地理国情综合统计分析指标体系和模型方法，揭示资源、生态、环境、人口、经济、社会等要素在地理空间和时间上的相互作用，预测发展趋势，在回答“是什么”的基础上，进一步回答“为什么”，更好地服务于自然资源监管和生态文明建设。

8.3 地理国情服务生态文明建设

地理国情是推进自然生态系统和环境保护，合理配置各类资源，实现绿色发展的基础保障。党中央、国务院高度重视生态文明建设，先后出台了一系列重大决策部署，推动生态文明建设取得了重大进展和积极成效。习近平总书记强调，“绿水青山就是金山银山”。未来一段时期，我国节约资源和保护环境的压力更大，为了制定国家宏观调控政策、协调区域发展、保障经济社会可持续发展、提高决策的科学性和准确性，需要通过开展地理国情监测，掌握权威、客观、准确、动态的地理国情信息。同时，建立生态文明制度体系、健全自然资源资产产权制度和用途管制制度、划定生态保护红线、开展领导干部自然资源资产离任审计、编制自然资源资产负债表、实行资源有偿使用制度和生态补偿制度，都日益依赖客观、科学、准确的数据和分析。

8.4 小结

深入开展地理国情监测，完善地理国情监测体制机制，充分融入自然资源监管，全面服务生态文明建设，是经济社会高质量发展对地理国情监测提出的新要求。要准确把握新时代地理国情监测工作的职责使命，围绕“严守资源安全底线，优化国土空间格局，促进绿色低碳发展，维护资源资产权益”的自然资源工作定位，站在人与自然和谐共生的高度，瞄准高质量发展主动积极作为，不断提升在支撑自然资源管理、服务经济社会发展方面的实际成效。要在地理国情数据实时获取、遥感分类分析、运行系统建设、综合分析等关键技术加强创新。在构建自然资源统一调查监测体系中，推进各类资源调查与基础性地理国情监测指标的衔接、互补和融合。针对经济社会发展中的特定需求，充分发挥专题性地理国情监测的作用，深刻揭示资源、生态、环境、人口、经济、社会等要素在地理空间和时间上的相互作用。随着我国资源环境约束加剧，要充分发挥地理国情监测在生态文明建设中的巨大价值，从客观的地理国情出发，实现对资源环境、生态状况等动态监测和客观评估，为建设美丽中国提供有力支撑。

参考文献

[1] 程鹏飞，刘纪平，董春，等. 中国地理国情蓝皮书（2017 版）[M]. 北京：测绘出版社，2018.

[2] 云南省第一次全国地理国情普查领导小组办公室. 云南地理国情监测与研究[M]. 北京：测绘出版社，2018.

[3] 罗名海，段亮，李建松，等. 武汉市地理国情监测与城市协调发展研究[M]. 北京：测绘出版社，2017.

[4] 浙江省质量技术监督局. 地理空间数据交换和共享基本规范[Z]. 2017.

[5] 国家测绘地理信息局. 专题性地理国情监测技术指南（2017—2020 年）[Z]. 2017.

[6] 湖北金拓维信息技术有限公司. 湖南省地理信息公共交换共享平台项目系统总体设计书[Z]. 2016.

[7] 李建松，周军其. 地理监测原理与应用[M]. 武汉：武汉大学出版社，2014.

[8] 史文中，陈江平，张鹏林，等. 地理国情监测理论与技术[M]. 北京：科学出版社，2013.

[9] 国务院第一次全国地理国情普查领导小组办公室. 第一次全国地理国情普查培训教材丛书[M]. 北京：测绘出版社，2013.

[10] 湖南省第一次地理国情普查领导小组办公室. 湖南省第一次地理国情普查技术方案[Z]. 2013.

[11] 马东岭，石壮，崔健，等. 测绘工程专业应用型人才培养体系研究[J]. 测绘工程，2019，28（1）：77-80.

[12] 宁津生. 测绘科学与技术转型升级发展战略研究[J]. 武汉大学学报（信息科学版），2019，44（1）：1-9.

[13] 刘纪平，董春，亢晓琛，等. 大数据时代的地理国情统计分析[J]. 武汉大学学报（信息科学版），2019，44（1）：68-76.

[14] 陈军，刘万增，武昊，等. 基础地理知识服务的基本问题与研究方向[J]. 武汉大学学报（信息科学版），2019，44（1）：38-47.

[15] 桂德竹，程鹏飞，文汉江，等. 在自然资源管理中发挥测绘地理信息科技创新作用研究[J]. 武汉大学学报（信息科学版），2019，44（1）：97-100.

[16] 胡勇，江冰婷. 地理国情普查在自然资源资产负债表编制的应用思考[J]. 国土资源科技管理，2018，35（1）：112-118.

[17] 周玉清，曹春华. 地理国情数据在“多规合一”中的应用研究[J]. 地理空间信息，2018，16（1）：

16-19.
[18] 李德仁，马军，邵振峰. 论地理国情普查和监测的创新[J]. 武汉大学学报（信息科学版），2018，43（1）：1-9.
[19] 乔朝飞. 测绘地理信息部门信息化建设的有关思考[J]. 测绘与空间地理信息，2018，41（6）：17-20.
[20] 乔朝飞. 机构改革后测绘地理信息工作业务调整初探[J]. 地理信息世界，2018，25（6）：1-4.
[21] 李维森. 坚持创新引领全面推进新型基础测绘建设[J]. 中国测绘，2018（1）：4-9.
[22] 程鹏飞，刘纪平，翟亮. 聚焦自然资源管理实现地理国情监测新跨越[J]. 中国测绘，2018（3）：4-9.
[23] 曾世宏，杨鹏. 多种公共服务均等化供给的实现机理与异质性影响因素研究[J]. 石河子大学学报（哲学社会科学版），2018，32（6）：45-57.
[24] 张金梦，贾腾腾，程梦菲，等. 基本公共卫生服务均等化评价的实证研究[J]. 中国卫生统计，2018，35（6）：932-934.
[25] 魏雪梅. 短基线集技术的合肥地表形变监测研究[J]. 测绘科学，2018，43（7）：67-71.
[26] 詹景祥，马玚，管玉琦. 基于 SBAS 技术的深圳市地表形变监测[J]. 测绘工程，2018，27（7）：50-54.
[27] 曹文明，刘赢时，杨会全. 湖南新型城镇化质量综合评价研究[J]. 湖南社会科学，2018（2）：155-159.
[28] 王甫园，王开泳. 城市化地区生态空间可持续利用的科学内涵[J]. 地理研究，2018，37（10）：1899-1914.
[29] 范明，刘娇，王海斌. 地理国情监测与测绘地理信息事业的转型升级策略[J]. 信息系统工程，2017（11）：19.
[30] 蒙晓，李菊绘，王秀霞. 地统计学方法在地理国情监测中的应用[J]. 测绘标准化，2017，33（4）：14-16.
[31] 曹晓东，杨帆. 浅谈辽宁省地理国情普查成果应用及服务方向展望[J]. 测绘与空间地理信息，2017，40（8）：116-117.
[32] 李维森. 开展地理国情常态化监测　推进事业转型升级[J]. 中国测绘，2017（3）：4-11.
[33] 李维森. 地理国情监测与事业转型升级[J]. 地理信息世界，2017，24（2）：1-6.
[34] 张继贤. 用发展新理念指导我国测绘地理信息事业新发展[J]. 中国测绘，2017（5）：74-77.
[35] 李维森，张贵钢. 测绘地理信息创新发展与转型升级[J]. 地理空间信息，2017（10）：1-4.
[36] 林雅萍. 基于云 GIS 的地理国情统计分析方法研究[D]. 杭州：浙江大学，2017.
[37] 李建飞. ArcMap 在地理国情监测内业数据生产中的应用[J]. 测绘与空间地理信息，2022，45（8）：101-102.
[38] 胡瑞生，杨华先，黄海英，等. 地理国情监测 DOM 快速检测解决方案研究[J]. 地理空间信息，2022，20（6）：110-112.
[39] 高二涛. 基于高分辨率 SAR 影像监测高速铁路沿线形变研究[D]. 成都：西南交通大学，2017.
[40] 程滔，陈会仙. 地理国情监测中变化监测若干技术问题研究[J]. 地理空间信息，2017，15（1）：

5-7.
[41] 刘一霖，张勤，黄海军，等. 矿区地表大量级沉陷形变短基线集 InSAR 监测分析[J]. 国土资源遥感，2017，29（2）：144-151.
[42] 陈海鹏，程鹏飞，张莉，等. 地理国情普查数据成果质量评价标准的探讨[J]. 测绘与空间地理信息，2017，40（1）：43-45.
[43] 王刚，夏立福，勾昆. 浅析地理国情监测数据与国土调查数据融合处理方法[J]. 测绘与空间地理信息，2022，45（S1）：39-40.
[44] 薛民. 浅析基础性地理国情监测中地表覆盖与地理国情要素数据常见问题[J]. 测绘与空间地理信息，2022，45（S1）：78-79.
[45] 张继贤，赵有松，罗伏军，等. 地理国情普查质量控制体系构建及效果分析[J]. 测绘通报，2017(7)：72-75.
[46] 周翔. 湖南省地理国情监测实践与展望[J]. 国土资源导刊，2017，14（1）：41-48.
[47] 周翔，罗艳青. 基于地理国情数据的城市绿化覆盖分析[J]. 国土资源导刊，2017，14（2）：23-27.
[48] 周翔. 地理国情数据集成管理研究与实现[J]. 国土资源信息化，2017（3）：27-32.
[49] 周翔，胡杏花. 地理国情数据与土地利用数据对比研究[J]. 国土资源导刊，2017，14（4）：54-59.
[50] 张继贤，翟亮. 关于常态化地理国情监测的思考[J]. 地理空间信息，2016，14（4）：1-3.
[51] 张继贤，顾海燕. 关于新型测绘的探索[J]. 测绘科学，2016，41（2）：3-10.
[52] 张继贤，顾海燕，鲁学军，等. 地理国情大数据研究框架[J]. 遥感学报，2016，20（5）：1017-1026.
[53] 翟永，刘磊，顾学明，等. 大规模空间数据处理模式和系统集成[J]. 测绘通报，2016（9）：99-102.
[54] 邱志伟，岳建平，汪学琴，等. 基于短基线集技术的城市地表沉降监测研究[J]. 测绘通报，2016(7)：25-29.
[55] 张璐，蒋笑，王丹，等. 基于 ArcPy 的地理国情河流实体关系表自动生成研究[J]. 测绘与空间地理信息，2022，45（11）：119-121.
[56] 杜林丹，董春，赵荣，等. 基于北京二号与地理国情数据的林地提取[J]. 测绘通报，2023（1）：39-44.
[57] 徐琳. 基于地理国情的城市要素流量变化分析方法研究 —— 以上海市为例[J]. 测绘与空间地理信息，2023，46（3）：145-149.
[58] 万纤，余瑞林，余晓敏，等. 基于地理国情普查的主体功能区规划实施监测与评估研究[J]. 长江流域资源与环境，2015，24（3）：358-363.
[59] 库热西. 新常态下测绘地理信息事业改革发展的思考[N]. 中国测绘报，2015-03-03.
[60] 郭冬娥，江娜，郭永亮. 地理国情普查数据在土地监管中的初步应用研究[J]. 测绘通报，2015(7)：75-78.
[61] 张勇，肖琨，李盼盼，等. 地理国情普查和土地利用变更中耕地数据的对比[J]. 地理空间信息，2015，13（5）：4-5.
[62] 唐敬轩，林青. 地理国情监测与国土调查中耕地数据衔接分析[J]. 测绘与空间地理信息，2022，45

（S1）：177-180.
[63] 李新萍，魏娜，张蕾，等. 地理国情与国土三调数据差异性分析与研究[J]. 地理空间信息，2022，20（12）：76-80.
[64] 郑松赞. 国土调查与地理国情监测耕地数量差异分析[J]. 测绘与空间地理信息，2022，45（10）：136-139.
[65] 谢克文，祖鹏蕾，于风兵. 基于地理国情普查与“国土三调”的数据分类与共享[J]. 测绘与空间地理信息，2023，46（4）：141-144.
[66] 刘恩来，李治泓，石瑞琪，等. 基于地理国情数据的人口空间化方法[J]. 地理空间信息，2023，21（2）：23-28.
[67] 周红，方健雯. 城镇化的内涵及指标体系研究综述[J]. 当代经济，2015（14）：40-43.
[68] 陈吴敏. 浅谈地理国情普查成果质量检查与验收流程[J]. 国土资源导刊，2015，12（1）：80-83.
[69] 张春，黄飞. 浅谈地理国情普查质量控制的几个关键问题[J]. 测绘与空间地理信息，2015，38（12）：100-101.
[70] 周星，阮于洲，桂德竹，等. 关于建立地理国情监测长效机制的思考[J]. 测绘科学，2014，39（4）：46-49.
[71] 高曼莉. 安徽省地理国情普查试点植被覆盖的基本统计[D]. 合肥：合肥工业大学，2014.
[72] 张学东，葛大庆，肖斌，等. 多轨道集成 PS-InSAR 监测高速公路沿线地面沉降研究 —— 以京沪高速公路（北京—河北）为例[J]. 测绘通报，2014（10）：67-69.
[73] 谭继强，刘亚东，于庆国，等. 地理国情普查质量控制的因素分析及对策[J]. 测绘与空间地理信息，2014，37（6）：12-14.
[74] 程鹏飞，张莉. 浅谈地理国情普查过程质量监督抽查[J]. 中国测绘，2014（3）：48-49.
[75] 罗鹏. 地理国情普查成果质量控制及检查方法探讨[J]. 测绘与空间地理信息，2014，37（6）：192-194.
[76] 李维森. 地理国情监测与测绘地理信息事业的转型升级[J]. 地理信息世界，2013，20（5）：11-14.
[77] 岳文海. 中国新型城镇化发展研究[D]. 武汉：武汉大学，2013.
[78] 李德仁，眭海刚，单杰. 论地理国情监测的技术支撑[J]. 武汉大学学报（信息科学版），2012，37（5）：505-512.
[79] 陈俊勇. 地理国情监测的学习札记[J]. 测绘学报，2012，41（5）：633-635.
[80] 杜永红. 资源枯竭型城市经济转型战略模式的研究[J]. 现代城市研究，2012，27（4）：92-95.
[81] 杜国庆，龚越新，刘波. 江苏省自然资源和地理空间基础信息数据库的建设[J]. 国土与自然资源研究，2010（1）：61-62.
[82] 范红忠，李国平. 对我国生产与人口分布现状与问题的比较分析[J]. 预测，2003（6）：28-32.
[83] 王伟娟，刘明素，徐启恒，等. 广东省年度地理国情监测思路探讨及技术研究[J]. 测绘与空间地理信息，2023，46（3）：150-153.
[84] 邱志伟，岳建平，汪学琴，等. 基于短基线集技术的城市地表沉降监测研究[J]. 测绘通报，2016（7）.
[85] 詹景祥，马玚，管玉琦. 基于 SBAS 技术的深圳市地表形变监测[J]. 测绘工程，2018（7）.